Mathias Mertens
Tobias O. Meißner

WIR WAREN
SPACE INVADERS
Geschichten vom Computerspielen

Eichborn.

Für Heiko und Sönke, der Zweidrittelmehrheit im Oldendorfer
Computer Club, als Rache dafür, daß sie mir beim Hundertmeter-
lauf von *Summer Games* den Joystick aus dem Port gezogen hatten.

Und für Familie Wolf, die mich vorm Basketballtraining immer mit
dem Lebensnotwendigen versorgte: einem Mittagessen und einer
Partie *Quest for Tires* auf dem Wohnzimmerfernseher.

Die Deutsche Bibliothek – CIP-Einheitsaufnahme
Mertens, Mathias:
Wir waren Space Invaders : Geschichten vom Computerspielen /
Mathias Mertens ; Tobias O. Meißner. – Frankfurt am Main :
Eichborn, 2002
ISBN 3-8218-3920-1

© Eichborn AG, Frankfurt am Main, März 2002
Umschlaggestaltung: Christiane Hahn
Lektorat: Thorsten Schulte
Layout: Cosima Schneider
Satz: Fuldaer Verlagsagentur, Fulda
Druck und Bindung: GGP Media, Pößneck
ISBN 3-8218-3920-1

Verlagsverzeichnis schickt gern:
Eichborn Verlag, Kaiserstraße 66, D-60329 Frankfurt am Main
www.eichborn.de

Vorwort

Warum haben wir ein Buch über Computerspiele geschrieben? Die einfachste Antwort lautet: Weil es sie gibt. Und zwar schon so lange, daß es verwunderlich ist, wie wenig darüber geschrieben wurde. Zumindest in Deutschland, wo sich die Auseinandersetzung mit Computerspielen in pädagogischen Abhandlungen über die Wirkung von Gewalt am Computer erschöpft. Gegen diese einschränkende Diskussion mußte unbedingt eine Beschreibung und Analyse der Ausbreitung und Faszination von Spielen gesetzt werden.

Vielleicht kann ein solches Buch erst jetzt erscheinen, weil diejenigen, die Erfahrung mit der Materie haben, erst erwachsen werden mußten. Die Rückbesinnung fängt an, nun wird klar, was man früher getan hat und welche Wirkungen das auf die eigene Entwicklung hatte. Man kann dieses Buch auch als den Versuch verstehen, die Erziehung, die man durch Computerspiele erhalten hat, nachzuzeichnen und zu erklären.

Vor allem aber sollen die Spiele endlich zu ihrem Recht kommen. Die Kapitel orientieren sich deshalb hauptsächlich an einzelnen Klassikern. Die Auswahl der Spiele ist dabei unvermeidlich subjektiv. Sie zeigt, was einem ganz bestimmten zehn- bis achtzehnjährigen deutschen Schüler damals so wichtig und prägend erschien, daß er sich heute noch daran erinnern kann. Manches davon ist die Darstellung der Situation in den USA, weil die Arcade-Kultur nur mit Verzögerung und mit geringerer Intensität nach Deutschland kam. Manches ist das unmittelbare Erlebnis mit dem *C64*-Phänomen, das in Deutschland stärker war als in Amerika. Insgesamt ist es der diffuse Bewußtseinszustand eines Zuschauers von *Telespiele* mit Thomas Gottschalk sowie *64er*- und *Happy Computer*-Lesers der Achtziger Jahre.

Andere hätten sicherlich andere Spiele ausgewählt und werden an dieser Auswahl einiges zu bemängeln haben. Aber genau darum geht es, eine solche Auseinandersetzung muß überhaupt begonnen werden. Über Spiele und ihre Bewertung gibt es noch keine öffentliche Diskussion. Das muß sich ändern.

Im Text wird fast durchgängig von »Computerspielen« geredet. Es gäbe gute Gründe, aus historischer Genauigkeit zwischen »Computerspielen«, »Videospielen« und »Telespielen« zu unterscheiden. Das würde aber nur einen bestimmten Sprachgebrauch zu einer bestimmten Zeit widerspiegeln. Im Grunde genommen sind alle Spiele Computerspiele, ob sie nun aus integrierten Schaltkreisen und einem Oszilloskop zusammengebastelt sind, als Automat in einer Spielhalle stehen, aus einem Plastikkasten mit angehängten Drehreglern auf den Fernseher gezaubert werden oder über den LED-Bildschirm eines Laptops laufen. Als Grundlage dient immer eine Apparatur, die Berechnungen macht. Weil Spiele also immer durch einen »Rechner« erzeugt werden, ist der Name »Computerspiele« für alle Erscheinungsformen legitim.

Um einen Bogen von der Geschichte zu den neuesten Spieleentwicklungen zu schlagen, hat Tobias Meißner für dieses Buch einige »Zwischenspiele« geschrieben. In ihnen klingen Themen der anderen Kapitel an, hauptsächlich sollen sie aber die Möglichkeit bieten zu vergleichen. Wie sieht das heute aus, was sich damals erst in der Entwicklung befand? Sind wir heute bei anderen Spielformen angekommen? Sehen Spiele jetzt völlig anders aus? Bedeuten sie immer noch dasselbe wie damals?

Das Buch ähnelt in seiner Dramaturgie einem modernen CD-Rom-Spiel. Es gibt einen Vorspann, in dem die Hintergründe zum Gameplay und die Vorgeschichte der Handlung dargestellt werden. Dann starten die ersten, relativ simplen Trainingsmissionen, in denen aber alle Grundlagen für die spätere Meisterschaft gelegt werden. Und schließlich steckt man mitten in der eigenen Geschichte, wie man die Welt vor dem Untergang bewahrt und eine neue Zivilisation aufbaut.

Also:
Load "Wir waren Space Invaders", 8.
Ready.
Run.

Mathias Mertens

Doktor C. oder: Wie wir lernten, die Maschine zu lieben

Die Lage war ernst. Wir wollten spielen. Wollten gelbe Scheiben durch Labyrinthe steuern, wo sie von Geistern verfolgt wurden und von Kirschohrringen übermächtige Kräfte verliehen bekamen. Raumgleiter über Planetenoberflächen schweben zu lassen, feindliche Kapseln abzuschießen, Menschen vom Boden aufzusammeln, war unser sehnlichster Wunsch. Asteroiden mußten zertrümmert, Prinzessinnen aus den Händen von Riesenaffen befreit, feindliche Panzer im Gelände abgeschossen werden. Das Universum brauchte uns, da war die Anschaffung eines kleinen Gerätes eine vergleichsweise geringe Ausgabe. An den Automaten in Kneipen oder Supermärkten hatten wir unsere Bestimmung kennengelernt, jetzt galt es, unseren Alltag umzustrukturieren und ein völlig neues Leben zu beginnen. Unser Haus mußte zur Kommandozentrale ausgebaut werden. Spielkonsolen gab es schon, klar, aber sie waren entweder aus dem Katalog und konnten nur vorsintflutliche Aufgaben erledigen, wie Clowns mit Wippen an Luftballons katapultieren oder einen Punkt hin und her schlagen, oder sie fraßen für jede neue Mission eine weitere teure Cartridge, die unsere Eltern auf Dauer nicht zu finanzieren bereit waren.

Heimcomputer retteten uns. Im Jahr 1982 veränderte sich die Lage in deutschen Kinder- und Jugendzimmern. Eine Spielkonsole war einfach eine Konsole für Spiele, nichts anderes. Ein Heimcomputer aber war ein Computer, ein Anschluß an das Informationszeitalter, ein Stück Zukunft in den eigenen vier Wänden. Etwas, was man sonst nur aus Science-Fiction-Filmen oder aus Berichten über Raketenkontrollzentren kannte. Wir Zwölfjährigen konnten also unsere Eltern unter Druck setzen, indem wir sie an ihre pädagogische Pflicht erinnerten, uns die bestmöglichen Startbedingungen ins Leben zu ermöglichen. In einer Welt, die unweigerlich von Maschinen beherrscht werden würde, war Computer-Know-how überlebensnotwendig. Wie dieses Know-how aussah, demonstrierten wir, indem wir vollmundige Reden mit allerlei seltsamen Technikbegriffen hielten. Alle anderen hatten schon einen Rechner und lernten Programmiersprachen, machten komplizierte physikalische Meß-Experimente, führten aberwitzige Berechnungen zur Darstellung von Mandelbrot-Mengen durch und verfaßten ihre Hausaufgaben mühelos mit einem Textverarbeitungsprogramm.

Nach solchen Plädoyers waren unsere Eltern fix und fertig und bereit, ihre bisherige ignorante Haltung gegenüber unserer Zukunft aufzugeben. Als vorgezogenes Weihnachts- oder Geburtstagsgeschenk hielt ein kleiner Kasten Einzug in die Kinderzimmer. Natürlich auch ein Monitor oder Fernseher, eine *Datasette* oder ein Diskettenlaufwerk und ein Drucker – denn ohne Peripherie, ein weiterer dieser Begriffe, die wir fachmännisch im Mund führten – war mit einem Computer natürlich nichts anzufangen. Das hatten wir unseren Eltern allerdings erst in der Computerabteilung bei *Hertie* gesagt, als der *C64* schon an der Kasse lag und so gut wie gekauft war. Daß sie dann noch einmal 2.000 oder 3.000 Mark drauflegen mußten, damit die ersten 700 Mark überhaupt Sinn machten, ließen unsere Erziehungsberechtigten im Laden über sich ergehen, weil sie vor den Verkäufern nicht ihr Gesicht verlieren wollten. Zu Hause sorgte das dann aber für eine gründliche Predigt. Die wir widerspruchslos über uns ergehen ließen, denn wir wußten, wofür wir es erduldeten.

Am nächsten Tag erstanden wir dann von unserem eigenen Taschengeld einen Joystick, denn wenn unsere Eltern den noch hätten kaufen sollen, wäre unsere Argumentation zusammengebrochen, dazu noch eine Zehnerbox Disketten, um auf dem Schulhof gleich den ersten Schwung Spiele zu besorgen. Wir hielten uns natürlich sofort an die Referenzprodukte, bei den Disketten nur *Elephant* (»never forgets«, die coole Wahl) oder *Verbatim* (der Bürostandard, deshalb die qualitätsbewußte Entscheidung), beim Joystick kam nur ein *Competition pro* mit Mikroschaltern oder der *Quickshot II* mit Dauerfeuer in Frage. Solche Accessoires waren wichtig, um in der Szene als echter Spieler anerkannt zu werden.

Die Hersteller wußten um diese Legitimationszwänge und gaben uns Schützenhilfe. Die Werbung für die ersten Heimcomputer akzentuierte genau diesen Spagat zwischen Spielbedürfnis und Nützlichkeitsnot, dieses »Ja, aber«, das wir gegenüber unseren Eltern vorbringen mußten. Deshalb gaben sie zu, daß man mit ihren Kästen spielen konnte, aber man konnte doch noch so viel mehr machen, so viele Dinge, die wichtig für die Karriere sein können. »Wie landet man sicher auf Jupiter und in der nächsten Klasse?« fragte die Werbung und gab die Antwort, die wir dann unseren Eltern auftischten: mit einem *Commodore*-Computer. »Er macht Musik. Spielt Jupiter-Landung und Schach. [...] Er unterrichtet aber auch; Mathe, Physik und Biologie. Er verwaltet die Schallplattensammlung und's Taschengeld. Und macht sogar die Schularbeiten. Ein faszinierendes Ding. Ein echter Computer, den man spielend beherrscht.« Es fielen Vokabeln wie »Computer-Alphabetismus«; man sah Fotos von glücklichen Kindern samt Mathelehrer, die sich um einen *C64* scharten, der eine Pyramide in einem Koordinatensystem auf den Bildschirm zauberte; es wurden fiktive Fernsehprogramme abgedruckt, in denen sich Spiele wie *Hulk, Solar Fox* oder *International Soccer* mit Lernprogrammen wie *Math Facts, Easy Script, The Manager* oder *Magic Desk* abwechselten.

Weil die Geräte aber letztlich von den Eltern gekauft wurden, hielten auch diese Einzug in die Werbung. Zunächst als erfolgreiche Pädagogen, die ihre zwei interessierten und intelligenten Kinder mit einer pixeligen Darstellung des Saturns auf dem Fernsehschirm zu faszinieren vermochten. Später dann völlig selbständig in pfeiferauchender Kontemplation vor einer seriösen Anwendersoftware, wie die Bücherwand im Hintergrund des Fotos andeutete. Frauen konnten ihre Sekretärinnenarbeit nun mit einer Tasse Tee neben der Tastatur zu Hause erledigen. Architekten waren erfolgreich, wenn sie eine Hand am Zeichenbrett, die andere am *C64* hatten. Dem Kleingärtner wurde erklärt, »daß er seinen ganzen Jahresplan samt Pflanzzeiten, Fruchtfolgen usw. damit aufstellen und abspeichern kann«, der Computer außerdem »auch als Nachschlagewerk für alles Wissenswerte über Pflanzenarten und Kulturansprüche dient« und überdies »den Artikel für die Vereinszeitschrift verfassen, die Erntestatistik führen oder musizieren« kann, wobei der letzte Punkt den Kleingärtner überraschen mußte. Daß die Zukunft begonnen hatte, verdeutlichte William Shatner als Werbeträger, der Captain Kirk aus der Twen-Zeit unserer Eltern. Er klopfte jetzt mit einem dem Tricorder, Phaser oder sogar Warp-Antrieb ebenbürtigen Stück Technik bei ihnen zu Hause an. Die ganze Seriosität des Computerdaseins führte allerdings dazu, daß schließlich auch unsere Eltern zum Spielen gebracht wurden. Denn angesichts dieser vielen Arbeit, die mit dem Computer zu erledigen war, mußten sie vom Computer auch ein Entspannungsangebot erhalten. Unsere Eltern spielten nicht, sie betrieben »Rekreation«.

Wie auch immer es genannt wurde, ab jetzt wurde jedenfalls gespielt. Die physikalischen Experimente und Fraktalmathematik ließen auf sich warten. Um unsere Eltern zu beruhigen, wurde dann doch noch ein Textverarbeitungsprogramm angeschafft, *Vizawrite* oder *Textomat*, deren ASCII-Oberflächen und beschränkte Formatierungsfunktionen zusammen mit dem kruden Druckbild eines Neun-Nadel-Druckers nicht wirklich eine Erleichterung des Schreibgeschäfts bedeuteten. Trotzdem wurde es immer mal wieder geladen, wenn die Eltern im Zimmer standen und sich über unsere Spielsucht beschwerten. Das hatte langfristig Folgen. Denn aller Heuchelei zum Trotz: Wir besaßen richtige Computer und gingen ganz selbstverständlich mit ihnen um. Der Unterschied zwischen RAM und ROM war uns klar, wir konnten mit den Grammatiken von Disk-Operating-Systems umgehen, hantierten mit Disketten-Monitoren und sprachen gezielt einzelne Speicherbereiche mit Maschinensprache-Befehlen an. Daß das alles nur dazu diente, um das neueste Spiel zum Laufen zu bringen und seine Feinheiten auszuloten, spielt strukturell keine Rolle. Dem Computer ist es völlig egal, ob er nun Spiele darstellt oder Mandelbrot-Mengen. Die Fertigkeiten im Umgang mit der Maschine sind für den Nutzer dieselben. Der Kulturkritiker Georg Seesslen hat diese Tatsache damals in seinem Buch *Pac Man & Co.* als einen »kulturellen Aha!-Effekt« bezeichnet, nämlich die »zum Teil ›sensationelle‹ Begabung von Kindern für den Umgang nicht nur mit den Spielen, sondern auch mit der ›Arbeit‹ eines Computers, die ihrerseits zu einem handfesten Kultur-Mythos geworden ist«, den sogenannten »Computer-Kids«.

Ohne daß wir es eigentlich wollten, waren die vorgeschobenen Legitimierungen Realität geworden. Kinder (und gelegentlich auch Eltern) gingen vertraut und kundig mit dem Computer um. Selbst wenn in hundert Computersitzungen nur ein einziges Mal ein Textverarbeitungsprogramm und neunundneunzig Mal ein Spiel geladen wurde, so waren das doch hundert Prozent mehr Textverarbeitung mit dem Computer als vorher. Und Datenbankverwaltung, Tabellenkalkulation und Stöbern in einer Mailbox via Akustikkoppler oder Modem waren auf einmal Konzepte, die man kannte. Das gesamte *Microsoft Office*-Paket sozusagen, dessen Beherrschung heute Standard-Kulturtechnik ist.

Auch wenn der Computer von Captain Kirk höchstpersönlich in die Wohnungen gebracht wurde – was dort in den Haushalten stand, erinnerte nicht mehr an Science-Fiction. Im Gegenteil. Vor uns stand ein karamelbrauner Block mit abgerundeten Kanten, auf dem sich eine Menge, ins Schokoladige hineinspielende, knubbelige Tasten befanden. Über allem prangte ein hoffnungsroher Regenbogen, das alte Zeichen der Versöhnung von Gott mit den Menschen, an dessen Ende kein sinnloser Topf mit Gold stand, sondern eine cocktailkirschartige Leuchtdiode, die uns anzeigte, daß alles lief. Der *C64* war kein Computer. Er war ein Lifestyle-Produkt. Seine Funktion versteckte er in einem Image. Er war sozusagen der *VW-Käfer* der Mikroelektronik. Ein knuffiges, rundes Etwas, mit dem man spielen konnte, das aber notfalls auch so komplizierte technische Dinge wie Datenbankverwaltung machen konnte. Schon der im Gehäusedesign identische *VIC 20* wurde in Deutschland als »Volkscomputer« verkauft, was auch eine Verkürzung des »VIC2« zu »VC« mit sich brachte. Bei einem Programmierwettbewerb im Frühjahr 1982 für den *VC 20* kam als erster Preis nur ein *Volkswagen*-Cabrio in Frage, der dritte Preis war ein *Vespa*-Motorroller, die italienische Version eines Lifestyle-Technikprodukts. Spiele hatten aus negativ besetzter Technik ein fröhliches Accessoire des Alltags gemacht, mit dem sich jeder identifizieren konnte. Auf diese Plattform konnte sich eine völlig neue Industrie stellen und entwickeln.

: *Vorspiel:* Kontrollfreaks

Haben Sie sich nicht auch schon einmal gewünscht, konstruktiv in den Handlungsverlauf einer Erzählung eingreifen zu können? Den Trottel namens Held dazu zu bringen, daß er eben nicht in den Krieg zieht, um dort den Tod zu finden, sondern daß er zu Hause bleibt bei seiner Süßen und glücklich wird. Ein Teil der Kindheit würde so zurückkehren, als man dem Kasperle zurufen konnte: »Vorsicht, hinter dir, das Krokodil!«, und er sich tatsächlich, durch das Kindergeschrei gewarnt, gerade noch rechtzeitig umdrehte, um den Reißzähnen zu entgehen.

Computerspiele tun genau dies. Sie geben dem Rezipienten Einfluß auf den Ablauf der verhandelten Geschichte. Sie heben die magische Grenze auf zwischen Konsument und Protagonist. Kein passives Sichberieselnlassen mehr wie vor der Glotze oder im Kino oder im Konzertsaal. Ohne den Input des Kunden läuft hier gar nichts mehr.

Diesen Input gibt es in verschiedenen Abstufungen. Die meisten Computerspiele sind linear aufgebaut. Der Spieler muß zwar ein bestimmtes Level, eine bestimmte Geschicklichkeitsaufgabe meistern, kommt jedoch von dort aus nur ins nächste Level und nirgendwo sonst hin. Einige Spiele bieten einen non-linearen Handlungsverlauf, das bedeutet, je nach getroffenen Entscheidungen und/oder Fertigkeiten gerät man auf einen von bis zu sechs verschiedenen Handlungssträngen, die sich wiederum untereinander treffen oder verzweigen oder auf völlig unterschiedliche Enden hinauslaufen. Spiele dieser Kategorie haben den Nachteil, daß der Spieler andauernd das Gefühl hat, etwas zu verpassen, weil er ja nicht sämtliche Missionen erleben kann, sondern nur diejenigen, die auf seinem Handlungsstrang angeordnet sind. Hier tut sich ein Problem auf: Das Wissen darüber, daß Alternativen existieren, die einem entgehen, führt zur Frustration. Im wirklichen Leben drückt sich so etwas entweder in harmlosen Verhaltensweisen wie Reiselust und spontaner Umdekoration der Inneneinrichtung oder in weniger harmlosen wie dem Fremdgehen aus. Es ist jedoch als Segen zu begreifen, daß der tagtäglich Lebende nicht von der Flut all seiner Alternativen dermaßen überwältigt wird, daß er permanent unbefriedigt bleibt. Computerspiele fordern in einem Ausmaß zur vollendeten Kontrolle auf, das im wirklichen Leben niemals erreicht werden könnte und dessen Begehren zur völligen Funktionsunfähigkeit des Menschen führen würde, zum – wahrscheinlich psychotischen – Shutdown.

Um dem Problem des Erlebnisentzugs zu entgehen, bieten einige Spiele eine Kompromißlösung zwischen Linearität und Diversifikation an. Ihr Handlungsverlauf ist eingleisig, jedoch führen sie auf sogenannte Multiple Endings hinaus. Je nach Spielleistung bekommt der Spieler am Ende ein Happy End oder ein Fiasko zu sehen, mit mehreren möglichen Zwischenabstufungen. Oder er erhält ein Rating, eine Art Zeugnis, das dem Vergleich mit anderen Spielern dient und zur Verbesserung der eigenen Leistung herausfordern soll. Die komplexesten Spiele bieten sogenannte Subquests an, dies sind Miniaturhandlungsstränge innerhalb des Haupthandlungsstrangs, die nicht essentiell wichtig sind. Man kann sie also ignorieren, kann allerdings in ihnen Gegenstände erwerben, die für den weiteren Spielverlauf nützlich sind. Zudem bieten Computerspiele noch die Freiheit, die eigenen Kontrollfähigkeiten auf Arten und Weisen zu demonstrieren, die das eigentlich von den Programmierern geplante Spielgeschehen weitgehend unterlaufen. So kursiert schon seit Jahren die Legende von den japanischen Spielern, die den Survival-Horror-Klassiker *Resident Evil* nur mit einem Messer als Bewaffnung durchspielen und diese Session auf Video aufnehmen, um zu beweisen, daß sie kein einziges Mal unterwegs abgespeichert haben.

Wem das alles noch nicht reicht, für den enthalten mittlerweile etliche Spiele einen Level Editor, mit dem man entlang der Parameter des jeweiligen Spieles eigene Missionen oder eigene Rennstrecken erstellt, die man dann anschließend Freunden präsentieren kann. Hier löst sich nicht nur die Grenze zwischen Rezipient und Protagonist, sondern auch noch die zwischen dem Rezipientenprotagonisten und dem Autor auf. Der Autor verleiht dem Leser auf mystische Weise die Fähigkeit zum Schreiben, und der Leser schreibt mit seinen eigenen Kapiteln die Geschichte fort.

Das wirkliche Leben dagegen entzieht sich jeglicher Kontrolle.

Niemand kann mit Sicherheit wissen, ob das als schönster Tag des Lebens geplante Hochzeitsbankett sich nicht als Alptraum in die Seelen aller Anwesenden einbrennen wird, weil einer der älteren Verwandten beim Tanzen einen Herzinfarkt erleidet und stirbt. Man hat keinen Einfluß darauf. Man kann nur hoffen. Murphy's Law lautet nicht nur »Alles, was schiefgehen kann, geht schief«, sondern vollständig: »Alles, was schiefgehen kann, geht schief und richtet den größtmöglichen Schaden an«. Aber auch so ist es ja nicht, denn wenn es so wäre, wäre alles vorhersagbar. Alles kann schiefgehen, aber mit mindestens derselben Wahrscheinlichkeit können Dinge auch funktionieren.

Computerspiele bieten eine Gegenrealität, in der der Mensch nicht nur Einfluß auf das Geschehen, sondern auch einen Überblick über alles, was denkbarerweise geschehen kann, erhält. Obwohl er dem Mäandern des Handlungsverlaufes unterworfen ist, sieht er dennoch mit den Augen eines Weisen darüber hinaus. Diese Seh(n)-Sucht nach Kontrolle drückt sich auch schon in den Bedienungselementen der Hardware aus. Der noch magisch oder sexuell behaftete Freudenstab (Joystick) der mittleren Jahrzehnte ist aus der Mode gekommen und dem ernsteren Controller gewichen.

Inhalt und Funktionsweisen von Computerspielen erlangen eine neue Bedeutungsebene. Wer drapiert all diese Medi-Packs und Munitionsschachteln auf Lara Crofts Wegen, die sie in die Lage versetzen, ihren Weg zu beschreiten? Wer entwirft und baut die Labyrinthe in einer Art und Weise, daß Lara nie in eine unüberwindliche Sackgasse geraten kann und jeder Steinquader so positioniert ist, daß jede Kletterei tatsächlich zu schaffen ist? Natürlich sind es die Programmierer, die es dem Spieler ermöglichen wollen, erfolgreich und befriedigt zu sein. Aber verbreiten nicht die Hilfsmechanismen und Beherrschbarkeiten von Tausenden von Spielen auch die Ahnung einer allesumspannenden Verschwörungstheorie, einer Macht, die im Hintergrund plant und trachtet, den Spieler ans Ziel und ins Heil zu befördern? Simulieren Computerspiele heutzutage das, was in früheren Jahrhunderten lediglich von Kirchen vermittelt wurde: die Existenz eines wohlmeinenden Gottes? Dient all das Weltenretten und Besserwerden und Über-sich-selbst-Hinauswachsen der Computerspielerzählungen einem eventuell anderweitig verlorengehenden esoterischen Wissen um Vervollkommnung und Offenbarung?

»Die Menschheit kann den Gedanken nicht ertragen, daß die Welt per Zufall entstanden ist, durch einen Irrtum, bloß weil vier unvernünftige Atome auf der nassen Autobahn ineinandergerast sind. Also muß sie eine kosmische Verschwörung suchen. Gott, die Engel oder die Teufel.«

Umberto Eco, *Das Foucaultsche Pendel* (S. 374)

Den Programmierer, die Controller, oder die Spieler.

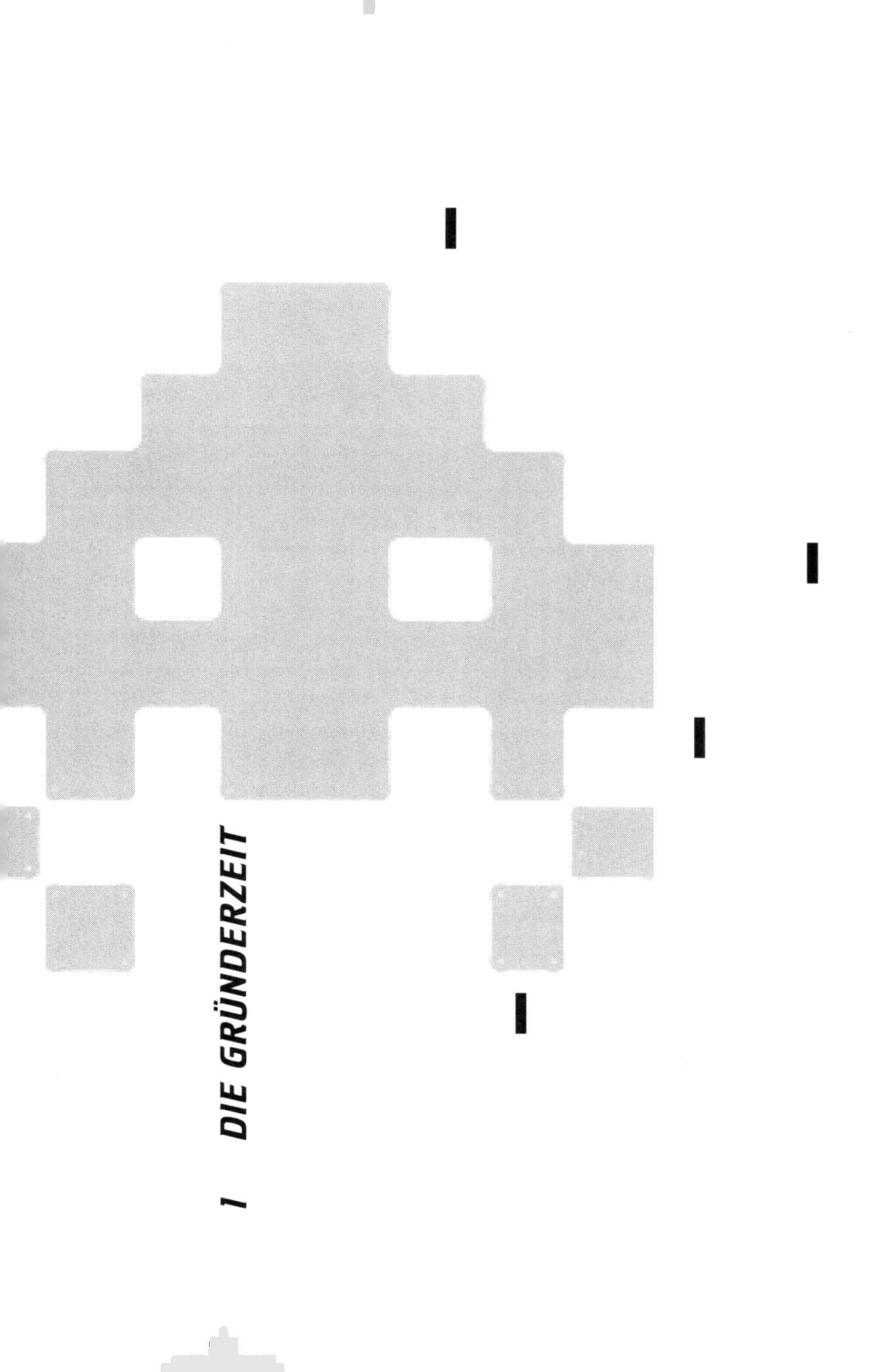

1 DIE GRÜNDERZEIT

Offene Türen einrennen | William Higinbotham, 1958 |

Die Idee, daß man den Menschen die Computertechnik durch Videospiele beibringen kann, entstand nicht erst in den Marketingabteilungen der frühen achtziger Jahre. Tatsächlich wurde das erste Computerspiel genau zu diesem Zweck entwickelt. Genauer gesagt, um der friedlichen Nutzung von Kernenergie ein positives Image zu verschaffen. Das war in den fünfziger Jahren nicht besser als heute. Zwar machte man sich noch keine Gedanken über Umweltbelastungen, doch der Kalte Krieg ließ auch jedes Atomkraftwerk als eine mögliche Bombe erscheinen. Das Brookhaven National Laboratory in Upton im Bundesstaat New York hatte damals gegen dieses Image zu kämpfen. Als Einrichtung der U.S.-Regierung zur Erforschung der Kernenergie stand es im Verdacht, gefährliche Experimente durchzuführen und das Leben der Bevölkerung zu riskieren. Um diesem Eindruck entgegenzuwirken, veranstaltete das Brookhaven Lab einen jährlichen Tag der Offenen Tür, um die Harmlosigkeit ihrer Tätigkeiten zu demonstrieren. Diese Harmlosigkeit dokumentierte sich in großen Schwarzweiß-Fotografien und Schaubildern, an denen die Besucher vorbeigehen konnten, sowie einem großen Haufen von Instrumenten in der Sporthalle des Instituts.

Der Hüter dieser Instrumente, Ingenieur William Higinbotham, war mit dieser Einlullung der Besucher jedoch nicht zufrieden. Er glaubte, daß man die Menschen nicht durch Langeweile davon abbringen sollte, Technik für gefährlich zu halten, sondern daß man sie im Gegenteil dafür begeistern mußte. Wenn man einen Weg finden könnte, den Besuchern mit Hilfe von Technik Vergnügen zu bereiten, dann würde dieser Eindruck stärker sein als alle paranoiden Vorstellungen, die man von unbekannten Maschinen hatte. Als Inhaber von 20 Patenten lag es für Higinbotham nahe, sofort etwas zu entwerfen und es in die Tat umzusetzen. Nur was? Was konnte die Menschen der späten fünfziger Jahre begeistern? Neben Hula-Hoop-Reifen und Elvis Presley war es vor allem das Fernsehen. Die Leute liebten es, auf einen Bildschirm zu starren und dort Bewegung zu beobachten. Der technische Aspekt der Erfindung mußte also eine Art Fernseher sein. Die Besucher durften aber nicht wieder nur daneben stehen (oder davor sitzen), sie sollten mit der Technik umgehen, sie manipulieren, sie dazu bringen, lustige Dinge zu machen. Kurz gesagt: ein Spiel mußte her. Für jemanden wie William Higinbotham, der am *Manhattan Project* mitgearbeitet, dort die Zeitzündevorrichtung für die Atombombe entwickelt und ihre erste Explosion miterlebt hatte, war es kein Problem, sich sofort ein Oszilloskop, einen analogen Computer und ein paar weitere elektronische Bauteile zu schnappen, um ein harmloses Spiel zusammenzulöten.

Der erste elektrische Computer, der *Mark I*, wurde 1943 zur Berechnung von ballistischen Tabellen für die *U.S. Navy* entwickelt; Computer waren also dafür geschaffen worden, Flugbahnen zu berechnen. Oszilloskope können dazu benutzt werden, um dynamische Grafen innerhalb eines kartesischen Koordinatensystems darzustellen; will sagen, man kann auf dem Display elektrische Vorgänge als eine sich verändernde Kurve darstellen. Ein Spiel, das die Fähigkeiten dieser beiden Geräte nutzte und zudem noch von jemandem konzipiert wurde, der in den vierziger Jahren an der Darstellung von Radardaten auf Bildschirmen gearbeitet hatte, mußte sich also zwangsläufig mit Kurven beziehungsweise Flugbahnen beschäftigen. Um damit spielen zu können, mußte es die Möglichkeit geben, auf diese Flugbahnen einwirken zu können. Das einfachste Spiel, bei dem man auf Flugbahnen einwirkt, an das Higinbotham denken konnte, war Tennis. Sein kurzes Nachdenken über den Tag der Offenen Tür war abgeschlossen.

Der Ingenieur setzte sich für zwei Stunden an den Schreibtisch, unterhielt sich ein wenig mit seinem Assistenten Dave Potter und brachte seine Vorstellungen zu Papier. Während der nächsten drei Wochen zeichnete Alexander Elia nach diesen Skizzen einen Bauplan für das Spiel, den Robert V. Dvorak dann in eine funktionstüchtige Apparatur umsetzte. Pünktlich zum Tag der Offenen Tür 1958 stand im üblichen Instrumentenhaufen des *Brookhaven Lab* ein kleines Oszilloskop, auf dessen 12-Zentimeter-Display ein kleiner Punkt zu sehen war, der auf einer horizontalen über eine kleine vertikale Linie hüpfte.

Besondere Hinweistafeln waren nicht angebracht worden, keine Anleitungen lagen aus. Die Besucher wußten allerdings sofort, um was es sich handelte. Zielsicher steuerten sie auf den kleinen Bildschirm zu, griffen zu den kleinen Holzboxen mit Knöpfen und Drehreglern, die davor lagen, und spielten. Durch einen Knopfdruck »schlug« man den »Ball«, es gehörte allerdings sehr viel Phantasie dazu, es sich vorzustellen, denn ein Schläger oder gar eine Spielfigur war nicht zu sehen. Durch den Schlag wurde die Flugbahn des Balles umgekehrt, wobei es die zusätzliche Möglichkeit gab, den Winkel durch den Drehregler zu verändern. Verpaßte man den Ball, verschwand er auf der eigenen Seite des Bildschirms. Erst ein Druck auf einen Reset-Knopf brachte ihn zurück und man konnte wieder aufschlagen. Fatal war es, den Winkel für die Flugbahn so schlecht zu wählen, daß man den Ball ins »Netz«, die kleine vertikale Linie, drosch, denn dann hüpfte der Ball in unerwarteten Winkeln zurück ins Feld.

Die Besucher scherten sich nicht um die Schwarzweiß-Fotografien vom Forschungsbetrieb, sie standen Schlange vor dem Oszilloskop. Einige der von ihren Eltern mitgeschleppten Kinder rannten nach Hause und erzählten ihren Freunden davon. Heerscharen von Highschool-Schülern strömten in das *Brookhaven Lab*, ein Platz, der sie vorher nicht im geringsten interessiert hatte. *Tennis for Two*, wie das Spiel später genannt wurde, schaffte es, sie anzulocken. Es war ein Hit.

William Higinbotham sah den Erfolg aber weniger in der Originalität des Spiels begründet, sondern sah seine ursprüngliche Absicht, den Tag der Offenen Tür interessanter zu gestalten, bestätigt. »Mir ist nie in den Sinn gekommen, daß ich etwas besonders Aufregendes gemacht hatte. Ich dachte, daß die Leute nicht Schlange standen, weil es so großartig war, sondern weil der ganze Rest dort so langweilig war«, erzählte er später Ira Flatow für dessen Buch *They All Laughed*. Deshalb sah er auch kein kommerzielles Potential in seiner Erfindung. Seiner Meinung nach hätte jeder in den nächsten Elektroladen gehen können, um sich sein eigenes Spiel zu bauen, so simpel war es. Außerdem hätten alle Einnahmen aus einem Patent an die U.S.-Regierung gehen müssen, weil Higinbotham sein Video-Tennis während der Arbeitszeit und mit Mitteln des *Brookhaven Lab* gebaut hatte. So veränderte er das Spiel lediglich ein wenig für den nächsten Tag der Offenen Tür im Jahr 1959, indem man nun zwischen verschiedenen Schwerkraftbedingungen (Mond, Erde, Jupiter) wählen konnte, bevor es dann ganz verschwand, um 1960 Platz für einen Schaukasten zu machen, durch den sich elektrische Funken bewegten.

Die Nadel im Sternenhaufen | Steve Russell und der Tech Model Railroad Club, 1961 |

Wissenschaft mag ja ganz interessant sein, und man bleibt auch gerne eine Weile stehen, um sich von ihren Tricks unterhalten zu lassen – aber auf Dauer kann sie nicht fesseln. Irgendwann ist nämlich der Punkt erreicht, an dem die ganze Kurzweil sich als Strategie enttarnt, mit der uns wieder einmal unverständliche mathematische Formeln oder physikalische Gesetze verkauft werden sollen. Wer will denn ernsthaft spielen, um endlich über Sinus und Kosinus Bescheid zu wissen? Wissenschaft ist in Ordnung, aber nur als Mittel, nicht als Zweck. Unsere Aufgabe muß schon bedeutender sein, muß uns mit Sinn erfüllen und den Anreiz bieten, uns den ganzen technischen Kram nebenher anzueignen. Das Universum zu retten, zum Beispiel, ist eine verdammt gute Aufgabe.

Zur Wissenschaft, der Science, trat das Heldenepos, die Fiction. Hugo Gernsback schaffte es in den zwanziger Jahren des zwanzigsten Jahrhunderts mit seinen Zeitschriften *Amazing Stories* und *Science Wonder Stories* ein Genre populär zu machen, das seitdem eines der kommerziell bedeutendsten geworden ist: die »Science Fiction«. Eine geschickte Mischung aus Technikphantasien und konventionellen Abenteuergeschichten, die suggeriert, man beschäftige sich mit Quantenphysik, ohne komplizierte Gleichungen verstehen zu müssen.

Der Star der neuen Autoren in Gernsbacks Magazinen war Edward Elmer Smith, ein promovierter Lebensmittelchemiker, was ihm den Spitznamen »Doc« einbrachte. Sein Debütroman *The Skylark Of Space* erschien 1928 in Fortsetzungen in *Amazing Stories* und begründete das Genre der »Space Opera«, wobei das Opernhafte exakt so zu verstehen ist wie in der Bildung »Soap Opera«. Hauptsächlich geht es in diesem Roman nämlich darum, daß die Freundin der Hauptfigur Dick Seaton entführt worden ist und er sie in einer heroischen Befreiungsaktion aus den Fängen seines Konkurrenten rettet. Zur Science Fiction wird dieser Allerweltplot allerdings dadurch, daß er sich in Raumschiffen abspielt, die durch ein spezielles Metall angetrieben werden, das Seaton bei seiner Labortätigkeit entdeckt hat. Dabei spielten seltsame Maschinen wie das »Nanotron« eine Rolle. Also die ganze Mystik, mit der man Wissenschaft umgeben muß, um sie interessant zu machen.

Es ist nicht schwer, sich E. E. »Doc« Smith vorzustellen, wie er sich mit diesen Romanen aus einer unbefriedigenden Wissenschaftlerexistenz im Labor eines Frühstücksflockenherstellers herauskatapultierte. In Dick Seaton konnte er all das verwirklichen, was er nicht war: mit beeindruckender Körperkraft und sprudelndem Intellekt gleichermaßen gesegnet, draufgängerisch, widerstandsfähig gegen mehrere G Beschleunigung, unterstützt von einem kumpelhaften Mäzen mit unerschöpflichen Ressourcen, von einem würdigen Gegner herausgefordert zu Höchstleistungen. Noch dreißig Jahre später sprach dieses Wunschbild junge Nachwuchswissenschaftler an, die sich in ebenso trostlosen Büros wiederfanden wie seinerzeit Doc Smith.

Der *Tech Model Railroad Club* am *Massachusetts Institute of Technology* bestand aus solchen Abenteuerhungrigen. Allesamt *Harvard*-Absolventen und nun Mitarbeiter bei Koryphäen der »Künstlichen Intelligenz«-Forschung, wie Marvin Minsky und John McCarthy, verbrachten sie ihre Zeit fast ausschließlich mit der Lektüre von Smiths *Skylark*- und *Lensmen*-Zyklen und dem regelmäßigen Besuch von Filmen des japanischen Studios *Toho*. Hauptsächlich bekannt für *Godzilla*, produzierte *Toho* auch so schöne Titel wie *The Unbelievable Varan* oder *The Fire Monster Gigantis*. Einer von ihnen, J. Martin Graetz, erinnerte sich 1981 in dem Artikel »The Origin of Spacewar« im Magazin *Creative Computing* daran, was sie in dieser Zeit am meisten bewegte: »Wir fragten uns, warum niemand *Skylark*-Filme produzierte. Weil wir keine Antwort hörten (unsere Naivität gegenüber Filmtechnik, Wirtschaft und Urheberrechten war riesig), verbrachten wir unsere Zeit im Gesellschaftsraum der Hingham Street, indem wir uns Spezialeffekte und Szenenfolgen für eine große Serie von Weltraum-Epen ausdachten, die niemals hätten in Produktion gehen können.« Zumindest nicht in einem Filmstudio.

Eines Morgens im Herbst 1961 wurde eine Art »Nanotron« im Institut installiert, eine Maschine, die direkt aus einem Science-Fiction-Roman hätte kommen können: der *PDP-1*. Im Gegensatz zu seinen

Vorgängern, wie dem *TX-0,* war er nur so groß wie drei Kühlschränke, schneller und leichter zu starten. Man legte einfach einen Schalter um und das Gerät war betriebsbereit. So etwas hatte der *Tech Model Railroad Club* noch nicht gesehen. Sofort wurde eine Sitzung einberufen und überlegt, was man mit diesem Gerät anstellen konnte. Auf dem *TX-0* hatte es mehrere Demonstrationsprogramme gegeben, die sich nicht nur mit dem Ausspucken von Zahlen beschäftigt hatten. In einem hüpfte ein Ball über den Monitor, ein anderes ließ eine stilisierte Maus durch ein Labyrinth laufen, um ein Stück Käse zu erreichen, eins war ein sich veränderndes abstraktes Muster, und als beste Annäherung an das menschliche Denken gab es ein *Tic-Tac-Toe*-Spiel. Den Wissenschaftlern war klar, daß ein besserer Computer auch ein besseres Programm benötigte, denn nur so konnte man die gesteigerte Leistungsfähigkeit demonstrieren. Die Clubmitglieder Wayne Wiitanen, Steve Russell und J. Martin Graetz überlegten und schrieben drei Grundbedingungen für ein solches Programm auf: »1. Es soll so viel wie möglich von den Fähigkeiten des Computers zeigen und diese Fähigkeiten bis zum Äußersten ausreizen. 2. Innerhalb eines gleichbleibenden Rahmens soll es interessant sein, d. h. jeder Durchgang soll anders sein. 3. Es soll den Zuschauer aktiv und vergnüglich einbeziehen – kurzum: es soll ein Spiel sein.«

Der *Tech Model Railroad Club* beschloß also im Herbst 1961, ein Computerspiel zu programmieren. Daß es *Spacewar!* wurde und einen Kampf zwischen zwei Raumschiffen zum Inhalt hatte, lag zu einem großen Teil am Programmieraufwand für den spielerischen Raum, in dem alles stattfinden sollte. Der Weltraum ist zum allergrößten Teil leer. Wenn man überhaupt etwas sieht, dann nur kleine leuchtende Punkte. Ein Weltraumkriegsspiel hat also den Vorteil, daß man mit minimalstem Aufwand ein sehr realistisches Setting erzeugen kann. Auch bei der Action spielte der Ökonomie-Gedanke eine große Rolle. Je mehr Regeln man für ein Spiel aufstellt, desto unüberschaubarer werden die Möglichkeiten seiner Entfaltung, was eine mathematische Darstellung – nichts anderes ist ein Computerprogramm – schwierig bis unmöglich macht. Die einfachste Regel, die ein Spiel ermöglicht, ist die, daß man daran gehindert wird, weiter zu spielen. Im Klartext: Jemand greift mich an, um mich auszulöschen. Game over. Das Spiel entsteht also nachträglich, indem man es mir versagen will. Die Bemühungen, sich gegen dieses Spielverbot zur Wehr zu setzen, sind dann das Spiel. Jedes Spiel ist ein Kampf gegen das Ende.

Wenn man sich für den Weltraum als Austragungsort des Kampfes entschieden hat, dann kann man sich nur in Raumschiffen befinden, die sich mittels der üblichen Raumschiffwaffen wie Laserkanonen oder Raketentorpedos bekämpfen. Damit die beiden Spieler vor dem Bildschirm wissen, wer sich in welchem Raumschiff befindet, und nicht planlos herumballern, muß es zwei verschiedene Designs geben. Im Allgemeinen fliegt man in Flugzeugen oder in Raketen, also nimmt man am besten die beiden Grundformen Flügelpaar und Röhre. So geschehen bei *Spacewar!*, wobei die Raumschiffe wegen der geringen Bildschirmauflösung eher wie ein Keil und eine Nadel aussahen und so zu ihren Namen »Wedge« und »Needle« kamen. Die Prinzipien des Spiels waren festgelegt und Steve Russell als Hauptprogrammierer auserkoren. Weil er sich Zeit ließ und ihm immer wieder neue Ausreden einfielen, warum das Spiel noch nicht fertig war, fingen die anderen an, das Spielkonzept durch einzelne Details zu verkomplizieren. J. Martin Graetz arbeitete an einer Hyperspace-Funktion, die es den Spielern ermöglichen sollte, in brenzligen Situationen einfach für einige Sekunden in eine andere Dimension zu hüpfen. Peter Samson arbeitete an einer getreuen Abbildung des nächtlichen Sternenhimmels als Hintergrund für das Spiel, was nicht nur atmosphärische Gründe hatte, sondern auch die Bewegung der Raumschiffe besser abschätzbar machte. Robert A. Saunders und Alan Kotok schraubten die wohl ersten Joysticks der Welt zusammen.

Am wichtigsten aber war Dan Edwards' Installation eines toten Sterns in der Mitte des Bildschirms, in dessen Gravitationsfeld die beiden Raumschiffe gefangen sind. Nun galt es nicht nur, den Schüssen des Gegners auszuweichen und selbst zu zielen, der Raum selbst war zum Feind geworden. Um spielen zu können, also den Gegner zu zerstören, mußte man nun Umgebungseinflüsse berücksichtigen. Aus einem bloßen Gegenüberstehen und Schießen war ein Tanz auf einem tückischen Untergrund geworden, den man meistern mußte, um überhaupt schießen zu können. Außerdem befand man sich nun tatsächlich auf Seite 78 von *The Skylark of Space*: »Ständig beschleunigt, bewegte sich die Skylark auf ihrem nicht ganz hyperbolischen Kurs. Von Minute zu Minute wurde sie schneller und kam der Oberfläche der riesigen toten Sonne auf einer fast tangentialen Bahn immer näher. Achtzehn Stunden nach Beginn des fantastischen Sturzes schwang sie im denkbar engsten Bogen um den Planeten herum.« Statt wie die Romanfiguren dabei ohnmächtig zu werden und 18 Stunden lang beschleunigt zu werden, erlebte man diesen Nervenkitzel bei vollem Bewußtsein in wenigen Minuten.

Im Februar 1962 hatte Steve Russell endlich eine Grundversion des Spiels programmiert, zwei Monate später waren alle Zusatz-Features integriert und *Spacewar!* wurde der Öffentlichkeit übergeben. Wortwörtlich, denn eine kommerzielle Nutzung schien den Mitgliedern des *Tech Model Railroad Club* ausgeschlossen. War William Higinbotham der Überzeugung gewesen, sein Spiel sei so einfach, daß es sich jeder selbst hätte bauen können, so dachten Russell und die anderen im Gegenteil, daß kaum jemand die Hunderttausende von Dollars besaß, um sich einen *PDP-1* zu kaufen. Insgesamt verkaufte der Hersteller, die *Digital Equipment Company* 50 Exemplare des *PDP-1*, was bei seinem Preis keinen Flop, sondern einen Erfolg bedeutete. Für eine Zielgruppe von nur 50 Kunden lohnte es sich aber nicht, ein Spiel zu vermarkten.

Die Mission der Mitglieder *Tech Model Railroad Club* war also mit dieser ersten *Spacewar!*-Version beendet. Kein Start-up wurde gegründet, keine mythische Garagenfirma schoß an die Spitze des Dow-Jones, dafür kamen sie einfach zehn Jahre zu früh. Sie hatten ihre Phantasien ausgelebt und verstreuten sich dann über das ganze Land. Schon im Sommer 1962 waren die meisten Clubmitglieder nicht mehr am *MIT*. Was blieb, war ihr Spielprogramm auf dem *PDP-1*.

Durch Mühen hindurch zu den Sternen | Spacewar!, sechziger Jahre |

Spacewar! wurde nicht etwa gefunden und gespielt, nein, es wurde regelrecht adoptiert. Zuerst am *MIT*, dann aber sehr schnell auch an allen anderen Stellen im Land, wo es einen *PDP-1* gab. Denn als die

Verantwortlichen der *Digital Equipment Company* von *Spacewar!*
hörten, erkannten sie, daß ein solches Spielprogramm ihren Rechner äußerst attraktiv machte. Sie besorgten sich *Spacewar!* und
legten es zu Demonstrationszwecken jedem *PDP-1* bei. Wissenschaftliche Institutionen wurden zu einer Hunderttausend-Dollar-Investition mit Hilfe eines Computerspiels überredet. Und es schien
zunächst so, als habe der wissenschaftliche Nachwuchs diese PR-Aktion für den Computer gründlich mißverstanden, denn es wurde
erst einmal keine Begeisterung für die Technik aufgebaut, sondern
das Spiel war zum eigentlichen Sinn der Apparatur geworden. Es
entstand eine Bewegung.

»Man kann sich darauf verlassen, daß zu jeder Nachtzeit (also jeder Nicht-Geschäftszeit) in Nordamerika Hunderte von Computertechnikern gewissermaßen ihren Körper verlassen haben, in einen
Kampf auf Leben und Tod verwickelt sind [...], stundenlang, ihre
Augen ruinieren, ihre Finger in einem besessenen Hämmern auf
Kontrollknöpfe taub schlagen, mit Begeisterung ihren Freund abschlachten und die wertvolle Rechnerzeit ihres Arbeitgebers verplempern. Hier passiert etwas Grundlegendes.« So beschrieb Stewart Brand 1972 in dem Artikel »Spacewar. Fanatic Life and Symbolic Death Among the Computer Bums« für *Rolling Stone* seine
Studienerfahrungen in Stanford. In den zehn Jahren, seit Steve Russell und die anderen das Programm am *MIT* zurückgelassen hatten,
war *Spacewar!* nicht nur populär geworden. Aus dem kleinen Baby
hatte sich ein großer Jugendlicher mit völlig anderen Gesichtszügen
und gänzlich eigenständigen Interessen entwickelt.

Der faszinierendste Aspekt dieses Spiels, das dort von Studenten
auf den Rechnern gefunden wurde, war die Offenheit seiner Programmstruktur. Aus der Begeisterung entstand schnell Neugier, wie
es funktionierte. Als sie sahen, wie es gemacht war, schien es gar
nicht so kompliziert zu sein, und jeder hatte seine eigenen Ideen,
wie man das Spiel verbessern konnte. Computerprogrammieren
konnte also doch eine attraktive Beschäftigung sein. Alle lernten obskure Programmiersprachen und brüteten über Algorithmen. *Spacewar!* wurde zu einem der ersten »Open Source«-Programme. Die Fakultäten waren begeistert. Endlich waren ihre teuren Geräte ausgelastet, endlich konnte man der Gesellschaft vermitteln, daß bei

ihnen junge Menschen für die Zukunft ausgebildet wurden. Daß es eigentlich autodidaktische Anstrengungen waren, die zur Atomisierung eines gegnerischen Raumschiffes dienten, verschwiegen sie. Als gewiefte Pädagogen wußten sie, daß ihr Gewährenlassen letztlich zu den Bildungszielen führte, die sie mit klassischen Methoden zu erreichen versucht hatten, während es den Studenten gleichzeitig das Gefühl gab, sich solchen Bildungsanstrengungen zu widersetzen. Vielleicht erzogen aber auch die Studenten ihre Professoren erst zu diesen gewieften Pädagogen, damit diese sie in Ruhe weiterspielen ließen.

Zumindest hatten alle das Gefühl, Teilnehmer einer Revolution zu sein. Dieses Hochgefühl spricht aus Stewart Brands Artikel: »*Spacewar!* war Ketzerei, niemand hatte es bestellt, niemand wollte es. *Spacewar!* wurde von den Hackern gemacht, nicht von den Planern. Wenn irgendwann jeder Computer besitzen kann, dann werden die Hacker übernehmen. Wir sind alle Computergammler, viel individualistischer als alle anderen, aber auch viel kooperativer. Das wird vielleicht alles auf einen höheren Level heben ... den Reichtum und die Strenge von spontaner Schöpfung und von menschlicher Interaktion ... von empfindsamer Interaktion.«

Das Phänomen *Spacewar!* in den sechziger Jahren nimmt viele Entwicklungen und Diskussionen über Computerspiele in den achtziger und neunziger Jahren vorweg. Schon damals mag es für viele Leute befremdlich geklungen haben, wenn die »Computergammler« ihre Vision einer Gemeinschaft von kooperierenden Individualisten beschrieben und von einer höheren Stufe des empfindsamen Miteinanders sprachen. Zeugte das gegenseitige Beschießen mit Raketentorpedoes wirklich von tiefer Empfindsamkeit? Wie läßt sich der Wunsch, den anderen auszulöschen, als Kooperation verstehen? Nun, die Spieler stellten sich diese Fragen einfach nicht. Sie erlebten etwas. Auf den Fotos, die Annie Leibovitz für den Artikel im *Rolling Stone* schoß, sieht man freudestrahlende Menschen, die gerade die härtesten Kämpfe mitgemacht haben und die denjenigen von ihnen, der sie alle plattgemacht hat, als neuen Highscore-Inhaber feiern. Gerade weil es im Computerspiel nur um Leben und Tod geht, kann man mit den anderen eine Gemeinschaft bilden. Wenn man sonst die zivilisierten Varianten des Abschlachtens wie Konkurrenzdruck,

Sozialdarwinismus oder Karrierestreben wählen muß, um mit seinen Mitmenschen Kontakt haben zu können, dann ist ein völlig zweckfreier Sport wie *Spacewar!* eine ungeheure Erleichterung. Endlich kann man den Kampf gegeneinander und die Freude miteinander in zwei getrennte Bereiche verlagern. Was geschieht, ist Feindseligkeit, was tatsächlich bleibt, ist Freundschaft.

Die Gemeinschaft bildete sich allerdings auch, weil es eine neue Sprache gab, die nur wenige beherrschten. Eine Sprache, in der man sich neue Geschichten erzählen konnte. Das hat schon immer in der Menschheitsgeschichte dafür gesorgt, daß aus bloßen Zweckbündnissen verschworene Gemeinschaften wurden. Geschichten stiften Identität, geben der eigenen Existenz Sinn. Auf Dauer geht es nicht mehr darum, daß man mit den anderen zusammen besser große Tiere erlegen, sich erfolgreicher gegen Feinde zur Wehr setzen oder bequemer Geschlechtspartner treffen kann. Das kann man prinzipiell auch überall anders bekommen. Sondern die eigenen Geschichten sind es, an denen man festhalten will, weil man dadurch Teil von etwas Größerem geworden ist. Man ist nicht mehr nur eine austauschbare Funktion, sondern ist Bestandteil von unsterblichen Gedanken. Die Jagd oder der Krieg an sich sind nicht mehr das Wichtigste, sondern die Art und Weise, wie man seine Erfahrungen den anderen vermittelt, so daß sie ihre eigenen Erfahrungen in diesen Erzählungen wiederfinden können.

Wenn man sich nach archetypischen Gemeinschaftserlebnissen sehnt, über die man sich mit seinen Mitstreitern austauschen will, dann hatte man es im Laufe der Zeit immer schwerer, sowohl die Erfahrungen zu machen als auch den Austausch mit anderen zu erleben. Einige binden sich Gummiseile an die Füße und springen 40 Meter in die Tiefe, um sich anschließend mit einem simplen »I Did It!«-T-Shirt als Mitglied einer sprachlosen Gruppe von Menschen auszuweisen. Andere laufen Dutzende von Kilometern durch Wüsten, um sich gegenseitig beim Erschöpfungskotzen am Wegrand stützend als Seelenverwandte zu erkennen. Ein paar hundert Studenten zu Beginn der siebziger Jahre hatten die Möglichkeit, ein Computerspiel zu spielen. Sie bewegten sich durch virtuelle Räume. Jede Entwicklung des Geschehens war von ihren Aktionen abhängig. Ohne sie gab es nicht, was dort geschah. Aber es gab ein paar andere Menschen, die exakt das selbe erlebt hatten und mit denen man sich deshalb verbunden fühlen konnte. Diejenigen nämlich, gegen die man sich gerade zur Wehr gesetzt hatte. Mit denen man zu einem Spiel verschmolzen war.

Spacewar! war seiner Zeit weit voraus. Technisch, weil es zu der Zeit überhaupt nur ein paar hundert Computer auf der Welt gab. Spieltheoretisch, weil es sich nicht damit aufhielt, den Leuten erst einmal zu erklären, was die Striche auf dem Bildschirm überhaupt bedeuten sollen, sondern die Welt eines Computerspiels einfach präsentierte. Ökonomisch, weil seine »Open Source«-Philosophie, die zu einer ständigen Verbesserung des Produkts durch seine Nutzer führt, zu Zeiten der allgemeinen Wirtschaftskrise Anfang der siebziger Jahre wie absolute Spinnerei klang. Seine Popularität war der einzige Aspekt, der damals vielversprechend schien. Wenn es gelingen könnte, Computerspiele von ihrer Abhängigkeit von teurer Technik, von ihren überzogenen spielerischen Ansprüchen und von ihrer freien Verfügbarkeit, die einem wirtschaftlichen Selbstmord gleich kam, zu befreien, dann besaßen sie ein großes kommerzielles Potential.

Mein Fernseher und ich | Ralph Baer, 1966 ff. |

Über die Möglichkeiten von interaktivem Fernsehen haben schon viele Menschen nachgedacht. Am frühesten vielleicht der Radio- und Fernsehtechniker Ralph Baer. Laut eigenem Bekunden tat er dies bereist 1951, als er zusammen mit Leo Beiser für die New Yorker Fima *Loral* ein neues Fernsehgerät konstruieren sollte. Während der Arbeit kam ihm die Idee, daß man vielleicht auch eine Art Spiel in den Fernseher einbauen könnte, um dieses Gerät interessanter als andere zu machen. Die Verantwortlichen bei *Loral* waren nicht überzeugt davon, und so blieb es bei einer reinen Glotze.

Ob die Geschichte bei *Loral* sich wirklich so zugetragen hat, sei dahingestellt, es klingt ein wenig wie eine nachträgliche Vordatierung der eigenen Ideen, um das geschichtliche Rennen zu gewinnen. Fakt ist jedenfalls – und daran wollen wir uns halten –, daß Ralph Baer im Jahr 1966 die Arbeit an der ersten Videospielkonsole der Welt begann. Inzwischen war er Chefingenieur und Leiter der Geräte-Entwicklungsabteilung bei *Sanders Associates* geworden, einer großen Rüstungsfirma. Sein alter Gedanke, daß man mit Fernsehern doch auch noch etwas anderes machen könnte, als Standardprogramme zu empfangen, spukte ihm immer noch im Kopf herum. Inzwischen gab es schon 40 Millionen Fernseher allein in den Vereinigten Staaten, ein gewisses Marktpotential war also vorhanden.

Am 1. September 1966 fertigte Ralph Baer ein Dokument an, dessen historische Tragweite ihm wohl schon damals klar gewesen sein muß. Auf vier Seiten skizzierte er das Konzept für eine Box, die man an einen Fernseher schließen konnte und die Action-, Brett-, Sport- und Fangspiele bereitstellen konnte. Auch so fantastische Dinge wie die Gestaltung von künstlerischen Designs innerhalb eines festgelegten Zeitrahmens schwebten ihm vor. Um sich seines geistigen Eigentums und seiner historischen Würdigung sicher sein zu können, rief er den Techniker Bob Solomon herbei. Der bestätigte ihm schriftlich, daß er das genau in diesem Konzept gelesen hatte. »Witnessed & understood« kritzelte Solomon in die linke obere Ecke von allen vier Seiten, womit er dokumentierte, daß er verstand, um was es da gehen sollte. Fünf Tage später hatte Baer bereits den Bauplan für ein Gerät fertig, das zwei Punkte auf einen Fernsehbildschirm zauberte, die man unabhängig voneinander bewegen konnte. Diesen Plan gab er an einen anderen Techniker, Bob Tremblay, der ihm zum 20. Oktober 1966 den ersten Prototyp baute.

»Ich bin ganz klar der Vater der Heimvideospiele,« hat Ralph Baer immer wieder in Internetforen verkündet, zum Beispiel auf http://pong-story.com/inventor.htm. Und das, obwohl *Tennis for Two* und *Spacewar!* schon einige Jahre vorher das Licht der Welt erblickten. Unter einem Videospiel versteht Ralph Bear aber etwas, das man zu Hause an seinem Fernseher spielt. Seiner Meinung nach war *Tennis for Two* ein bloßes Demonstrationsprogramm für Laborgeräte, das in seiner Interaktivität mit Radargeräten gleichzusetzen ist. Es sei auch deswegen kein Videospiel, weil kein Videosignal, also kein Fernsehbild, gesendet wurde, sondern ein bloßes Zeichnen von einzelnen Linien auf einem Oszilloskop. Nicht das Spiel ist also nach dieser Lesart das Entscheidende, sondern die Art und Weise, wie man dabei der Welt begegnet.

Medienwissenschaftler nennen so etwas ein »Dispositiv«, eine bestimmte Anordnung von Nutzer und Gerät, die für bestimmte Effekte verantwortlich ist. Manche Gebäude zum Beispiel sind so gebaut, daß der Besucher sich unweigerlich an bestimmten Stellen aufstellen will, um den perfekten Raumeindruck zu bekommen, wo er sich dann als ohnmächtiger Zuschauer in einem gewaltigen Spektakel wiederfindet, das ihn klein und bedeutungslos macht. Das Kino, als weiteres Beispiel, soll wegen seiner Dunkelheit und der flackernden, bewegten Bilder, denen man selbst bewegungslos und von allen anderen Außenreizen befreit ausgeliefert ist, eine Art Traumerlebnis erzeugen. Für das »Dispositiv Videospiel« sah Ralph Baer den heimischen Fernseher als den wichtigsten Bestandteil an.

Was bedeutet das aber genau? In seinem Exposé, das man auf der Internetseite www.ralphbaer.com findet, erklärt es Ralph Baer relativ präzise: »Der Sinn dieser Erfindung liegt darin, eine große Bandbreite von preiswerten Datenerzeugungsgeräten herzustellen, die von einem Anwender dazu benutzt werden können, mit einem Schwarzweiß- oder Farbfernseher herkömmlicher, handelsüblicher Bauart zu *kommunizieren*.« Kommunikation ist das Schlüsselwort. Baer wollte dem Fernseher, in den er zu Beginn seines Arbeitslebens förmlich hineingekrochen war, der ihm so viel gegeben hatte, den er liebte, endlich etwas zurückgeben können. Daten bzw. Videosignale mußten es sein, weil das die einzige Sprache ist, die eine Maschine versteht. Es ging um körperliche Verschmelzung. Das konnte nur mit einem Fernseher gehen. Weil er als einziges Gerät sowohl auf Außenreize reagieren als auch Reize zurückgeben kann; und all das innerhalb eines sehr privaten, unbeobachteten Rahmens bei sich zu Hause. Ralph Baer wollte Sex mit seinem Fernseher. Deshalb auch seine ständiges Reden davon, daß er der »Vater« der Videospiele sei.

Auch wenn die späteren Videospieler nicht mehr diesen TV-Fetischismus teilten, der Aspekt der Intimität war sehr wichtig für das »Dispositiv Videospiel«. David Sheff erzählt in seinem Buch *Nintendo Game Boy*, wie Minoru Akarawa, als er in den achtziger Jahren *Nintendo* in Amerika aufbauen wollte, Videospieler beobachtete, um hinter die Faszination des Spielens zu kommen. »[E]s wurde ihm klar, daß die beliebtesten Spiele etwas hatten, was die Spieler nicht ausdrücken konnten. Die Formulierungen, mit denen sie sie beschrieben, glichen denen, die normalerweise privaten und intimen Beziehungen zwischen Menschen vorbehalten sind. Immer wieder war es, als verschmölzen Spieler und Spiel auf bestimmte Weise miteinander.« Aus dem Wunsch, mit anderen zu verschmelzen, wie es bei den *Spacewar!*-Turnieren geschehen ist, wurde der Wunsch, sich mit einer Maschine auszutauschen, um dann zu einer Verschmelzung mit einer anderen Version seiner selbst im Spiel zu werden, die perfekte Selbstliebe. Doch dazu an passender Stelle mehr.

Warum eine Rüstungsfirma wie *Sanders* nun bereit war, die Entwicklung eines Spielzeugs zu genehmigen und zu finanzieren, bleibt ein Geheimnis. »Es war so, als ob sich das Pentagon dazu entschlossen hätte, ihr eigenes Softeis zu produzieren, um eine weitere Einnahmequelle zu haben«, meint Scott Cohen in *Zap! The Rise and Fall of Atari* zu dieser Entscheidung. Irgendeinen militärischen Hintergrund mag es gegeben haben. Vielleicht sahen die Militärs in dem neuen Dispositiv, das geschaffen wurde, eine Art Trainer für eine andere Situation, nämlich das Sitzen in einem Panzer, U-Boot oder Düsenjäger. Tatsächlich haben, wie David Sheff in *Nintendo Game Boy* berichtet, neutrale Beobachtungen beim Militär später ergeben, daß Bewerber für Pilotenjobs, die als Kinder und Jugendliche exzessive Videospieler waren, bei den Eingangstests erheblich besser als der Durchschnitt waren. Was nicht bedeutet, daß sie schon bessere Tötungsmaschinen sind, dafür muß das Militär dann noch sorgen, sondern daß sie besser für Aufgaben geeignet sind, die eine vollständige Konzentration auf eine Apparatur und blitzschnelle Reaktionen erfordern. Was auch immer die Verantwortlichen bei *Sanders* dachten, jedenfalls gaben sie im Dezember 1966 ihr Ja zur Entwicklung von Baers Spielkonsole.

Von diesem Zeitpunkt an verschwand Ralph Baer aus dem regulären *Sanders*-Betrieb. Gemeinsam mit Bob Trembley tüftelte er in einem fensterlosen Büro hinter verschlossener Tür an Wegen, wie zwei bewegliche Punkte ein Spiel ergeben können. Ihre Arbeit ähnelte dem Verhalten zweier Jungen, die sich auf einem Spielplatz begegnen. Das erste, was Jungen einfällt, ist, sich zu jagen und Packen zu spielen. Genau das machten auch Baer und Trembley. Ein Punkt wurde zum »Hund« erklärt, der andere zum »Fuchs«. Wenn der Hundespieler den Fuchspunkt erreichte, war die Jagd beendet und er hatte gewonnen. Dieses Fuchsspiel folgte wieder der einfachsten Regel für jede spielerische Aktivität: Hindere jemanden daran, weiterzumachen. Jungs auf dem Spielplatz haben aber keine unbegrenzte Kondition. Sehr schnell hören sie auf zu rennen. Als vernunftbegabte Wesen denken sie dann über Möglichkeiten nach, den anderen indirekt, unter Zuhilfenahme eines Werkzeuges zu packen. Dann erspart man sich eine Menge Arbeit. Aus Stöcken, die sie vom Boden aufheben, werden Gewehre, mit denen man Schießen spielen kann. Ab jetzt besteht das Spiel aus Verstecken, Auftauchen und Reagieren, alles zum richtigen Zeitpunkt und im richtigen Tempo.

Mit dem Spiel auftauchen wollte Baer noch nicht, dafür war noch nicht der richtige Moment, aber er heuerte den Techniker Bill Harrison an und schickte ihn sofort los, um ein Spielzeuggewehr zu kaufen. Mit einer in die Mündung des Laufes eingebauten Fotozelle konnte der Punkt auf dem Bildschirm dann vom Gewehr erkannt und ein Signal an die Konsole geschickt werden, um die Projektion des Punktes zu stoppen. Als Spieler konnte man es andersherum interpretieren: man »schoß« mit dem Gewehr und der Punkt wurde durch den Schuß zerstört. So etwas war für die Verantwortlichen einer Rüstungsfirma natürlich äußerst überzeugend. Einer der Direktoren, Herbert Campman, wurde zu einer Demonstration ins Büro eingeladen. Er blieb sehr lange. Zuerst legte er das Gewehr an der Schulter an und zielte über Kimme und Korn. Nachdem er ein Gefühl für die Waffe und das Ziel entwickelt hatte, stellte er sich wie ein Western-Marshall vor den Bildschirm und feuerte lässig mit einer Hand aus der Hüfte. Unermüdlich, bis er fast mit jedem Schuß einen Punkt beseitigen konnte. Neben einigen namenlosen *Spacewar!*-Jüngern kann man wohl Herbert Campman als einen der ersten dokumentierten Videospiel-Süchtigen bezeichnen.

Nach diesem Tag war die finanzielle Zukunft des Projektes endgültig gesichert. Ein zweiter Techniker, Bill Rusch, wurde von Herbert Campman für die Spielentwicklung abgestellt. Er und Harrison ließen bei ihrer Arbeit immer laute Rockmusik laufen, so daß die anderen *Sanders*-Mitarbeiter, die nichts von dem geheimen Spieleprojekt wußten, zu der Überzeugung gelangten, daß hinter dieser Tür im fünften Stockwerk eine Art E-Gitarre entwickelt wurde. Monatelang löteten sie nur an den Schaltkreisen herum, um sowohl den Punktgenerator als auch das Lichtgewehr zu verbessern und ein kostengünstiges Design für eine Serienproduktion zu entwickeln. Erst im Oktober 1967 gab es die nächste kreative Idee. Wie wäre es mit einem dritten Punkt? Was harmlos klingt, hatte tiefgreifende Folgen. Denn wer oder was soll der Dritte in einem Jagdspiel sein? Sollte es jetzt ein Dreier-Duell werden? Bill Rusch war nicht überzeugt davon und wollte den dritten Punkt eher als einen Gegenstand verstehen, etwas, was festgelegten physikalischen Regeln gehorchte und von der Maschine gesteuert wurde. Gewissermaßen die Verlagerung des vor dem Bildschirm stattfindenden Schießens in die Darstellung hinein. Eine Art symbolisches Projektil. Zuerst hatte man zwei Punkte als Verkörperung der beiden Spieler, dann holte man einen Spieler wieder zurück in die Realität und gab ihm ein Interface, das Lichtgewehr, um mit dem verbliebenen Punkt zu »kommunizieren«, und jetzt schickte man Spieler und Gewehr wieder auf den Bildschirm zurück. Als Rusch länger darüber nachdachte, erinnerte ihn dieses Projektil an einen Ball. Und weil sie einen Ball hatten, konnten sie von nun an Sport treiben. Baer meint heute, daß sie damit eine Schwelle überschritten hatten.

Denn dahinter öffnete sich ein weites Feld schon vorhandener Spiele. Aus den zwei Ursprungspunkten wurden durch vertikale Streckung Schläger, die den Ball hin und her schlagen konnten. Ping-Pong auf dem Fernseher. Aber auch Volleyball, Fußball, Hockey. Die zwar eigentlich genauso wie Ping-Pong funktionierten, aber einen anderen Hintergrund und ein umfangreicheres Schlägerensemble hatten. Durch dieses andere Aussehen glaubte man, ein anderes Spiel vor sich zu haben. All das wurde zusammen mit der Fuchsjagd und dem Tontaubenschießen in Schaltkreise gepreßt und in einer kleinen braunen Box verstaut. Im Prinzip war das Produkt jetzt fertig. *Sanders* als Rüstungsfirma konnte die *Brown Box* aber nicht herstellen und vertreiben. Dafür brauchte man einen Lizenznehmer. Baer glaubte, daß das nicht schwierig sein dürfte. Tatsächlich begann aber eine jahrelange Odyssee.

Die erste Idee war, mit Kabelfernsehanstalten zusammenzuarbeiten. Die Branche steckte gerade in einer Krise, weil ihre Wachstumsraten in den Großstädten stagnierten. Baer glaubte, daß Spiele zur

Attraktivität des Angebots beitragen könnten. Die Sender sollten dabei auf Extrakanälen die Hintergrundgrafiken für verschiedene Spiele ausstrahlen, wodurch man diese Funktion aus der *Brown Box* herausnehmen und die Produktionskosten senken konnte. *Sanders* hätte dann unter Umständen selbst produzieren können, weil das Marketing über die Fernsehanstalten gelaufen wäre. Bis Mitte 1968 verhandelte Baer mit dem größten Kabelanbieter der U.S.A., der *TelePrompTer Corporation* in New York. Es gab starkes Interesse, aber schließlich brach die Kabelbranche wirklich zusammen und es gab kein Geld mehr für ein solches Projekt.

Die Kooperation mit *TelePrompTer* hätte gleich zu Beginn seiner Geschichte das Medium Videospiel in eine andere Richtung geschoben. Es wäre eine Art Pay-per-Game gewesen, ein Game-on-Demand, das die Spiele tatsächlich tief in den Fernseher, dieses Medium des vergänglichen Flusses, eingebunden hätte. Eine solche Software-Kooperation hätte das Videospielen sehr stark mit einer bestimmten Hardware verschmolzen. Weil dieser Versuch scheiterte, konzentrierte sich Baer nun darauf, die Hardware weiterzuentwickeln. Langfristig gesehen sorgte das wiederum dafür, daß die Software das Entscheidende beim Videospielen ist. Doch soweit war es damals noch nicht. Es lag nahe, daß die am besten geeigneten Produzenten für ein Telespiel die Hersteller von Fernsehgeräten waren, also setzte sich Baer mit diesen in Verbindung. Das ganze nächste Jahr über trafen Manager-Delegationen von *Zenith*, *Sylvania* oder *Warwick* bei *Sanders* ein, setzten sich vor den Fernseher, an dem die *Brown Box* hing und ließen sich von Baer mit seinem Lichtgewehr zeigen, was man mit ihren Fernsehgeräten so alles anstellen konnte. Alle waren beeindruckt, aber nur die Leute von *RCA* konnten sich eine Zusammenarbeit vorstellen. Es gab Vertragsverhandlungen, die allerdings im Frühjahr 1969 abgebrochen wurden. Einer der *RCA*-Manager, Bill Endres, wechselte gerade zu *Magnavox*, und für seinen Einstand dort wählte er Ralph Baers Telespiel als Projektvorschlag. Ende 1969 wurde ein Vertrag zwischen *Sanders* und *Magnavox* geschlossen. Anderthalb Jahre lang wurde an einem Prototyp gearbeitet, bis schließlich im März 1972 die fertige Heimvideospielkonsole Marktreife erlangt hatte und der Welt präsentiert wurde. Angesichts seiner jahrelangen Entwicklungsgeschichte ist es passend, daß die

Marketingabteilung von *Magnavox* den Namen *Odyssey ITL 200* für das Gerät auswählte.

Das *Odyssey* unterschied sich von der *Brown Box* in wichtigen Punkten. Zum einen war jegliche Farberzeugung aus Kostengründen gestrichen worden. Auch die Hintergrundbilder fielen weg. Statt dessen mußte man nun für jedes Spiel eine andere bedruckte Folie auf den Bildschirm kleben. Ralph Baer hielt das für eine schlechte Entscheidung, obwohl es doch seiner ursprünglichen Absicht, daß die Menschen mit ihren Fernsehern kommunizieren sollten, sehr entgegenkam. Nun gab es nicht nur den platonischen Austausch von Daten, sondern den direkten Hautkontakt, die Berührung der verschiedenen Körper, das Streicheln über Oberflächen. Neben den Folien war das *Odyssey*-Paket noch mit Würfeln, Ergebnisbüchern, Spielchips und Spielkarten bestückt. Zum Spiel gehört eben die Unordnung.

Der zweite Unterschied war, daß man die Spiele aus dem Gerät genommen hatte. Das technische Innenleben des *Odyssey* bot zwar die allgemeinen Voraussetzungen, um ein Spiel zu erzeugen, wie genau das aber gemacht werden sollte, erfuhr es erst von einer Steckkarte. Die Cartridge war geboren. Jetzt hatte das Gerät eine Zukunft, weil es sich immer wieder in einem neuen sexy Outfit präsentieren konnte. War man des ewigen Ping-Pong überdrüssig und drohte den Spaß am *Odyssey* zu verlieren, dann stand *Magnavox* bereit und verkaufte eine kleine Steckkarte samt weiterer Klebefolie, und schon war der Fernseher ein Football-Feld oder eine Skipiste. Abwechslung für den Konsumenten bedeutete Verlängerung der Einnahmemöglichkeit für *Magnavox* in die mittelfristige Ewigkeit hinein.

Ganz so unendlich, wie es sich in der Theorie darstellte, waren die Einnahmen für *Magnavox* aber nicht. Das lag zum Teil an Managementfehlern. Im Herbst 1972 lief eine sehr große Werbekampagne für das *Odyssey*, bei der sogar Frank Sinatra dem Videospiel seine Stimme gab. Die Kampagne schoß aber insofern über das Ziel hinaus, als die Verbindung von *Odyssey* und Herstellerfirma *Magnavox* so stark ins Bewußtsein der Zuschauer gehämmert wurde, daß alle überzeugt waren, das Spiel funktioniere nur mit einem *Magnavox*-Fernseher. Besitzer anderer Geräte fühlten sich nicht angesprochen. Ein weiterer Marketingfehler war, das Gerät für 100 Dollar zu verkaufen, ein nicht unerheblicher Betrag Anfang der siebziger Jahre, in etwa mit den 900 Mark für die *Playstation 2* im Jahr 2000 zu vergleichen. Die Fotozellen-Pumpgun für das *Odyssey* war in diesen 100 Dollar noch nicht einmal enthalten, sondern schlug mit weiteren 25 Dollar zu Buche. Außerdem hatte man die besten Spiele auf Extra-Steckkarten gepreßt, die Verkäufer jedoch nicht darauf gedrillt, diese Spiele ihren Kunden als Erweiterung für das *Odyssey* zu verkaufen. Alle Trümpfe, die sich die Entwicklungsabteilung hatte einfallen lassen, wurden vom Marketing schlicht ignoriert.

Daß trotzdem beinahe 100.000 *Odyssey*-Konsolen verkauft wurden, spricht für die Qualität des Produkts und ist ein Zeichen für die Anziehungskraft, die von diesem neuartigen Medium ausging. Ralph Baer hatte seinen Traum verwirklicht. Seiner Liaison mit dem Fernseher war ein Kind entsprungen: das Videospiel. Fortan verbrachte er sein Leben damit, es gegen alle Unbill zu verteidigen. Gelegentlich erfand er noch ein anderes Spielzeug, darunter das bekannte *Senso* – auf dessen vier Farbfeldern immer längere Kombinationsreihen aufleuchteten, die man dann wiederholen mußte –, doch hauptsächlich kümmerte er sich um sein Erstgeborenes. Bis in die neunziger Jahre hinein war Ralph Baer Hauptzeuge in unzähligen Gerichtsverfahren, in denen *Sanders* sein Patentrecht auf Videospiele gegen Firmen wie *Atari* oder *Nintendo* durchsetzen mußte und immer wieder nachträgliche Lizenzgebühren zugesprochen bekam. Während einer dieser Gerichtsverhandlungen will Ralph Baer auch zum ersten Mal von *Tennis for Two* und Willy Higinbotham gehört haben, als dieser von *Nintendo* als eigentlicher Erfinder der Videospiele präsentiert wurde. Für den liebenden Vater Baer war er nur »ein Strohmann, der durch eine Laune des Schicksals ins Rampenlicht gezerrt wurde«, wie er auf der Seite http://pong-story.com/inventor.htm betont. Higinbotham hatte nach seiner Meinung nur einmal kurz seinen Spaß gehabt, während Baer selbst dafür sorgte, das sich ein Kind entwickeln und behütet aufwachsen konnte.

Go, go Nolan, go! | Nolan Bushnell, 1971 ff. |

Beim Spiel *Go*, das eine entfernte Ähnlichkeit mit *Dame* oder *Othello* hat, zählen die Spielsteine an sich nichts, nur die von ihnen umschlossenen Gebiete. Das *Go*-Feld ist die symbolische Darstellung der Welt, und in der Welt zählt der Einzelne nichts, sondern nur die größere Sache, zu der er beiträgt. Manchmal lohnt es sich, um diese einzelnen Steine zu buhlen, sie ganz zu umarmen und für die eigene Sache zu gewinnen. Plötzlich entsteht ein eigenes Gebiet dort, wo vorher der Gegner den Spielplan dominierte. Alles, weil ein einziger Stein anfällig geworden ist. Oder, wie es beim *Go* heißt, weil er im »Atari« stand.

Go ist das richtige Spiel für einen rastlosen Geist. Für jemanden, der sich für alles interessiert, alle Energien aufbringt, um etwas zum Laufen zu bringen, es dann aber anderen, von ihm eingesetzten Leuten überläßt, es am Laufen zu halten, weil er schon längst etwas Neues, Interessantes entdeckt hat. Ein Spiel für jemanden wie Nolan Bushnell. Wenn man ihn heute nach seinem Lieblingsspiel fragt, dann sagt er immer »Go«, und das, obwohl er schon eine ganze Menge an Spielen konzipiert und produziert hat. Sein ganzes Leben scheint ein solches Spiel zu sein, zumindest hat er es bis jetzt so betrieben. Ohne einen rastlosen Geist wie Bushnell hätte es die Videospielindustrie nie gegeben, nicht ohne jemanden, der die einzelnen Spiele nicht wichtig findet, sondern sie nur als Steine in einem großen Spiel begreift, die man setzen, bewegen, verlieren kann. Nolan Bushnell hat kein Spiel wirklich erfunden. Aber er hat die schon vorhandenen Spiele gesehen und sofort gewußt, daß sie zu seinem großen Spiel passen.

Das Studium der Elektrotechnik an der *University of Utah* finanzierte sich Bushnell durch einen Sommerjob in einem Vergnügungspark. Er hatte die Oberaufsicht über eine Reihe von Buden, in denen man für 25 Cent sein Gewicht und seine damit irgenwie zusammenhängende Zukunft erzählt bekam oder wo man für denselben Betrag mit drei Basebällen auf eine Pyramide aus Milchflaschen werfen konnte. Als er sah, daß die Leute bereit waren, für alles Geld zu zahlen, solange es ihnen das Gefühl gab, irgendeinen Mehrwert zu erzielen – und sei es nur ein Feedback in Form des eigenen Gewichts –, glaubte er zu wissen, wie dieses Feedback in Zukunft aussehen könnte. Er selbst stahl sich nämlich nachts immer in den Computerraum der Universität, um auf dem dortigen *PDP-1* ein Spiel mit zwei Raumschiffen und einer toten Sonne zu spielen. Wie wäre es, dachte Nolan Bushnell, wenn man beides kombinieren könnte, wenn es einen Automatenpark gäbe, in dem die Menschen für Geld solche Spiele kriegen könnten? Aber Computer waren zu teuer, so daß ein solches Unterfangen unmöglich schien.

1969 war die Lage etwas anders. Zum einen hatte Nolan Bushnell 1968 seinen Universitätsabschluß gemacht und eine Stelle bei *Ampex*, den Erfindern des Videorekorders, in Californien angetreten. Er besaß also zumindest ein regelmäßiges Einkommen. Zum anderen fielen die Preise für integrierte Schaltkreise. Statt *Spacewar!* als Computerprogramm unter die Leute zu bringen, war eine abgespeckte Version aus integrierten Schaltkreisen denkbar. Nolan Bushnell quartierte seine jüngere Tochter Britta aus ihrem Zimmer (sie mußte bei ihrer Schwester einziehen) und funktionierte den Raum zu einer Werkstatt um. Nach der Arbeit bei *Ampex* lötete er dort nachts an einer Apparatur herum, die eine Art *Spacewar!* auf einer Fernsehbildröhre produzieren konnte.

Im Frühjahr 1971 hatte er es geschafft, *Computer Space*, wie Bushnell es nannte, lief. Er war so überzeugt von seiner Erfindung, daß er bei *Ampex* kündigte und sein Geld in Zukunft mit den Lizenzeinnahmen von diesem Spiel verdienen wollte. Um sich dieser Aufgabe voll widmen zu können, nahm er sogar in Kauf, daß seine Ehe zerbrach, weil er sich nicht mehr um die Menschen um ihn herum kümmerte. Das erste Angebot einer Firma, *Computer Space* herzustellen, nahm Nolan Bushnell an. Es kam von dem Münzspielgerätehersteller *Nutting*, der 1500 Stück von *Computer Space* baute. Ausgeliefert wurden allerdings bedeutend weniger Exemplare. Die Leute wußten einfach nicht, was sie damit anfangen sollten. Wenn das Gerät einen Fernseher darstellen sollte, dann war nicht einzusehen, warum man Geld einwerfen mußte – zumal nichts Bedeutendes auf dem Bildschirm passierte, wenn man draufschaute. Und wenn man tatsächlich das Spiel erkannte, dann dauerte es viel zu lange, um zu verstehen, daß die Knöpfe unter dem Bildschirm bestimmte Sachen mit einem bestimmten Stück der flimmernden Linien dort machten. Man wurde sofort abgeschossen und das Spiel war vorbei. Bei einem Flipper oder einer Jukebox wußte man sofort, was passierte, wenn man ein Geldstück einwarf. Also wollte keiner *Computer Space* aufstellen. Bill Nutting beschwerte sich bei Nolan Bushnell darüber, daß sein Gerät viel zu kompliziert sei und sich nicht verkaufe, dieser wiederum beschwerte sich, daß *Nutting* ein katastrophales Marketing betrieb. Nolan Bushnell kam zu der Überzeugung, daß er selbst alle Fäden in der Hand haben mußte, um Videospiele unter das Volk bringen zu können. So beendete er seine Zusammenarbeit mit Nutting.

Auf sich allein gestellt, mußte er akzeptieren, daß Nutting Recht hatte. *Computer Space* war zu kompliziert. Man mußte mit simplen Spielen beginnen, die von den Leuten sofort begriffen werden konnten, wenn man langfristig Erfolg haben wollte. Nolan Bushnell befand sich am selben Punkt wie vor ihm Willy Higinbotham und Ralph Baer. Da sollte es nicht verwundern, daß auch er dieselbe Idee hatte. Im Jahr 1972 wurde Video-Tennis zum dritten Mal nach 1958 und 1967 erfunden. Oder doch nicht? Ralph Baer (wer sonst?) hat seine eigene, sehr präzise Version der Geschichte. Nach seinen Angaben gibt es einen Eintrag im Gästebuch einer Vorab-Präsentation des *Odyssey* in Burlingame, Kalifornien, vom 21. Mai 1972. Ein gewisser Nolan Bushnell soll dort seine Begeisterung für dieses Gerät dokumentiert haben. Für Ralph Baer ein sehr starkes Indiz dafür, daß die Idee für ein Video-Tennis nicht aus heiterem Himmel, sondern direkt aus den Schaltkreisen seines Babys gekommen ist. Denn die Firma, die dieser Spieler gründete, um mit dieser Idee Millionen zu machen, wurde erst am 27. Juni 1972 in das Handelsregister eingetragen. Sehr verdächtig.

Die Gründungsväter des Unternehmens waren neben Nolan Bushnell zwei Ingenieure, die er bei *Ampex* kennengelernt hatte, Ted Dabney und Larry Bryan. Als Gründungskapital sollte jeder 100 Dollar beisteuern. Sie setzen sich zusammen und überlegten, wie ihre Firma heißen sollte. Larry Bryan blätterte durch das Wörterbuch und stieß irgendwann auf das Wort »Syzygy«, weniger wegen seines seltsamen Klangs, sondern wegen seiner Bedeutung. Mit Syzygy wird die lineare Anordnung dreier Himmelskörper bezeichnet, etwa während einer Sonnenfinsternis, bei der Erde, Mond und

Sonne direkt hintereinander stehen. Zur Bezeichnung eines Triumvirats, das die Unterhaltungselektronik revolutionieren wollte, schien es perfekt zu sein. Bevor Nolan Bushnell allerdings die Firma *Syzygy* eintragen lassen konnte, passierten zwei Dinge. Larry Bryan, Namenspate des Unternehmens, stieg aus dem Geschäft aus, bevor es angefangen hatte. Und der Name »Syzygy« war bereits an einen Kerzenmacher aus Mendocino vergeben.* Als Kapitalgeber wurde Bryan schnell ersetzt. Statt 100 steuerten nun die verbliebenen zwei je 250 Dollar zum Unternehmen bei. Es blieb das Namensproblem. Bushnell mußte sich allerdings nur seiner Vorliebe für Go erinnern. Dann wußte er, daß nur ein Begriff wie »Atari« in Frage kommen konnte. Die Firma hatte sich aufgestellt, um ihren Stein in das Gebiet der anderen zu setzen und es zu übernehmen. Außerdem war neben Nolan Bushnell sowieso kein Platz mehr für zwei weitere Himmelskörper.

Kaum hatte Nolan Bushnell seine Firma gegründet, war er auch schon zu beschäftigt, um sich mit der Entwicklung ihres ersten Produkts zu befassen. Nachdem er *Nutting* verlassen hatte, war er für Bill Nutting plötzlich wieder interessant geworden und wurde mit der Entwicklung eines Zwei-Personen-*Computer Space* beauftragt. Außerdem dachte er über ein Autorennspiel nach, das die Massen begeistern würde. Das profane Spiel, um Leuten Videospielen beizubringen, paßte in dieses Brainstorming nicht hinein. *Pong*, wie das Video-Tennis heißen sollte, weil *Ping Pong* ebenfalls schon eingetragen und geschützt war, mußte von jemand anderem entwickelt werden. Zu diesem Zweck wurde Al Alcorn eingestellt, ein in Berkeley ausgebildeter Elektroingenieur, den Nolan Bushnell bei *Ampex* kennengelernt hatte. Sowenig wie Bushnell also die Videospiele erfunden hat, hat er sie also auch gebaut (obwohl er in der Anfangsphase auch immer wieder mit am Fließband stand, um Geräte zusammenzuschrauben). Ohne ihn wäre allerdings nichts entstanden, er war

* Dreißig Jahre später scheint es aber kein Problem mehr zu sein, die eigene Firma Syzygy zu nennen. Neben Software-Firmen in Kalifornien, Texas und North Carolina gibt es Medienagenturen in Utah, Maryland, England oder Hessen, eine Zeitschrift für »Zeitgenössischen Mentalismus« in Arizona, ein Erdbebenvorhersagedienst in Kalifornien und eine australische Heavy-Metal-Band, die sich nach diesem astronomischen Phänomen benannt haben.

der Katalysator, der alles miteinander reagieren ließ, was sonst träge nebeneinander lag.

Nolan Bushnell schuf eine Welt, einen ganzen Kosmos, in dem die am Ende der sechziger Jahre geborenen Kinder aufwachsen konnten. *Atari* war ein Lebensgefühl, ein Synonym für die Sozialisation im beginnenden digitalen Zeitalter. Wo Deutschland die »Generation Golf« aufbieten kann, da hat Amerika die »Atari-Kids« wie die Buchautoren J.C. Herz oder David Bennahum, die in *Joystick Nation* bzw. *Extra Life* ihre Kindheit in den Arcades heraufbeschwören.* *Atari* verschmolz die Hippiekultur der sechziger Jahre, Pop, weiche Drogen und Happenings mit der Silicium-Revolution der siebziger Jahre. Bei *Atari* schraubten Hippies von der Straße am Fließband *Pong*-Automaten zusammen und der Firmenchef war der bärtige Typ mit dem *Black Sabbath*-T-Shirt, der von ihnen nicht zu unterscheiden war. Ingenieuren, die sich bei *Atari* bewarben, wurde geraten, keinen Dreiteiler zum Vorstellungsgespräch anzuziehen, sondern lieber das Holzfällerhemd für die Gartenarbeit aus dem Schrank zu holen. Sie taten es, weil sie alle bei *Atari* arbeiten wollten, wo sie ihr Wissen und ihr Können in die Schöpfung von Freude und Begeisterung stecken konnten. Sie konnten in den Bergen im ausgelagerten Think-tank im Whirlpool liegen, Bier trinken und sich *Night Driver*, *Tanks*, das *Video Computer System* (*VCS*) oder das *Atari 2600* ausdenken. Dinge, die das ganze Land ihnen aus den Händen reißen und für die man sie lieben würde. »Wenn man einen Ingenieur wirklich haben wollte [...], dann brauchte man dem bloß zu sagen: Hey, wir haben Whirlpools und manchmal springen die Sekretärinnen bei Bierpartys da mit rein. Ohne was an«, erinnert sich Bushnell in einem Interview für die CD-Rom *Atari Arcade Hits* von *Hasbro*.

Schnell wurden die anderen Firmen neidisch, sie wollten ebenso hip sein und schickten ihre Abgesandten zum Firmensitz nach Santa Clara. Auch die Banken witterten ein Geschäft. Die Bänker reisten an, standen dann in ihren dunkelblauen Anzügen in Marihuana-

---

* Um 1980 gab es auch eine Gruppe von demokratischen Kongreßabgeordneten, die sich offiziell »Atari Democrats« nannten, um ihre Aufgeschlossenheit gegenüber neuen Technologien zum Ausdruck zu bringen.

Schwaden zwischen verdächtig aussehenden Menschen und wurden von einer nicht minder zweifelhaft anmutenden Vorstandsgruppe durch das Werk geführt. Eine Anekdote, die von Steve Bloom in seinem Buch *Video Invaders* erzählt wird, ist die, daß er einmal eine Gruppe, die sich wegen ihres Businessoutfits zwischen den Hippies sichtlich unwohl fühlte, kurzerhand in große, leere Versandkartons setzte, so daß man voneinander nur noch die Köpfe sah, und mit ihnen auf den Fließbändern durch die Halle fuhr. Für das abendliche Essen schlüpften die Manager dann in legere Jeans, um sich ihren Gastgebern anzupassen. Die wiederum wollten ihren Gästen zeigen, daß ihre Kleidung durchaus zu ihnen passen konnte, und hatten ihre besten Anzüge angezogen, so daß sich nun beide Parteien falsch angezogen fühlten. Schaden konnte es der Firma nicht. Sie wuchs und wuchs. Niemand hatte mit ihr gerechnet.

Dan Pulcrano, der Herausgeber des *Metroactive*-Magazins, nennt Bushnell in dem Artikel »Back to the Garage« eine »Gottheit des Kapitalismus«, eine mythische Figur, die am Beginn der Zeitrechnung steht. Damals soll in den Wirtschaftskursen an der Unis folgender Witz kursiert sein: Auf dem Golfplatz von Pebble Beach schlagen Moses und Jesus ihre Bälle in ein Wasserloch. Wie nicht anders zu erwarten, teilt Moses die Wassermasse, hebt seinen Ball vom Boden auf und geht wieder auf den Platz, woraufhin sich das Wasser wieder schließt. Jesus macht es sich einfacher und geht einfach über das Wasser zu seinem schwimmenden Ball, um ihn zu holen. In einiger Entfernung beobachten zwei andere Golfer das Geschehen. Der eine fragt den anderen, ob das gerade Jesus gewesen sei, der da über das Wasser gegangen ist. Der andere meint nur: »Nein, das war bestimmt Nolan Bushnell.«

Atari drohte allerdings an seinem Erfolg zu ersticken. Schon im zweiten Jahr seines Bestehens mußten alle Energien in die Expansion gesteckt werden, weil sonst die Nachfrage nicht hätte befriedigt werden können. Der 11 Millionen Dollar-Umsatz des ersten Jahres mußte vollständig dafür benutzt werden, um diesen explodierenden Umsatz zu unterstützen, *Atari* fraß sich selbst die Haare vom Kopf. Oft wußte Nolan Bushnell am Ende des Monats nicht, ob er es verantworten konnte, seine vielen Angestellten zu bezahlen, weil dieses

Geld der Firma bei dringend benötigten Investitionen fehlen würde. Sein Partner Ted Dabney hielt den Druck nicht aus und verkaufte seinen Anteil an Bushnell. Hätte er nur ein wenig länger ausgehalten, dann wäre auch er ein großer Gewinner gewesen. Denn schließlich wurde auch Nolan Bushnell ein Angebot gemacht, das er als passionierter Spieler nicht ausschlagen konnte. Der Medienriese *Warner* bot 1976 28 Millionen Dollar für *Atari*, von denen 15 Millionen allein auf Bushnells Bankkonto fließen würden. Er nahm das Angebot an. Aus 250 Dollar hatte er in vier Jahren 15 Millionen gemacht, er war ein Popstar geworden und hatte einer Kulturform zum Durchbruch verholfen. Daß *Atari* dann selbst wie beim Spiel *Go* im Atari stand und übernommen wurde, akzeptierte er bereitwillig, schließlich hatte er das Gebiet selbst einmal von jemand anderem genommen. Spieler wie *Warner* hatten einfach mehr Steine, deshalb konnten sie langfristig gewinnen. Bis dahin spielte Nolan Bushnell allerdings eine der inspirierendsten Partien, die man bis dahin gesehen hatte.

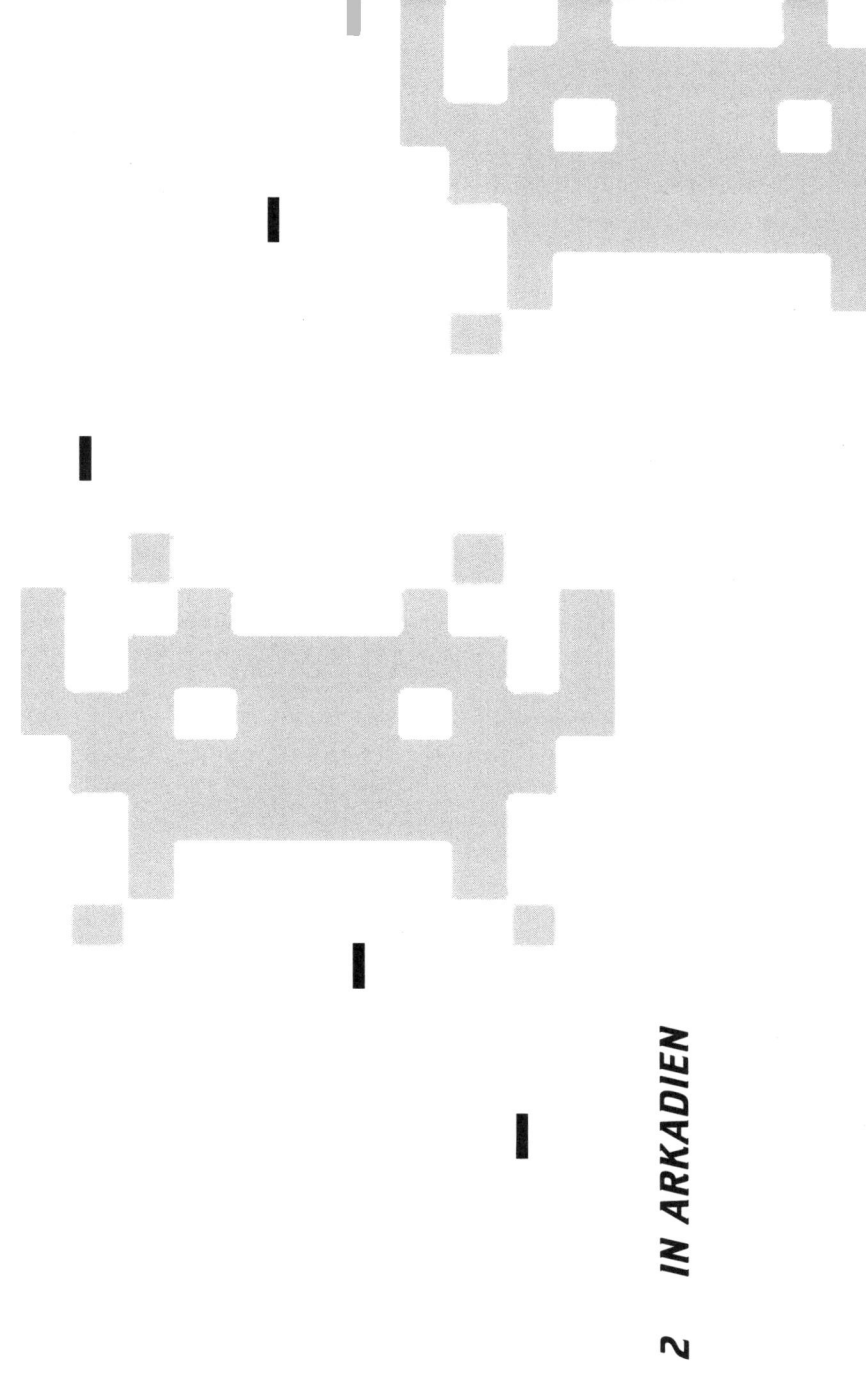

2   IN ARKADIEN

Verpassen vermeiden | Pong, 1972 |

Erfolgreiche Leute spielen oft den Anfang ihrer Karriere herunter, um nicht auf einen einzigen Moment der Eingebung festgelegt zu werden. Zum Beispiel möchte man nicht als der Typ in Erinnerung bleiben, der das Computerspiel *Pong* entwickelt hat, sondern als jemand, der dreißig Jahre lang verschiedenste Unternehmen gegründet und eine Vielzahl von Produkten entwickelt hat. Nicht ein einziger glücklicher Umstand soll den Erfolg ausmachen, sondern ein lebenslanges, produktives Arbeiten. In einem Interview für die CD-Rom *Atari Arcade Hits* der Spielefirma *Hasbro* erinnert sich Nolan Bushnell an *Pong* nicht als Konsequenz aus dem *Computer Space*-Flop, sondern sieht darin nur einen genial arrangierten Zufall: »Anfangs haben wir *Pong* überhaupt nicht für ein ernst zu nehmendes Produkt gehalten. Es war eigentlich ein Trainingsprojekt für Al Alcorn, den ersten Ingenieur, den ich damals eingestellt habe. Wir arbeiteten gerade an ein paar Sachen. Wir hatten einen Auftrag für ein Rennspiel, das war ziemlich schwierig. Ich dachte, das sei vielleicht ein bißchen zu anspruchsvoll für den Anfang, er solle zur Übung ein simples Spiel programmieren. Also sagte ich: Mach doch was mit einem Ball, der nach rechts oder links geht, Paddel, die hoch und runter fahren, ›Plopp‹, wenn Du den Ball triffst. Und das hat er gemacht.«

Vielleicht war es tatsächlich so unspektakulär, was damals passierte. Ein großer Erfolg benötigt allerdings später zur Erklärung einen Mythos, eine Urszene. Dazu noch Chronisten, die diese Urszene ausgestalten und überliefern. Im Fall von *Atari* und besonders *Pong* hat sich Scott Cohen Verdienste um die Legendenbildung erworben. Seine Schilderung von *Pongs* erster Begegnung mit der Welt in seinem Buch *Zap! The Rise and Fall of Atari* ist zum meistzitierten und kolportierten Text der Videospielgeschichte geworden.

Es begab sich nämlich zu der Zeit, als Nolan Bushnell in Chicago weilte, um das Konzept von *Pong* an den Automatenhersteller *Bally's Midway* zu verkaufen, daß ein Prototyp aus Al Alcorns Werkstatt ging und nach Sunnyvale gebracht wurde. Weil die Kneipe *Andy Capp's Tavern* der Treffpunkt der Techniker im Silicon Valley war, fand *Pong* sich dort in der Ecke in einem Kasten aufgestellt und mit den eintrudelnden Kneipenbesuchern konfrontiert. »Als sie aus dem grellen kalifornischen Sonnenlicht heraus in die Kneipe kamen, schien *Andy Capp's* zunächst sehr dunkel zu sein. Es dauerte eine Weile, bis sich die Augen darauf eingestellt hatten. Zuerst sahen sie das vertraute lila Fluoreszenzlicht der Jukebox, dann die Blinklichter des Flippers, und schließlich ein seltsames blau-graues Licht von einem Bildschirmspiel, das sie noch nie vorher gesehen hatten. Es sah aus wie eine Bude auf dem Jahrmarkt, aber statt eines Zigeuners beherbergte es einen Fleck, der auf einer trapezoiden Fläche herumhüpfte, ein bißchen so wie an den Türen im *Raumschiff Enterprise*.« Zunächst ignorierten alle das Gerät. Biertrinken und Flippern war sicherer.

Zwei Gäste gingen dann doch irgendwann zu dem Kasten. Vorne drauf stand ein Satz: »Avoid Missing Ball For High Score.« Es begann in ihnen zu arbeiten. Welcher Ball durfte nicht verfehlt werden? Alles, was man sah, war dieser komische Fleck und ein paar regelmäßig verteilte weiße Balken. Einen hohen Punktestand wollten sie aber schon haben, egal wobei. Hauptsache, man war der Beste. Vorsichtshalber warfen sie einen Vierteldollar in den Schlitz an der Vorderseite, bei den anderen Geräten machte man das ja schließlich auch so. »Es gab einen Piepton. Das Spiel hatte begonnen. Sie starrten verständnislos auf den Ball, der auf einer Seite des Bildschirms auftauchte und dann auf der anderen wieder verschwand. Jedesmal, wenn er weg war, änderte sich der Spielstand. Es stand 3:3 unentschieden, als einer von ihnen den Drehknopf ausprobierte und sein Schläger sich bewegte. Es stand schon 5:4 für ihn, als sein Schläger den ersten Kontakt mit dem Ball hatte. Es gab ein wunderschönes, wiederhallendes »Pong«-Geräusch, und der Ball prallte zurück zur anderen Seite des Bildschirms. 6:4.«

Wichtige Neuigkeiten verbreiten sich sehr schnell. Am nächsten Morgen um zehn Uhr standen die Leute aus Sunnyvale Schlange vor der Kneipe und warteten darauf, daß endlich aufgemacht wurde. Sie wollten an diesem Ding spielen. Die Kneipe brummte, und das schon tagsüber. Als aber das noch weitaus lukrativere Abendgeschäft beginnen sollte, war das Gerät plötzlich kaputt. Nichts ging mehr. Geld wurde eingeworfen, aber kein Spiel wollte starten. Als der Wirt Bill Gattis sich einem wütenden Mob von Spielsüchtigen auf Entzug gegenüber sah, verflog seine Begeisterung über das großartige Tagesgeschäft. Wütend rief er bei den Leuten an, die ihm dieses schwachbrüstige Stück Technik angedreht hatten, und forderte, daß sie es zurücknehmen sollten.

Al Alcorn fuhr am nächsten Morgen zu *Andy Capp's Tavern*, überbrückte mit seinem Schlüssel den Münzmechanismus und sah, daß das Spiel problemlos lief. Ruhig segelte der Lichtpunkt über den Bildschirm, sanft schwebten die Balken auf und nieder. Erst als er das Gehäuse aufschraubte, sah er, was das Problem war. Hunderte von Münzen prasselten ihm entgegen. Der Auffangbehälter quoll über, der gesamte Innenraum des Kastens war mit Vierteldollars verstopft. Auf der Schiene, die die Münzen nach ihrem Einwurf herunterrollen sollten, um den Schalter für einen Spielstart auszulösen, war ein Stau. Was *Atari* später passieren sollte, daß die Firma nämlich von ihrem Erfolg erdrückt wurde, das nahm der erste *Pong*-Automat schon vorweg. Soweit wollte man aber noch nicht denken. Jetzt galt es, den Erfolg auszukosten. Alcorn rief Nolan Bushnell in Chicago an, um ihm von den Ereignissen in *Andy Capp's Tavern* zu berichten. Der brach alle Lizenzverhandlungen ab, weil er nun wußte, daß er selbst Spiele verkaufen konnte. Sie kratzten alles Geld zusammen, das bei *Atari* zu finden war, und bauten die ersten 11 Automaten.

So geht die Geschichte von *Pong*. Als Gründungsmythos ist sie großartig. Sie enthält alle Zutaten: Die Erscheinung von etwas Unvorhergesehenem, seine Fremdartigkeit, das Unverständnis, mit dem ihm zunächst begegnet wird, die Überzeugungskraft, die dann von ihm ausgeht, die Jüngerschar, die sich lawinenartig vermehrt. Also alles das, was die klassische Epiphanie, die Begegnung mit dem Göttlichen in der Religion ausmacht. Ketzer wie Steve L. Kent in *The Ultimate History of Video Games* wissen aber, daß viel weniger an der *Andy Capp's*-Geschichte ist, als man uns weismachen will. Zwar gab es einen Telephonanruf von Bill Gattis, aber nicht am nächsten Tag, sondern erst zwei Wochen später. Er war auch nicht wütend, sondern erzählte Alcorn lediglich, daß jetzt auch Leute einfach in seine Kneipe kämen, nur um *Pong* zu spielen, und nichts bestellen würden. Eine einfache Rückmeldung, daß das Gerät gut anzukommen schien. Außerdem der Tip, daß er bestimmt schon einiges Geld aus dem Kasten holen könnte, weil so oft daran gespielt wurde. Genau das tat Al Alcorn. Es waren eine Menge Münzen, das Spiel funktionierte aber immer noch.

Wie auch immer, Nolan Bushnell hat sich jedenfalls dem Mythos angepaßt, wenn er zwischenzeitlich in Interviews erklärte, seine Hauptabsicht mit *Pong* sei gewesen, ein simples Spiel zu konstruieren, so simpel, daß selbst ein betrunkener Kneipenbesucher mit einem Bier in der Hand es verstehen könne. Jener Betrunkene nämlich aus Scott Cohens Beschreibung zehn Jahre nach *Pongs* Entwicklung. Als exzellenter Spieler wußte Nolan Bushnell eben, daß man sich den Umständen anpassen muß, um sie für eigene Zwecke ausnutzen zu können. Nicht nur das, er war auch Lehrer für eine ganze Generation von Spielern, die genauso dachten. Für uns, die wir mit Computerspielen aufgewachsen sind, ist der Betrug, der »Cheat«, ein integraler Bestandteil des Spiels. Von »Peeks« und »Pokes« beim *C64* über die »Amin«-Tastenkombination* in *Gianna Sisters* bis hin zum »idbehold«-Menü in *Doom II* sind Mittel und Wege, das Spiel auf eine andere Weise als die reguläre zu betreiben, Zentrum unserer Aufmerksamkeit geworden. Wir brauchen keine Gewissensbisse zu haben, das Spiel wird dadurch nicht zerstört. Die Hersteller selbst haben ja die Betrugsmöglichkeiten in die Spiele eingebaut und uns gewissermaßen herausgefordert, sie als zusätzliches Spielelement zu entdecken.

Unser Streben nach Erfolg über den Weg des Betrugs hat sogar akademische Weihen bekommen, beziehungsweise war schon abgesegnet, bevor wir überhaupt geboren wurden. Der große Spieltheoretiker Johan Huizinga hat schon 1938 in seinem Standardwerk *Homo Ludens* auf den wichtigen Unterschied zwischen Spielverder-

---

* Natürlich ging auch »Anim« oder »Mina«, es kam nur darauf an, die vier Buchstaben gleichzeitig zu drücken. Ein Abkömmling dieser versteckten Spieloptionen findet sich sogar in der hyperseriösen Standard-Software, mit denen Wirtschaftsbosse die Welt regieren. Die Programmierer verstecken sogenannte »Eastereggs« im Programmcode, kleine Filmsequenzen oder ähnliches, mit denen sich die Programmierer selbst feiern, und die aktiviert werden, wenn man die Systemuhr auf 9:31 Uhr stellt, Berlin auf der Zeitzonenkarte anklickt, sie nach Seattle zieht und dann noch irgend etwas eintippt.

ber und Falschspieler hingewiesen: »Der Spielverderber ist ganz etwas anderes als der Falschspieler. Dieser stellt sich so, als spiele er das Spiel, und erkennt dem Scheine nach den Zauberkreis des Spiels immer noch an. Ihm vergibt die Spielgemeinschaft seine Sünde leichter als dem Spielverderber, denn dieser zertrümmert ihre Welt selbst.« Weil wir alle so denken, besteht das Spiel inzwischen nur aus Betrug, insofern ist der Betrug das eigentliche Spiel und nicht mehr moralisch davon abzugrenzen.

Heute informieren wir uns im Internet über die verschiedenen Cheats oder kaufen die von den Herstellern selbst herausgegebenen Hint-Books, damals erfuhr man über Mundpropaganda, wie man den *Pong*-Automaten überlisten konnte. Denn auch dieser hatte schon eingebaute Betrugsmöglichkeiten, allerdings hatten sie sich unfreiwillig aus der Konstruktion ergeben. Wenn man zum Beispiel mit einem Gegenstand, der ungefähr die Masse einer Billardkugel hatte, gegen den dritten Bolzen auf der linken Seite des Münzmagazins schlug, dann erzeugte das eine harmonische Schwingung, die die Schaltkreise im Inneren dazu brachte, ein Freispiel zu starten. *Atari* konterte lässig, indem es Dämpfer und Wackelunterbrecher einbaute sowie die Schaltkreise änderte. Schwieriger war es, auf den nächsten Schachzug der Spieler zu antworten. Es entstand nämlich etwas, was landläufig als »*Atari*-Shuffle« bekannt wurde. Menschen glitten über Teppichböden wie später Michael Jackson zu *Moonwalker*-Zeiten oder rieben sich, in Nylonjacken gekleidet, ausgiebig mit ihren Rücken aneinander. Dieser Modetanz diente dem Zweck, sich mit statischer Elektrizität aufzuladen. Berührte man dann den obersten Bolzen des Münzmagazins, sprang ein Funke über, der sich über den gesamten Mechanismus fortsetzte und die Schaltkreise durcheinander brachte. Bei ungefähr jedem dritten Funken nahm die Verwirrung die Gestalt eines Systemneustarts an, was gleichbedeutend mit einem Freispiel war.

Den größten Coup landeten zwei neunjährige Jungs, die als »autonome Zelle« operierten. Der Betreiber einer Bowlingbahn hatte festgestellt, daß sein *Pong*-Automat im Eingangsbereich zwar Münzen zählte, daß aber kaum Geld im Auffangbehälter lag. Nur Dreck und ein bißchen Feuchtigkeit. Ein großes Rätsel. Durch Nachdenken kam er nicht auf die Lösung. Also beschloß er irgendwann, sich auf die Lauer zu legen und den Automaten zu observieren. Nachmittags erschienen dann die beiden Jungs mit einem Bollerwagen, auf dem eine Kühlbox stand. Sie parkten vor dem *Pong*-Automaten, öffneten die Box und entnahmen ihr etwas, was sie schnell in den Münzschlitz einwarfen. Sehr merkwürdig. Das mußte die Lösung sein. Der Besitzer stellte die Jungs zur Rede, die kleinlaut ihren Betrug eingestanden. Sie hatten Vierteldollarmünzen in Knete gedrückt und so eine Form hergestellt, die mit Wasser aufgefüllt und eingefroren werden konnte. Die ersten Eisscheiben waren allerdings zu leicht. Also starteten sie mehrere Versuchsreihen mit verschiedenen Anteilen von Sand, den sie dem Wasser beimischten, bis sie schließlich das richtige Mischungsverhältnis gefunden hatten. Leute, die heute Drachmen-, Zloty- oder Lire-Münzen in Zigarettenautomaten stecken, sollten sich an diesem Erfindungsreichtum und der kreativen Energie ein Beispiel nehmen.

Die Anleitung »Avoid Missing Ball For High Score« wurde nicht nur von den Spielern vor dem Bildschirm verstanden, auch andere Teilnehmer am öffentlichen (Wirtschafts-)Leben nahmen sie wörtlich. Wenn *Atari* mit einem geklauten Konzept innerhalb von kürzester Zeit Millionenumsätze machen konnte, dann würden auch ihre Firmen mit irgendwelchen Nachbauten ein Stück vom Kuchen ergattern können, dachten sie. Man mußte vermeiden, das Spiel mit dem Ball zu verpassen, wenn man selbst einen hohen Gewinn einfahren wollte. Also baute jedermann sein Videotennis. Bekannte Namen wie *Midway*, *Williams*, *Taito*, *Coleco*, *Sega* und nicht so bekannte wie *Allied Leisure*, *Amuntronics*, *PMC* oder *Chicago Coin* stiegen in das Geschäft mit dem Klötzchenflug ein. Die Ur-*Pong*-Vertreiber *Sanders* und *Magnavox* konnten diese Strategie des Kopierens natürlich nicht verfolgen, weil sie ja selbst von den anderen durch Kopieren übervorteilt worden waren. Sie dachten sich ihren eigenen Cheat aus. *Atari* wurde von ihnen wegen Copyright-Verletzung verklagt und verlor den Prozeß. *Magnavox* erhielt 700.000 Dollar Schadensersatz von *Atari*. Das Preis-Leistungs-Verhältnis eines solchen Cheats war so gut, daß *Magnavox'* Teilnahme am Videospielgeschäft sich in den folgenden Jahren und Jahrzehnten auf Gerichtsverfahren gegen andere Firmen beschränkte. Immer ging es bei den Prozessen darum, daß *Magnavox* ein Grundrecht auf das Dispositiv »Video-spielen« besitze, so daß jede Firma, die ein Spiel erfand, egal wie neuartig und innovativ es war, einen Rechtsbruch beging. Obwohl nun jeder zum Straftäter wurde, der Videospiele produzieren wollte, war das Geschäft so lukrativ, daß eine ganze Menge Leute eine Verbrecherkarriere starteten.

Die Nachfrage nach Computerbauteilen stieg drastisch an. Mit einigem Recht kann man behaupten, daß die Massenproduktion von Mikrochips und die damit einhergehende Verbilligung der Computertechnik erst von der Spieleindustrie ermöglicht wurde. Denn nachdem integrierte Schaltkreise durch Mikrochips ersetzt werden konnten, rissen sich die Firmen um die neuen Chips und überboten sich in den Stückzahlen ihrer Bestellungen. Wer das Pech hatte, 1976 noch die alte Technik bestellt zu haben, bevor der neue *AY38500* von *General Instruments* herauskam, war ruiniert, weil er auf einem Haufen Schrott saß, den niemand kaufen wollte. Aber selbst wer ihn bestellt hatte, bekam ihn nicht, weil die Produktion auf eine solche Nachfrage nicht eingestellt war. *Coleco* hatte Glück und bekam ihn, *Atari* hatte Glück, weil der neue Eigentümer *Warner* die Verluste wegstecken konnte, alle anderen blieben auf der Strecke. Innerhalb eines Jahres hatte sich der Videospielmarkt erledigt, so daß alle Wirtschaftsexperten davon ausgingen, daß das Geschäft mit dem Videotennis gestorben war und bald kein Mensch mehr an Geräten interessiert sein würde, die irgendwelche Spiele auf Bildschirme projezierten.

Break on through to the other side | Breakout, 1976 |

Die ganze *Pong*-Klon-Industrie verschwand? Nicht ganz. Ein kleines Spiel aus jenen Jahren widersetzt sich seit Jahrzehnten hartnäckig allem Vergessen. Auf jeder großen Spielesammlung-CD ist es zu finden und immer neue Varianten tauchen als Werbespiele zum kostenlosen Download im Internet auf. Es trägt so farbenfrohe Namen wie *Powerball*, *Quadbrake* oder *DX-Ball2* und soll die allerneueste Variante des Klassikers *Arkanoid* sein. Tatsächlich war aber schon *Arkanoid* die Variante eines Klassikers. Nämlich von *Breakout*.

In vielen Computerspielgeschichtsschreibungen wird Nolan Bushnell als Autor auch dieses Spiels angegeben. Das ist genauso richtig wie im Fall von *Pong*. Er war der Visionär, Ideengeber, Initiator. Allerdings nicht der Schreibende, Gestalter, Produzent. Schon bei *Pong* hatte er dafür Al Alcorn, und auch bei *Breakout* vier Jahre später gab es jemanden, der für ihn die Arbeit machte (so schien es zumindest). Bei *Hewlett-Packard* hatte er einen jungen Elektroingenieur kennengelernt, der brillant über das Computergeschäft und die technischen Möglichkeiten der Zukunft reden konnte. Nicht nur das, gelegentlich kam er sogar mit einem Stück selbstgebastelter Technik vorbei, einer Box zum Beispiel, mit der man kostenlose Telephongespräche führen konnte. Diesem *wiz-kid* schob Bushnell hin und wieder unter der Hand einen Auftrag zu, indem er ihn die Schaltkreisstruktur von geplanten *Atari*-Spielen verbessern ließ. Für jeden eingesparten Schaltkreis zahlte er ihm 100 Dollar, eine Ausgabe, die sich schon nach wenigen gebauten Automaten wieder bezahlt machte.

Eine der größten Rationalisierungen vollbrachte das wiz-kid am besagten Spiel *Breakout*. Er reduzierte den Bauplan von 80 auf 30 Schaltkreise. 5000 Dollar zahlte ihm also Bushnell und war hochzufrieden, wenngleich der neue Plan für seine Techniker zu kompliziert war und sie ihn wieder strecken mußten, um das Spiel bauen zu können. Ihr Arbeitsverhältnis war aber kurze Zeit später beendet, weil Bushnell sich weigerte, als Partner in die obskure Garagencomputerfirma einzusteigen, die der junge Mann plante. *Breakout* wurde im Jahr 1976 allerdings ein Riesenerfolg und war Haupteinnahmequelle für *Atari*.

Die Garagenfirma reüssierte einige Monate später mit dem *Apple II*, und Steve Jobs, der junge Elektroingenieur in Nolan Bushnells Diensten, wurde zum Multimillionär. Nun dürfte bei allem, was über Steve Jobs bekannt ist, klar sein, daß er unmöglich *Breakout* hatte programmieren können. Wie immer strich er den ganzen Ruhm ein und ließ jemand anderen für sich arbeiten: Steve Wozniak. Ein Geek, wie er im Buche steht. Jemand, der ohne einen Steve Jobs immer noch im Partykeller seiner Eltern sitzen und Platinen löten würde. Der sich dann aber treuherzig von seinem Freund mit Zehntausenden von Dollars abspeisen ließ, während dieser mit sei-

nem geistigen Eigentum Millionen scheffelte. Dieses Geschäftsmo-
dell fing schon bei den Blueboxes für kostenlose Telephongespräche
an, die Wozniak baute und die Jobs verhökerte, und setzte sich bei
Breakout fort. Denn nicht Jobs hatte die Schaltkreiszahl reduziert,
sondern Wozniak. Nach dem Auftrag bekam er dann 350 Dollar von
Jobs, was die Hälfte von angeblichen 700 Dollar Gewinn war. Warum von den tatsächlichen 5000 Dollar 4300 abgezogen werden
mußten, blieb Steve Jobs' Geheimnis. Der historischen Gerechtigkeit
wegen sei hier also festgehalten: Steve Wozniak ist der Autor von
Breakout, das er nach einer Idee von Nolan Bushnell für *Atari*
schrieb.

Was ist nun aber das Besondere an *Breakout*, daß es 25 Jahre später immer noch in der einen oder anderen Form programmiert und
gespielt wird? Zunächst einmal ist es das ultimative *Pong*. Ein Ball
muß daran gehindert werden, am eigenen Schläger vorbei aus dem
Bildfeld zu fliegen, indem man ihn in das Feld zurückschlägt. Dann
aber kommt ein entscheidendes Moment hinzu. Ziel des Spiels ist es
nicht mehr, einen anderen Spieler zu besiegen, sondern ist das klassische physikalische Gesetz, das besagt, daß der Einfallswinkel
gleich dem Ausfallswinkel ist. Man mußte nun nicht mehr den Ball
auf der richtigen Seite herausdreschen, sondern ihn im Gegenteil
möglichst lange im Spiel halten. Man war selbst dafür verantwortlich, wenn man verlor, weil man selbst am Anfang der langen Kette
von Einfalls- und Ausfallswinkeln stand. Mit *Breakout* zogen Videospiele mit Flippern und Billard gleich (zwei andere Evergreens als
Computerspieladaption). Das Spiel forderte einen jetzt heraus, nicht
ein anderer Spieler. Es schien zu sagen »Ich bin so raffiniert gebaut,
daß Du mich niemals meistern wirst«.

Die wichtigste Neuerung bestand aber darin, daß man eine Mauer aus Ziegeln zerstören mußte – die sogenannte »Story« von *Breakout*, die dem Spiel auch den Namen gab, ist, daß ein Gefangener
beharrlich die Wand seiner Gefängniszelle aufmeißelt, um auszubrechen. Nicht nur, daß dadurch die Möglichkeiten für Einfalls-Aus-
fallswinkel-Kombinationen erheblich komplexer wurden, die Mau-
eraufgabe stattete das Spiel auch mit einer großen Raum-Fiktion
aus, die seither in fast allen Computerspielen zu finden ist. Raum-
Fiktion bedeutet, daß die eigentliche Handlung des Spiels die Er-

kundung und Erschließung eines großen Territoriums ist. Bei *Breakout* war die Raum-Fiktion, daß ein kleiner Ball jeden Punkt auf dem Bildschirm berührt haben mußte. Die Ziegel, die man abräumte, funktionierten wie Platzhalter. Ihr Zertrümmern durch den Aufprall war nur die aufgemotzte Tatsache, daß der Ball an diesem Ort gewesen ist. Den Ball mit dem Schläger zu treffen, war eigentlich zweitrangig. Das war nur die notwendige Voraussetzung für die eigentliche Aufgabe, ein Hindernis, das sich in den Weg stellte.

Seit *Breakout* mußte man in Computerspielen schießen nicht um des Schießens willen, sondern um weiterzukommen, mehr zu entdecken, mehr einzusacken. Wir wurden Jäger *und* Sammler, mit starkem Akzent auf der zweiten Tätigkeit. Auch bei *Doom* geht es eben nicht nur darum, möglichst viele Monster mit der Kettensäge zu zerstückeln, sondern vor allem um das Erreichen der Ausgangstür. Antrieb für das Spiel ist es, den Level geschafft zu haben, also wieder den Zustand von Ruhe und Gleichgewicht herzustellen, den man durch Aufnahme des Spiels zerstört hat. Das ist das Grundbedürfnis.

Wie bei vielen anderen Aspekten des Lebens werden die zweitrangigen Bedürfnisse allerdings wichtiger, wenn die Grundbedürfnisse erst einmal befriedigt sind und vergessen werden können. Im Fall von Computerspielen heißt das, daß es dann nicht mehr darauf ankommt, den Level irgendwie geschafft zu haben, sondern daß man es in äußerster Perfektion getan haben muß. Man muß alles getötet haben, was überhaupt irgendwo herumlungert, alles aufgesammelt haben, was überhaupt herumliegt, jeden Quadratzentimeter Raum berührt haben, der überhaupt vorhanden ist. *Doom* ohne die Karte, die man langsam durch sein Fortkommen zeichnet, und ohne die Feind/Gegenstände/Geheimräume-Prozentzahlen nach jedem Level wäre ein langweiligeres Spiel. Wir brauchen die Raum-Fiktion, das Gefühl, einen totalen Zugriff auf das Ganze haben zu können, egal wie schwierig es auch sein mag. Bei *Breakout* war diese Raum-Fiktion perfekt. Es ging überhaupt nicht anders. Das Spiel war erst mit der ganzen Erzählung vorbei. Spätere Verirrungen bei *Arkanoid* und anderen Epigonen wie Ziegel, die einen Levelsprung ermöglichten, widersprachen dem Geist dieses Spiels. Nicht nur das, sie widersprechen der gesamten Computerspielphilosophie. *Break-*

out läßt sich als Paradigma begreifen, als die Festlegung aller Grundsätze für Computerspiele. *Pong* und *Spacewar* waren nur Archetypen.

Der Abend vor Weihnachten | Space Invaders, 1978 |

Toshihiro Nishikado hatte einen Traum. Es war der Abend vor Weihnachten, und wie überall auf der Welt lagen die Kinder im japanischen Hokkaido wach, weil sie vor Aufregung und Vorfreude nicht schlafen konnten. Alle starrten in den Sternenhimmel und hielten Ausschau nach dem Mann im roten Anzug auf seinem Rentierschlitten. Plötzlich wurde Venus, der hellste Stern über dem Horizont, immer größer und heller. Statt nur weiß zu leuchten, konnte man verschiedene Farben erkennen, Grün, Lila, Türkis. Aus den Farben wurden lange Streifen, aus den Streifen wurden einzelne Punkte, bis man schließlich die grauenhafte Wahrheit erkennen konnte. Eine ganze Phalanx von widerlichen Aliens mit runden Köpfen und kleinen Tentakeln raste auf die Erde zu, um sie zu vernichten. Ausgerechnet an Weihnachten!

Nun mögen Kinder an sich ganz harmlose kleine Wesen sein; wenn aber die Bescherung durch den Weihnachtsmann auszufallen droht, bloß weil eine Armee fieser Aliens eine Invasion der Erde plant, dann können sie zu unberechenbaren Kampfmaschinen werden. Ein paar von ihnen rannten auf die Straße, schlachteten die geparkten Autos aus und bauten aus einer Radkappe, einigen Zündkerzen und einer 12-Volt-Batterie eine Laserkanone, mit der sie die Aliens einen nach dem anderen vom Himmel holten. Weil die Aliens ihrerseits das Feuer eröffneten und Bomben auf die Kinder fallen ließen, mußten diese mit ihrer Laserkanone ständig in Bewegung bleiben und die Straße rauf- und runterrennen. Nach ungefähr vier Angriffswellen gaben die Aliens auf. Die Kinder von Hokkaido hatten Weihnachten und den ganzen Rest gerettet. Zum Dank gab es ein paar mehr Geschenke und einen Extraschlag Pudding.

Am nächsten Morgen soll Toshihiro Nishikado aufgestanden sein und aus dem Traum das Spiel *Space Invaders* gemacht haben, mit dem die japanische Firma *Taito* einen weltweiten Gewinn von 500 Millionen Dollar erzielte. So erzählt man sich die Geschichte von *Space Invaders*, aber wieder einmal stimmt das alles nicht. Das Weihnachtsmassaker von Hokkaido ist die Erfindung von James Leach, der sie sich anläßlich der Veröffentlichung von *Super Space Invaders* 1991 ausdachte und in dem britischen Magazin *Your Sinclair* veröffentlichte. Obwohl sie sogar als wahre Begebenheit und nicht als Traum angekündigt wurde und der Stil unübersehbar satirisch war, haben es viele Leute, die es von anderen Leuten abgeschrieben haben, bald für die Wahrheit über *Space Invaders* gehalten und weiter verbreitet.

Daß sie es geglaubt haben, sagt allerdings eine Menge über dieses Spiel aus. Offensichtlich hat es die Phantasie der Menschen ungemein angeregt. Plötzlich konnte man sich mit dem Geschehen auf dem Bildschirm identifizieren und tatsächlich so etwas wie eine Geschichte erleben. Spieltechnisch gibt es nur wenig Unterschiede zwischen *Breakout* und *Space Invaders*. Durch die Einführung der Aliens wurde aber ein völlig anderes Spielgefühl erzeugt. Trotz aller technischen Spannung und der tollen Gefängnisstory blieb *Breakout* ein sehr abstraktes Geschehen. Die Aliens in *Space Invaders* dagegen, so stilisiert und grobpixelig sie auch auftraten, waren intelligente Wesen mit einer eindeutigen Absicht, zielgerichtet, kühl kalkulierend, Verluste einplanend. Sie marschierten vor, unerbittlich, und ließen keine Sekunde Verschnaufpause. Entweder man handelte, oder sie überrannten einen. Statt sich über die eigenen Fähigkeiten zu freuen und gelungene Ballbewegungen zu bestaunen, mußte man sich hier dem Grauen stellen.

Eine der schönsten Beschreibungen dieses Grauens kann man bei Steven Poole in seinem Buch *Trigger Happy* nachlesen. »Du mußt den Bomben ausweichen, oder laß Deine vier Schilde ihre Explosionskraft aufsaugen. Diese Schilde zerbröckeln mit jeder Detonation, schon bald sind Löcher in sie hineingeschossen, so daß sie kaum mehr Schutz vor der gnadenlosen Armee über Dir bieten als ein Papiertaschentuch. Obwohl Du die Eindringlinge abschießt, geraten ihre Genossen nicht in Panik, geschweige denn, daß sie ihre Formation aufgeben würden; mit unendlich großem, selbstvergessenem Vertrauen bewegen sie sich einfach ein bißchen schneller. Und noch schneller. Niemals dürfen sie den unteren Rand des Bildschirms er-reichen.« Man denkt nur noch an links, rechts und oben, an Feuern und Ausweichen, sonst ist der Kopf leer, bis auf eine einzige Frage: Wie lange hält man noch durch? Denn daß man verlieren wird, steht fest. Kaum hat man eine Angriffswelle abgewehrt, erscheint schon die nächste, noch schneller, noch zerstörungswütiger. Es kann nur darum gehen, das Ende solange wie möglich hinauszuzögern.

Diese Fähigkeit, die Phantasie anzuregen und eine Identifikation mit dem Geschehen zu erzeugen, rief auch die Kritiker auf den Plan. Schon seit es die ersten Arcadeautomaten mit *Pong* gab, wurde ver-sucht, Videospiele zu inkriminieren. Die Stadt Mesquite in Texas gehörte zu den Pionieren. Minderjährigen wurde es 1973 verboten, ohne Begleitung von Erziehungsberechtigten an Arcadeautomaten zu stehen. 1975 entzog die Stadt gar der Spielhalle *Alladin's Castle* die Lizenz, weil sie einer verbrecherischen Organisation nahestehen sollte. Der Fall ging bis zum Supreme Court. Ein weiterer Fall war die öffentliche Erregung über das Spiel *Death Race*, bei dem man mit einem Auto möglichst viele Fußgänger überfahren mußte, die dann zu kleinen Grabkreuzen am Wegesrand wurden. Obwohl in seiner Grafik Lichtjahre von seinem 90er Jahre Remake *Carmaged-don* entfernt und in keiner Weise explizit, war das bloße Konzept so anstößig für Elternverbände, daß das Spiel schließlich vom Markt genommen werden mußte.

Taito selbst hatte bereits schlechte Erfahrungen machen müssen, als das Spiel *Gun Fight*, bei dem man ein simples Westernduell be-streiten mußte, 1975 in den U.S.A. auf Kritik stieß, weil man auf Menschen schießen mußte. Für *Space Invaders* war das Unterneh-men deshalb schon vom ursprünglichen Vorhaben abgerückt, eine marschierende Armee von Soldaten als Gegner zu nehmen, und hat-te die ethisch akzeptableren Aliens verwendet. Es half nichts. *Space Invaders* und mit ihm das Genre der »Shoot'em Ups«, also der Bal-lerspiele, wurde in der nichtspielenden Öffentlichkeit zum Syno-nym für Computerspiele überhaupt. »Computerspiele = Lebewesen abknallen = Gewaltverherrlichung« lautet seitdem die Formel für jede öffentliche Auseinandersetzung mit dem Medium.

Space Invaders gelang es, einen weltweiten Hype auszulösen. Die Computerspielindustrie, die vor gerade mal anderthalb Jahren gecrasht war, weil sie außer *Pong* und seiner unzähligen Ableger nichts wirklich Aufregendes zu bieten gehabt hatte, wurde schlagartig wiederbelebt. »*Space Invaders* ist der Muhammed Ali der Videospiele, das eine, das die Presse, das Fernsehen und alle anderen zum Spielen brachte«, faßt Scott Cohen dieses Phänomen in *Zap! The Rise and Fall of Atari* zusammen. Das Spiel war so populär, daß in Japan keine 100-Yen-Münzen mehr im Umlauf waren, weil sie alle in *Space Invaders*-Automaten oder den Portemonnaies der Spieler vor ihnen steckten. Die Regierung mußte viermal mehr Münzen prägen lassen, um einen reibungslosen Zahlungsverkehr zu gewährleisten. In Amerika schaffte es *Space Invaders* trotz all seiner angeblichen Gewaltverherrlichung, daß die Automaten nicht mehr nur an Plätzen aufgestellt wurden, zu denen hauptsächlich Erwachsene gingen, sondern auch in Eisdielen, Pizzarestaurants und Waschsalons. Niemand wollte sich das große Geschäft entgehen lassen, das man mit einem *Space Invaders*-Automaten machen konnte, weil er eine Menge Kundschaft ins Geschäft zog. Diese Kundschaft war allerdings so begeistert von dem Spiel, daß sie völlig vergaß, auch noch für andere Artikel Geld auszugeben. Die Restaurantbesitzer waren drauf und dran, *Space Invaders* wieder rauszuschmeißen. *Taito* beruhigte sie jedoch, indem spezielle Automaten gebaut wurden, an denen während des Spielens Stuhl und Tisch zum Essen befestigt waren.

Space Invaders war das erste Spiel, das von *Atari* lizenziert wurde, um es für ihr Heimvideospielsystem *2600* zu adaptieren. Die Firma befand sich nach dem Verkauf an *Warner* und der Kündigung von Nolan Bushnell in einer Krise. Sie hatten voll auf den Heimvideospielmarkt gesetzt und ihr System entwickelt, als plötzlich niemand mehr etwas von Ping-Pong auf Fernsehern wissen wollte. Mitten im Zusammenbruch der gesamten Industrie hatten sie 400.000 Stück ihres *2600* produziert und wußten nicht mehr, was sie damit anfangen sollten. *Space Invaders* war die Rettung. Aus einem 28 Millionen Dollar-Fehleinkauf wurde innerhalb kürzester Zeit die umsatzstärkste Branche des gesamten *Warner*-Konzerns, die ein Drittel des gesamten Umsatzes erwirtschaftete. Das gesamte Marketing wurde umstrukturiert, so daß aus einem reinen Weihnachtsartikel ein ganzjähriges Produkt wurde.

Als wäre dies alles nicht schon historische Leistung genug, hat *Space Invaders* noch einen weiteren Beitrag zur Geschichte der Computerspiele geleistet. In diesem Spiel wurde nämlich zum ersten Mal das Konzept des Highscores eingeführt. Für die Spielpsychologie ein nicht zu unterschätzender Faktor. Denn ab jetzt war jedes einzelne Spiel und jeder einzelne Gegner, ja jedes einzelne Leben, das man auf dem Spielfeld aushauchte, unbedeutend. Es ging um etwas Transzendentes, etwas, das alle irdische Existenz überdauerte. Der Highscore war das, was blieb, gewissermaßen das kulturelle Gedächtnis dieser Beschäftigung. Was zählte jetzt schon der einzelne Sieg oder die einzelne Niederlage? Sie waren nur Training für den bestimmten Moment, in dem man über sich und alle anderen hinauswachsen konnte, vom Göttlichen gelenkt wurde und sich einen Platz im Olymp sicherte. Aus K.o.-Boxern wurden Zehnkämpfer, eifrige Punktesammler, bei denen auch erst am Ende ermittelt wird, wer denn nun die beste Leistung erbracht hat. Man kann in jeder Einzeldisziplin nur den zweiten, dritten, vierten Platz machen und trotzdem am Ende als überragender Sieger dastehen. Beharrlichkeit und Konstanz ist es, was den Highscore-Jäger auszeichnet.

Und die Abgebrühtheit, inmitten des anstrengenden Überlebenskampfes noch nach den Extrapunkten Ausschau zu halten, die irgendwo verborgen sein könnten. Das Raumschiff in *Space Invaders* zum Beispiel, das in unregelmäßigen Abständen über die Reihen der Aliens flog, brachte 50 weitere Punkte, wenn man es vom Himmel holte. War man gar so abgebrüht, seine Schüsse zu zählen und das UFO genau mit dem 23. Schuß zu erledigen, dann bekam man ganze 300 Punkte gutgeschrieben. Wie gesagt, all das, während man dem Bombenhagel der Aliens ausweichen und sie davon abhalten mußte, den Spielfeldrand zu erreichen. Was irgendwann aber kein Problem mehr war, denn nach einigen hundert Spielen bekam man ein Gefühl für Rhythmus und Geschwindigkeit der Angriffswelle. Jede Bewegung automatisierte sich und jedes Alien wurde zu einem ganz bestimmten Zeitpunkt abgeschossen. Spieler verfielen in Trance und vollführten eine präzise festgelegte Choreographie. Es war kein Spiel mehr, sondern die vollständige Verschmelzung von Geist und

Körper, ohne daß man über sich und seine Handlungen nachdenken mußte. Die völlige Selbstvergessenheit. Suchterzeugend. Kein Wunder, daß damals alle die Schule schwänzten, um *Space Invaders* zu spielen. Es ging einfach nicht anders.

: *Zwischenspiel* : Vom Grauen des Überlebens

Survival Horror ist ein relativ neues Subgenre der Shooter- bzw. Action-Adventure-Spieletradition. Seit 1996 sucht es weltweit Bildschirme und Spielerpsychen heim. *Resident Evil* (in Japan unter dem Namen *Biohazard* geläufig), *Parasite Eve, Silent Hill, Dino Crisis* und *Alone in the Dark – The New Nightmare* heißen die Vertreter dieser Spezies, und ähnlich wie in der artverwandten Welt des Horrorfilms zogen auch all diese Spiele bereits Fortsetzungen nach sich, bis zu vier pro Serie.

Was ist das neue, andere, das gespenstische und unheimliche, das den *Survival Horror* innerhalb kürzester Zeit zu einem der beliebtesten Computerspielgenres überhaupt machte? Die Antwort mag verblüffen: Es ist die Entdeckung der Langsamkeit.

Wie schon Alfred Hitchcock Mitte des zwanzigsten Jahrhunderts definierte, wird *Suspense/Spannung* nicht dadurch erreicht, daß eine Bombe plötzlich und überraschend explodiert, sondern dann, wenn der Zuschauer weiß, daß eine Bombe vorhanden ist, die bald explodieren kann (Hitchcocks Beispiel ist nachzulesen in: Truffaut 1989, S.62 ff.). Das löst genau jenen Bewußtseinszustand der Hochspannung und Alarmbereitschaft aus, der die eigentliche Hauptkomponente des *Survival Horror* bildet. Der Spieler fängt an, mit der Wahrnehmungsgeschwindigkeit einer Stubenfliege zu sehen, so daß alles andere beginnt, sich langsamer zu bewegen. Wie in den mittlerweile klassischen Filmen von George A. Romero (*Night of the living Dead;* 1968; *Dawn of the Dead,* 1979; *Day of the Dead,* 1985) sind die Zombies in der *Resident-Evil-Serie* keine geschmeidigen Angreifer, sondern sie schlurfen müde und stöhnend durch die Gegend, was um so bedrohlicher wirkt, wenn sie als Rudel auftreten und sich mit kleinkalibrigen Waffen einfach nicht aufhalten lassen. Es ist wie in einem Alptraum: Die Gegner kommen in Zeitlupe immer näher, aber man selbst kann nicht fliehen. Vorher waren Computerspiele überwiegend daraufhin angelegt, möglichst viele Bomben explodieren zu lassen, bis der Monitor sich in ein abstraktes Feuerwerk verwandelte. Der *Survival Horror* jedoch will konkret sein, hier bewegt sich der Spieler schleichend und vorsichtig und hat oftmals nur eine Taschenlampe zur Verfügung, um das schummerige und fortwährend bedrohliche Interieur auszuleuchten. Darüber hinaus hat man (ganz anders als zum Beispiel im *Shooter*-Genre oder auch bei *Tomb Raider*) relativ wenig Munition zur Verfügung, so daß eine Begegnung mit einem Monster nicht nur einen Schrecken, sondern auch einen Verlust an schmerzhaft endlichen Ressourcen bedeutet. Die Folgen von all dem sind Unbehagen und eine permanente Furcht, die aber im Gegensatz zu einer unkompensierbaren Alltagsfurcht immer noch als angenehm, als wohliger Schauder oder auch Eustreß empfunden wird, da es sich ja glücklicherweise – deutlich erkennbar – nur um ein Spiel handelt.

Es scheint diese geheime Absprache zwischen dem Publikum und den Erzeugern von Horror-Produkten zu geben. Die Erzeuger versprechen: »Wir werden euch erschrecken, euch *thrillen* wie in einer Geisterbahn, aber wir werden nicht wirklich an euren Fundamenten rütteln.« Im Gegenzug werden die Erzeuger vom Publikum geliebt, genährt und gekleidet.

Wirklich interessant wird diese Relation aber immer genau dann, wenn Grenzen überschritten werden und die Fundamente doch in Mitleidenschaft geraten.

So ist zum Beispiel der *Survival Horror* bestrebt, den Unterschied zwischen Spiel und Wirklichkeit zusehends in Frage zu stellen. Bei der Bildgestaltung wie auch bei der Gewaltdarstellung ist Realismus Trumpf. Die Grafik ist vorgerendert, das bedeutet, die Räume und Umgebungen sehen beinahe fotorealistisch aus. Aber die Bilder und Räume sind starr, können nicht mit subjektiver Kamera gedreht und erforscht werden. Dadurch entsteht der kuriose Effekt, daß man einen Raum betritt, in dem man ganz deutlich ein Ungeheuer schmatzen hört, man es aber nicht sehen kann, weil die Kamera fest auf die eigene Figur, also auf die Tür des Raumes justiert ist. Der Horror wird hier ein ganz merkwürdiger und ausschließlich diesem Spielgenre inhärenter: Man bewegt sich quasi raumblind vorwärts und weiß genau, sobald man die unsichtbare Schwelle zum Umschnitt überschritten hat, ist man dem Ungeheuer bereits so nahe, daß einem kaum noch Zeit bleibt zu reagieren. Das ist, als würde man angesichts einer Gefahr die Augen schließen und sich ihr mit geschlossenen Augen nähern, um sie anschließend um so unmittelbarer am eigenen Leibe erfahren zu können. Mit anderen Worten: Es handelt sich um virtuellen Masochismus. Viel effektiver noch als das immer wieder besondere Aufmerksamkeit der Bundesprüfstelle für jugendgefährdende Schriften heraufbeschwörende Zerbersten von Zombieköpfen ist, wenn die erlebte Gewalt Auswirkungen auf die Hauptfigur hat, sie unter dem Eindruck ihrer Verwundungen immer langsamer wird und hinkt, so daß sich der Suspense-Effekt potenziert. In eine ähnliche Kerbe schlägt auch das ständige Recherchieren und Hinterfragen dessen, was überhaupt passiert ist. Anhand von verstreuten Tagebuchnotizen und Familienchroniken versucht der Spieler die ganze Zeit über, das Geheimnis der unerklärlich scheinenden Geschehnisse zu lüften. Meistens ist ein wissenschaftliches Experiment außer Kontrolle geraten. Im Zeitalter von Genmanipulation und chemisch-bakterieller Kriegsführung kein allzu weit hergeholtes Szenario.

In den *Silent-Hill*-Spielen sind die Ungeheuer so bizarr, so unerklärlich, und die Schauplätze (unter anderem eine Grundschule und ein Krankenhaus) so vertraut und gleichzeitig verfremdet, als hätte David Fincher einen Clive-Barker-Roman verfilmt. Hinzu kommen noch die Anspielungen auf mißhandelte und gefangengehaltene Kinder. *Silent Hill* nimmt eine ganz gewöhnliche Kleinstadt und verwandelt ihren alltäglichen, unterdrückten Horror in körperlich erfahrbares Entsetzen.

Wer jemals morgens zwischen vier und sechs in einer Großstadt U-Bahn gefahren ist, wird auch *Resident Evil* nicht mehr allzu phantastisch finden. Graugesichtige Arbeitnehmer, die sich von überallher müde knurrend und knochenknackend zum Job schleppen, haben erschreckend viele Parallelen zu jenen Leichnamen, die man auf Haiti aus ihren Gräbern holt, um sie als kostenlose Arbeitskräfte mißbrauchen zu können. Nicht zufällig ließ schon George A. Romero seine Zombiehorden hirntot durch Einkaufszentren wanken. Man muß nur ein bißchen metaphorisch denken, dann enttarnen sich die verwinkelten Landhäuser und unterirdischen Laborfluchten der *Survival-Horror-*

Spiele als bürokratische Behörden und Institutionen, das Lösen von Rätseln als das Ausfüllen von Steuererklärungen und Bewerber-Fragebögen und die Interaktion von Projektilen und Krallen als ellenbogenorientierter Wettbewerb von Argumenten und Fähigkeiten. Der *Survival Horror* ist nicht ganz so weit von uns entfernt, wie er uns durch wildromantische Schauplätze und geflügelte Ungeheuer glauben machen möchte, aber da die Entwickler ja geliebt, genährt und gekleidet werden möchten, geben sie unseren tagtäglichen Urängsten nur Nahrung, indem sie sie in archetypische Gewänder hüllen.

Das Goldene Zeitalter | Asteroids, Centipede, Missile Command, Tempest, Battlezone, 1979/1980 |

Space Invaders war das größte Spiel aller Zeiten. Bis *Asteroids* kam und noch größer war. So wie es Wochen dauern kann, bis man das erste Mal die 10 Millionen-Punkte-Grenze auf einem Flipper bricht, man danach aber in kürzesten Abständen den Score auf 20, 30, 80, 130 Millionen schrauben kann, so übertrafen sich die Videospiele innerhalb eines Jahres gegenseitig in ihrer Originalität und ihrem Erfolg. Für Ed Rotberg, einen der Spieleentwickler bei *Atari* während dieser Zeit, war es ein herausragender Abschnitt in der Computerspielgeschichte, wie er sich in einem Interview mit James Hague für die Publikation *Halcyon Days* erinnert: »In meiner Wahrnehmung war es das Goldene Zeitalter der Münzvideospiel-Industrie. Nicht nur, weil es einen Boom der Arcade-Branche gab, sondern auch, weil es die innovativste Periode dieser Industrie war. Viele der Spiele, die während dieser Zeit entwickelt wurden, werden immer noch in der einen oder anderen Form für neue Systeme nachgeahmt.«

Asteroids basierte auf einer Idee von Lyle Rains, der zuvor an einem Space-Shooter gearbeitet hatte, bei dem man um Asteroiden herumfliegen mußte. Irgendetwas hatte ihn fasziniert an diesem Spiel, er wußte allerdings nicht genau was. Ständig mußte er daran denken – ob er nun Auto fuhr, sich Essen kochte oder unter der Dusche stand. Eines Tages hatte er die Eingebung: Wie wäre es denn, wenn sich die Asteroiden selbst bewegen? In Edd Logg fand er einen verständigen Konstrukteur, der sich gleich an die Herstellung machte. Das Spiel war schon in den Anfangsstadien so gut, daß es jeder probieren wollte. Ed Logg mußte schließlich zwei Prototypen bauen, einen für seine Kollegen zum Spielen und einen für sich, um an dem Spiel arbeiten zu können. Später in der Produktion vernachlässigten auch die Fließbandarbeiter ihre Pflicht und spielten an den unfertigen Geräten, statt weiter zu schrauben.

Das Konzept von *Asteroids* ist nur eine weitere Variation des Einfalls-Ausfallswinkel-Spiels, aber es übersteigt an Dramatik und Komplexität alle anderen. Vier Asteroiden fliegen in gemächlichem Tempo durch den Raum, sie sind jedoch so groß, daß man Mühe hat, mit seinem kleinen dreieckigen Raumschiff hindurchzufliegen. Also schießt man einfach auf sie. Statt sich aufzulösen, teilen sie sich nur, statt mit einem großen, behäbigen Felsen hat man es nun mit zwei mittelgroßen und schnelleren Asteroiden zu tun. Und schießt man auf diese, dann teilen sie sich wieder, werden kleiner und noch schneller. Zu allem Übel ist der Raum, in dem man sich befindet, endlos. Man fliegt auf einer Art Kugel, weil alles, was auf der einen Seite hinausfliegt, auf der anderen wieder auftaucht. Sehr plötzlich und meistens gerade dort, wo man sein Raumschiff scheinbar in Sicherheit gebracht hatte. Kaum hat man sich den Aufenthalt im Raum durch Zerschießen der Asteroiden ungemütlich gemacht, da tauchen auch schon UFOs auf, die es auf einen abgesehen haben. Man gibt sich ein wenig Schub mit dem Raketenantrieb und treibt durch rasende Gesteinsbrocken, während man wie wild um sich schießt. Hat man es dann geschafft, für Ruhe zu sorgen und alles wegzuräumen, kommen schon die nächsten vier Asteroiden.

Nicht nur in seiner Vektorengrafik erinnert *Asteroids* an *Spacewar!*, sondern auch im Gebrauch einer Hyperspace-Taste, mit der man sich aus dem schlimmsten Getümmel von 16 rasenden Asteroidensplittern und einer schießwütigen Fliegenden Untertasse herauskatapultieren konnte. Was oft vergeblich war, denn an der Stelle, wo man auftauchte, herrschte dasselbe Getümmel. *Asteroids* fand zudem einen Weg, genauso gemeindestiftend zu wirken wie *Spacewar!* an den Universitäten, und zwar, indem es das Highscore-Feature von *Space Invaders* weiterentwickelte. Es ging weiterhin darum, ein ideales, mustergültiges Ergebnis zu erzielen; allerdings wurde auf dieser höheren Ebene wieder ein harter Wettkampf Mann gegen Mann eingeführt. Hatte man einen Highscore erreicht, so konnte man sich mit drei Buchstaben eintragen und verewigen. Zumindest so lange, bis jemand anderes einen besseren Score erreichte. Nun flog man nicht einfach raus, sondern rutschte nur einen Platz runter in der Liste der besten Zehn. Ab jetzt konnte man Reviere markieren, Stärke zeigen. So wie man heute »Tags«, stilisierte Namenszeichen, an Hauswände sprüht, um anzuzeigen, daß man in dieser Gegend der Größte ist, so hinterließ man sein »MWM« auf einem Automaten in der Gegend, um zu zeigen, wen es hier zu schlagen galt und was man dafür bringen mußte.

Wem *Asteroids* zu technisch und zu unterkühlt war und wen es nach erdverbundener Action verlangte, der konnte versuchen, sich in die Highscoreliste von *Centipede* einzutragen, einem weiteren Klassiker der frühen achtziger Jahre. Wieder einmal hatte man eine Kanone am unteren Spielfeldrand, die heruntermarschierende Gegner durch Abschießen daran hindern muß, sich nach unten durchzuschlagen. Stärker noch als *Space Invaders* appellierte dieses Spiel an die Phantasie. Ein riesiger Tausendfüßler, der zumindest auf der Grafik des Automaten mit blutunterlaufenen Augen und riesigen Reißzähnen ausgestattet war, rast in Schlangenlinien durch einen Wald von Pilzen. Schießt man auf ein Segment seines Körpers, verwandelt sich dieses selbst in einen Pilz, während der Rest in zwei unabhängige Teile zerfällt. Treffen die Tausendfüßlerteile auf einen Pilz, dann ändern sie ihre Laufrichtung, so daß man durch sein Schießen möglicherweise einen Parcours schafft, der die restlichen Segmente unerbittlich nach unten manövriert. Unten angekommen, rasen sie wieder nach oben, sammeln sich, rekrutieren neue Segmente, formieren sich neu.

Den Tausendfüßler nicht berühren, das ist das Einzige, auf das man achten muß. Wenn man mal von der Spinne absieht, die im unteren Viertel herumtanzt und ebenso gefährlich ist. Oder dem Skorpion, der gelegentlich Pilze vergiftet, die aus den Tausendfüßlern bei Berührung selbstmörderische Kamikazeflieger machen. Oder der Zecke, die auf Dauer die Kanone wittert und sich von ihrem Ast außerhalb des Bildfeldes herunterfallen läßt, wobei sie eine Spur neuer Pilze sät. Oder womit man noch in so einem verrückten Wald rechnen muß, in dem der ganz normale biologische Überlebenskampf herrscht.

Centipede ist bekannt für eine technische Neuerung in der Spielsteuerung, den Trackball, mit dem man seine Kanone lenken konnte. Beim Trackball, einer umgekehrten Maus, dreht man mit der Handfläche eine große Kugel, er erlaubte eine flüssige Bewegung der Kanone in verschiedene Richtungen, nicht nur von links nach rechts und umgekehrt. Man bewegte sich sehr direkt innerhalb eines bestimmten Feldes und mußte nicht mehr wie bei *Asteroids* darüber nachdenken, zwei verschiedene Raketenschübe zu kombinieren, um eine Bewegung in eine bestimmte Richtung zu erhalten. Ein kurzes Drehen des Trackballs und man war an genau dem Punkt, den man anvisiert hatte. So konnte man sich zwischen Tausendfüßlersegmenten, Pilzen, Spinnen, Zecken hindurchschlängeln und von einer besseren Position aus schießen. Theoretisch zumindest.

Eine andere Besonderheit von *Centipede* ist, daß eine Frau an seiner Entstehung beteiligt war, Donna Bailey. Was eigentlich nichts Besonderes sein dürfte, weil ja mindestens 52 Prozent der Weltbevölkerung Frauen sind, aber nicht nur in diesem Bereich wird diese Tatsache ignoriert. Was bei Computerspielen auch an den Frauen selbst liegen kann, denn nur wenige sind von Games fasziniert und entsprechend wenige interessieren sich dann auch für ihre Produktion. Donna Bailey wurde deshalb zu einer Ikone. Ihr Anteil an dem Spiel lag hauptsächlich im grafischen Bereich, während Ed Logg für das Spielgeschehen verantwortlich war. Sie sorgte mit Pastellfarben dafür, daß das Spiel auch für Mädchen interessant wurde. Seltsam, aber so dachte man damals. In ähnlicher Weise wurde später *Pac-Man* zu *Ms. Pac-Man* umgestylt, um die Zielgruppe zu erweitern.

Wem blutrünstige Tausendfüßler in Pilzwäldern zu albern waren, dem konnte *Atari* mit *Missile Command* eine zeitgemäße *Space Invaders*-Variante bieten. In Zeiten von *SALT II*-Abkommen, *NATO*-Doppelbeschluß und später dem *SDI*-Projekt der Reagan-Regierung hatte ein Spiel, bei dem man die Zerstörung von sechs amerikanischen Westküstenstädten durch Interkontinentalraketen aus dem Himmel verhindern mußte, einen ernsthaften Reiz. Man ertappte sich dabei, daß man während des Spiels wie ein Militärgeneral dachte, der Menschen als Materialfaktor betrachten muß. Irgendwann war es nicht mehr möglich, alle sechs Städte zu verteidigen. Dann galt es, eine Entscheidung zu treffen, und sich voll auf ein, zwei Städte zu konzentrieren. Also Eureka, San Franzisko, San Luis Obispo und Santa Barbara aufgeben und statt dessen mit allen drei Flaks Los Angeles und San Diego retten. Während wir *Missile Command* spielten, verstanden wir, was in den Köpfen von *NATO*-Repräsentanten vor sich ging. Kaum waren unsere Münzen alle, zogen wir unseren Parka mit dem Peace-Zeichen wieder an und träumten davon, endlich alt genug zu sein, um bei Ostermärschen dabeisein zu dürfen.

Missile Command-Entwickler Dave Theurer bediente im selben Jahr aber auch das Publikum, das an der aufkommenden Ästhetik der Virtuellen Realität interessiert war. Bevor 1982 der Film *Tron* von Regisseur Steven Lisberger mit Jeff Bridges in der Hauptrolle Neonfarben (hauptsächlich grün) und Gitterstrukturen als die Merkmale von Virtueller Realität endgültig festlegte, schuf Dave Theurer mit dem Spiel *Tempest* einen Vorläufer. Obwohl es so aussah, als würde man mit einem Kleiderbügel gegen herumwackelnde Fussili, *Chrysler*-Logos, Einschußlöcher in Glasscheiben oder Lakritzschnecken schießen, wußten wir, daß so die Zukunft aussehen wird. Als eifrige *Kampfstern Galactica*- und *Raumschiff Enterprise*-Gucker hatten wir keine Schwierigkeiten, in den bunten Linien »Flipper-Tankers«, »Fuseballs«, »Spikers« und »Pulsars« zu erkennen und uns voll in die Geschichte hineinzuversetzen. Es war die Zeit, als im Urlaub jede Autobahnraststätte zu einer intergalaktischen Schmugglerkneipe und jede Fähre zu einem Raumschiff mit uns als blindem Passagier wurde, einfach, weil wir es uns vorstellten. Also funktionierte auch *Tempest*.

»Das rasante Geschehen spielt sich in einem dreidimensionalen Elektrofeld ab. Verschiedenste elektrische Impulse zoomen aus einem 3-D-Tunnel auf den Spieler zu, der versucht, die rasenden Gefahren durch Kurzschluß auszuschalten. Hat man es geschafft, den Impulsen auszuweichen oder sie zu zerstören, wird man durch eine Vakuum-Röhre hindurchgeschossen, um ein anderes Elektrofeld mit einer völlig neuen 3-D-Struktur zu säubern.« So stand es im Anleitungsheft. Das Zauberwort in dieser Hintergrundgeschichte ist

»3-D«. Was heute die Erwähnung von »Virtueller Realität« oder neuerdings »Artificial Intelligence« auslöst, nämlich das Gefühl, daß da etwas Überwältigendes und völlig Anderes im Entstehen begriffen ist, das schaffte damals »3-D«. Wir setzten uns rot-grüne Pappbrillen auf, um in speziellen Fernsehsendungen auf den dritten Programmen Redakteuren dabei zuzusehen, wie sie mit Besen nach uns stießen oder uns Bananen durch den Bildschirm reichten. Ganz so, als wären wir Primaten, die staunend auf die höherentwickelte Zivilisation im elektronischen Wunderland auf der anderen Seite schauten. Dort wollten wir hin. Wir wollten auch die Welt simulieren und manipulieren können. *Tempest* war ein Trainer, der uns darauf vorbereiten konnte.

Das Dreidimensionale an *Tempest* war nicht die Erzeugung eines Volumeneindrucks von Körpern wie im Kino oder im Fernsehen, sondern nur der Gebrauch von Perspektive. Obwohl ein naheliegender Gedanke und in der Malerei schon seit Hunderten von Jahren eingesetzt, war der Einsatz von Perspektive in einem Computerspiel revolutionär. Man schaute nicht mehr auf ein feststehendes und begrenztes Spielfeld, sondern in das Elektronenfeld hinein. Die Linien verliefen schräg nach hinten, um in der Mitte des Bildschirmes einen Fluchtpunkt anzusteuern. Wie Günter Netzer im Fußball kamen die Flipper-Tankers und Fuseballs jetzt aus der Tiefe des Raumes, um immer größer und bedrohlicher zu werden.

Der Raum in Computerspielen, obwohl das wichtigste Element ihrer gesamten Erzählung, war bis zu diesem Zeitpunkt eine seltsame Konstruktion. Man schaute von oben auf ein Feld, sah aber die Gegenstände auf ihm im Querschnitt. Außerdem endete diese verquere Welt mit dem Bildschirmrand, alles befand sich schon innerhalb dieses Feldes oder tauchte einfach auf. Um es noch mal mit der Malerei zu vergleichen: Vor *Tempest* ähnelte die Welt den Darstellungen im Mittelalter, wo Personen ihrer Wichtigkeit nach auf einem Hintergrund angeordnet wurden. Alles war Fläche und hatte keine reale Beziehung zueinander, sondern nur eine erzählerische. Jetzt wußte man, daß die Figuren von irgendwo da draußen kamen, wo man nicht mehr hinsehen konnte, wo man aber selbst hingezoomt werden könnte. Das Spielfeld war immer noch begrenzt, aber jetzt glaubte man, daß es sich dabei um das eigene begrenzte Blickfeld handelte und daß die Welt prinzipiell in alle Richtungen weitergeht.

Warum also nicht gleich eine vollständige Ich-Perspektive verwenden? Ohne die Zuhilfenahme eines Stellvertreters auf dem Bildschirm? Tatsächlich war das die ursprüngliche Absicht von David Theurer gewesen. Er wollte *Space Invaders* aus der 1. Person Singular erzählen, also den ersten »First-Person-Shooter« bzw. »Ego-Shooter« kreieren. Den Firmenbossen behagte das aber nicht. Ihrer Meinung nach hätte man keinen Bezug zu dem Geschehen gehabt, weil man sich mit nichts identifizieren konnte. Kurze Zeit später hatte Ed Rotberg aber dieses Problem gelöst. Sein *Battlezone* war das erste »First-Person«-Spiel und funktionierte, weil sich die Spieler in ein wohldefiniertes Setting hineinversetzen konnten. Man saß in einem Panzer und schaute durch ein Zielperiskop auf die Umgebung. Die Identifikation fand mit dem Fadenkreuz statt, das auf die feindlichen Panzer bewegt werden mußte, ein Hilfsmittel, das Jahre später in Ego-Shootern seine Entsprechung in dem Gewehrlauf oder dem Arm mit dem Messer fand, die man am unteren Bildschirmrand während des gesamten Spiels sehen kann.

Die Illusion, selbst im Panzer zu sitzen und auf die Umgebung zu gucken, war für die damalige Zeit so perfekt, daß die U.S.-Army bei *Atari* anfragte, ob nicht spezielle Trainingsversionen für Soldaten hergestellt werden könnten. Es ist fraglich, ob Nolan Bushnell einen solchen Auftrag angenommen hätte, die von *Warner* eingesetzten Manager waren jedoch begeistert und verdonnerten Rotberg dazu, die Vorstellungen der Militärs in die Tat umzusetzen. Nicht nur, daß das Armaturenbrett eines Panzers und seine verschiedenen Steuermöglichkeiten simuliert werden mußten, was eine Menge neuer Knöpfe auf der Konsole bedeutete, nein, auch die Szenarien auf dem Bildschirm mußten realen Krisenherden entsprechen und die Soldaten vor Aufgaben stellen, die sie später in der Realität wiedererkennen sollten. Wie immer beim Militär mußte alles streng geheim und mit äußerster Anstrengung vonstatten gehen. Ed Rotberg haßte jede Minute seiner Tätigkeit, und er war Monate lang damit beschäftigt. Kurze Zeit nach Erledigung der Aufgabe kündigte er bei *Atari*. Aus einer Hippie-Vision und real existierenden Alternativfirma war ein straff geführtes Unternehmen mit reservierten Parkplätzen für die *BMWs* der Marketingabteilung geworden, das keine Skrupel hatte, dem militärisch-industriellen Komplex beizutreten.

Daß so viele unterschiedliche Spiele zur gleichen Zeit auf den Markt kamen und Erfolg hatten, zeigt vor allem eins: Aus Computerspielen war ein eigenständiges Medium geworden, das unterschiedliche Bedürfnisse befriedigen und sich in verschiedenste Richtungen entwickeln konnte. Es stellte Science-Fiction-Begeisterte zufrieden, konnte Spät-Psychedelikern einen Spielplatz zur Verfügung stellen und übte auf das Militär einen Reiz aus. Was beim Hula-Hoop-Reifen nicht gelungen war, nämlich den Riesenerfolg durch eine Erweiterung des Konzepts zu einem tragfähigen und entwicklungsfähigen Produkt zu machen, das funktionierte bei Computerspielen. Zuerst sah es sehr schlecht aus, als der Branche nichts Besseres als *Pong*-Variationen einfiel. Bis es Leuten aufging, daß nicht der Inhalt Computerspiele ausmacht, sondern die Möglichkeit, Welten auf Bildschirme zu zaubern, auf die der Spieler in irgendeiner Form einwirken kann. Es war wie beim Buchdruck, als die Druckerpresse nur als ein Instrument zur Bibelherstellung begriffen wurde. Erst langsam kamen die Menschen dahinter, daß man nun auch persönliche Gedanken und ganz individuelle Sichtweisen auf die Welt verbreiten konnte, die ihr jeweils eigenes Publikum finden würden.

Bei Computerspielen war es genauso. Im Goldenen Zeitalter der Arcade-Ära machten plötzlich Soldaten, Schülerinnen und Elektrotechnik-Studenten genau dasselbe. Sie spielten ein Computerspiel. Nach außen sah es aber so unterschiedlich aus, wie sie als unterschiedliche Menschen anders aussahen. *Battlezone, Centipede* und *Tempest* standen für völlig andere Lebensentwürfe und Geschmäkker. Deshalb wollten jetzt alle spielen. Weil »alle« nämlich sehr unterschiedliche Menschen einschließt, die jeweils individuell bedient werden wollen. Den Massengeschmack zu treffen, bedeutet, von allem etwas anzubieten. Computerspiele konnten das jetzt. Sie wurden ein heißes Thema in der Öffentlichkeit, neue Spiele fanden größte Aufmerksamkeit, und die Zeitungen überschlugen sich mit Rekordmeldungen. Nach 28 Stunden Dauerspiel stellte George Plimms am 18. Juli 1981 einen Rekord von 51 Millionen 952 Tausend 110 Punkten bei *Missile Command* auf. In nur 30 Minuten brachte es Samir Mehta am 10. August desselben Jahres auf 338 Tausend Punkte bei *Centipede*. Das Eiscafé von Westwego, Louisianna, sah den Rekord der 19jährigen Lonnie J. Cancienne, die es nach 52 Stunden Spielzeit auf 30 Millionen Punkte bei *Asteroids* brachte. Diese und andere Menschen sitzen heute in Agenturen, Büros, Chefetagen und gestalten die Welt, in der wir leben. Wir spielen noch immer. Mit der Bewegung in seltsamen Welten kennen wir uns aus.

Popstar | Pac-Man, 1980 |

Kaum waren Computerspiele zur wichtigsten Freizeitbeschäftigung von Kindern und Jugendlichen geworden, war die Zeit auch schon reif für einen Star, eine Figur, die über alles hinauswachsen und in die reale Welt eintreten konnte. Wäre die Entwicklung einer solchen Figur die Aufgabe einer Werbeagentur oder eines Zukunftsforschers gewesen, dann hätte man Superman-artige Weltraumritter oder düstere Roboterriesen erwarten dürfen. Niemand hätte die Idee gehabt, es mit einer gelben Scheibe zu versuchen, der eine ausgeschnittene Ecke als Mund dient. Genau das war aber der Stoff, aus dem eine Weltkarriere gestrickt war, zumindest Anfang der achtziger Jahre, dieser Dekade des seltsamen Geschmacks.

Toru Iwatani hat sich diese Scheibe ausgedacht. Seine Absicht war es, in einer Zeit der gewalttätigen Kriegs- und Schießspiele einen anderen Akzent zu setzen. Es sollte ein Spiel auf dem Markt geben, das alle genießen können, nicht nur die Testosteron-abhängigen männlichen Jugendlichen. Etwas, das wie ein Comic aussah und das ein anderes Thema als Töten hatte. Er fand, daß Essen ein sehr gutes Thema war, um daraus ein Spiel zu machen. Man mußte soviel essen wie möglich, um zu gewinnen. Dafür brauchte man eine Figur, bei der man auch sehen konnte, daß sie aß, ein großer Mund vielleicht. Toru Iwatani überlegte hin und her, dann schaute er in die Pizzaschachtel, die vor ihm auf dem Tisch lag, und sah, daß er erst ein Stück von der Pizza gegessen hatte. Die fehlende Ecke sah aus wie ein großer, weit aufgerissener Mund in einem kugelrunden Gesicht. Die Figur, die immer essen mußte, war geboren.

Ihren Namen bekam sie aus ähnlichen Gründen. Im Japanischen gibt es die Bezeichnung »paku paku«, die das Auf- und Zuklappen des Mundes beim Essen beschreibt. Davon wurde das »Pac« in »Pac-Man« abgeleitet, um auch auf dem Weltmarkt eine Chance zu haben. Zu Beginn seiner Karriere wurde »Pac-Man« noch weiter amerikanisiert und hieß sogar »Puck-Man«, wahrscheinlich, weil seine scheibenförmige Erscheinung an den Puck im Eishockey erinnerte. Aber der Erfindungsreichtum pubertierender Jünglinge, die den Bogen des »P« wegkratzten und dadurch ein »F« auf den Automatengehäusen stehenließen, machte es erforderlich, daß man den Namen in das künstliche »Pac« änderte.

Daß sich *Pac-Man* auf das Essen konzentrierte, war sicherlich für den immensen Erfolg verantwortlich. Nichts ist einfacher, als sich mit jemandem zu identifizieren, der Hunger hat und alles nur Erdenkliche in sich hineinstopfen möchte. Essen ist von jeher die Tätigkeit, die Menschen am besten zusammenführen kann, um eine Gemeinschaft zu stiften. Man lädt Menschen zum Essen ein, wenn man sie näher kennenlernen möchte, man veranstaltet ein Festmahl, um seine Verbundenheit mit Freunden auszudrücken, Geschäftsessen werden vereinbart, um eine angenehme Atmosphäre für Entscheidungen zu schaffen. Außerdem ist Essen ein großer Gefühlsträger, man ißt, wenn man sich unglücklich fühlt oder wenn einem langweilig ist, man geht Essen, um etwas zu erleben oder etwas zu feiern. Kurzum, unser ganzes Leben dreht sich um Essen. Wenn nun ein kleines Wesen in einem Computerspiel nichts als Essen im Kopf hat, dann finden wir es sofort sympathisch.

Egal, wie pixelig und quietschgelb dieses Wesen auch sein mochte, egal wie simpel es sich auf dem Bildschirm bewegte (es kannte nur zwei Zustände: Mund auf und Mund zu), durch seinen Appetit bekam es eine Persönlichkeit. Dieser Eindruck war so stark, daß jeder, den man heute nach seiner Erinnerung an *Pac-Man* befragt, der gelben Scheibe Augen zuschreibt. Im Spiel gibt es sie allerdings nicht. Toru Iwatani hatte sich dagegen entschieden, weil er meinte, daß man dann auch einen Schnurrbart, einen Hut und viele andere Accessoires hätte hinzufügen können. Dann wäre der Eindruck jedoch nicht mehr so stark gewesen. Gerade die vollständige Reduzierung auf das Wesentliche, den gierigen Mund, machte es möglich, daß sich alle darin wiederfinden konnten. Erst nachträglich kamen die Augen. Durch den Erfolg wurde aus *Pac-Man* ein Coverboy von Magazinen und ein Werbeträger. Nun brauchte er natürlich Augen. Wie auch Arme und Beine. Denn jetzt bewegte er sich in der realen Welt. Als Superstar mit soviel Marktwert, daß er schließlich seine eigene Fernsehshow auf *ABC* bekam.

Toru Iwatani selbst scheint für *Pac-Man* Vatergefühle entwickelt zu haben. In einem Interview auf der Seite http://retrogamer.merseyworld.com streicht er die kindlichen und friedlichen Aspekte dieser Figur heraus:»Pac-Mans Persönlichkeit zu beschreiben ist sehr schwer, sogar den Japanern gegenüber – er verkörpert die Unschuld. Bis jetzt hat ihm noch keiner den Unterschied zwischen Gut und Böse beigebracht. Sein Verhalten ähnelt mehr dem eines kleinen Kinds als dem eines Erwachsenen. Sie müssen sich ihn als ein Kind vorstellen, das an jedem Tag mit jeder seiner Handlungen dazulernt. Wenn ihm einer sagen würde, daß Waffen böse sind, dann wäre er der Typ Mensch, der losrennt und alle Waffen aufessen würde, die er finden könnte. Das Problem wäre dann, daß er nicht unterscheiden könnte, er würde alles essen, selbst die Pistolen von Polizisten, die ja sinnvoll sind. Er kann keine Unterschiede erkennen, weil er so naiv ist. Im Laufe der Zeit lernt er es dann aber, daß einige Menschen wie Polizisten ihre Pistolen behalten müssen und er nicht alles aufessen kann, was ihm vor die Füße läuft.« Wer hätte sich dieser Erziehungsaufgabe verweigern können?

Ganz so unschuldig, naiv und gewaltfrei, wie es Iwatani und andere darstellen, war *Pac-Man* allerdings nicht. Man rannte mit einem mutierten Wesen durch die dunklen Gänge eines unterirdischen Verlieses, gejagt von vier wahnsinnigen Untoten, die nur eines im Sinn hatten: Töten. Besonders zynisch waren die niedlichen Namen »Inky«, »Blinky«, »Pinky« und »Clyde«, auf die die Kreaturen hörten – aber wir wissen ja spätestens seit Stephen King und David Lynch, daß das Grauen in der Maske des Harmlosen und Vertrauten auftritt. Rastlos mußte man um die Ecken sprinten und versuchen, bestimmte Substanzen aufzusammeln, die einem Lebensenergie zurückführten oder einen sogar zu einem unverwundbaren Berserker machten, der die Untoten vertilgen will. Ein Aufwachen gab es aus diesem Alptraum nicht. Kaum hatte man ein Labyrinth gesäubert, begann man von vorne, erneut gejagt von Wesen der Finsternis und verzweifelt darum bemüht, nicht in eine Sackgasse zu laufen.

Wer John Romero mehr als zehn Jahre später einer kranken Phantasie bezichtigte, weil er sich *Castle Wolfenstein* und *Doom* ausgedacht hatte, der hätte nur mal einen genauen Blick auf jenen fröhlichen, gelben Gesellen werfen sollen, der da durch Wohnzimmer braver Familien hüpfte, um zu wissen, wovon Romero inspiriert war. Fressen und gefressen werden, das war Pac-Mans Devise. Sozialdarwinismus in Reinkultur.

Genau diese zwei Seiten von Pac-Mans Persönlichkeit machten auch seinen Sex-Appeal aus. Während man eine spannende Computerspielversion von »Räuber und Gendarm« spielen konnte, sorgte das knuffige Comicmännchen draußen für gesellschaftliche Anerkennung und Aufregung. Inhaltlich haben beide Seiten überhaupt nichts miteinander zu tun. Viele Jahre später wiederholte sich dieses Phänomen bei *Tomb Raider*, als Lara Croft neben ihrem Beruf als Waffenträgerin im Spiel auch noch als Model für Zeitschriften jobbte und schließlich ein Hollywood-Angebot annahm. Den Weg zu einer solchen Karriere hat aber *Pac-Man* geebnet, damals in den Achtzigern.

Abschließend sei noch bemerkt, daß Pac-Man den wohl überzeugendsten Tod eines Computerspiel-Helden stirbt, den es bis heute gegeben hat. Mag sein, daß es genauso folgerichtig ist, daß eine Platform-Game-Figur vom Gerüst fällt oder man in einem Shooter erschossen wird, aber so konsequent wie Pac-Man war danach niemand mehr. Wenn ihn die Geister gestellt hatten und er nicht mehr weiter essen konnte, dann richtete er sich gegen sich selbst. Sein Mund wurde immer größer und größer, stülpte sich schließlich über ihn und verschluckte ihn, wodurch er sich ins Nichts fraß.

Überflieger | Defender, 1980 |

Über sie wurden einst die meisten Witze gemacht: hühnerbrüstige und hemdentragende Hornbrillenträger mit Pottschnitt, die den ganzen Tag vor Elektronikbaukästen oder, schlimmer noch, vor

Computern hockten. Sie hießen »Nerds«. Cool war es damals, wenn man in weißen Anzügen wie John Travolta in *Saturday Night Fever* herumlief, Lederkrawatten trug und sich Wetgel in die Haare schmierte. Nur wenn man cool war, würde einem irgendwann die Welt gehören, das war allgemeine Überzeugung. Über Nerds wurde nur gelacht. Die Zeit arbeitete aber für sie. Heute schütteln wir uns angesichts der modischen Greueltaten, die von ehemaligen Platzhirschen der achtziger Jahre begangen wurden, und finden, daß sie genauso geschmacklos gealtert sind. Die Nerds dagegen kaufen inzwischen alle Kunstwerke der Welt auf, um sie in ihren riesigen Villen im Keller einzuschließen und mit den Rechten an ihrem elektronischen Abbild weitere Millionen zu scheffeln. Sie sind Hauptfiguren in globalen Verschwörungstheorien, begehrte Interviewpartner und gefragte politische Berater, wobei die eigentlichen Machtverhältnisse allen klar sind. Wäre man damals doch bloß zu den Nerds in der Ecke vom Schulhof gegangen und hätte sich mit ihnen über das neue *P.M.*-Magazin unterhalten, statt mit den Lederkrawattenträgern in der Raucherecke abzuhängen. Dann wäre man heute vielleicht Manager einer Softwarefirma und nicht nur ein kleiner Bankangestellter hinter dem Schalter.

Niemand erkannte damals, daß die eigentlichen Weicheier in der Raucherecke standen, während die Nerds in Wirklichkeit Hardcore-Machos waren, die am Computer ihre Allmachtsphantasien auslebten. »Wenn du ein wahrer Nerd bist, dann kannst du mit Menschen überhaupt nichts anfangen. Sehen Sie, der Ego-Trip des Computer-Programmierers ist es, Gott zu spielen. Man kann ein Universum erschaffen, eine ganze berechenbare Welt, eine Welt, die nach deinen Gesetzen läuft. Ich glaube, deshalb habe ich mich dafür entschieden, Spiele zu schreiben.« Im *Playboy*-Magazin bekannte sich hier Eugene Jarvis gegenüber Walter J. Lowe zum Nerd-Dasein und dokumentierte somit, daß die Beschäftigung mit Computern äußerst sexy war. Zumindest, wenn man Schöpfer von *Defender* war, das 1981 *Pac-Man* bei der Wahl zum »Spiel des Jahres« geschlagen hatte.

Eugene Jarvis hatte bei *Atari* in deren Flipper-Abteilung gearbeitet und war dann zu *Williams*, einem der führenden Hersteller solcher Geräte, gewechselt. Mit Computerspielen hatten sie nicht viel am

Hut, bis der Erfolg der anderen Firmen das Unternehmen neidisch machte und es zu einer eigenen Computerspiel-Abteilung anregte. Mit der Entwicklung des ersten Games beauftragten die Verantwortlichen Eugene Jarvis, der Erfahrung mit Softwareprogrammierung hatte, aus Langeweile dann aber zu den Flippern gewechselt war. Jarvis fiel zunächst auch nichts besseres ein, als ein Raumschiff zu nehmen, das gegnerische Schiffe abschießen mußte. So weit, so langweilig. Viel mehr Ideen hatte er nicht, also fummelte er ein bißchen an der Gestaltung herum. Er designte eine Planetenoberfläche mit Bergen und Tälern über der man schwebte und ließ kleine Männchen über sie laufen, nur so zur Zierde. Das machte das Spiel aber nicht spannender. Er überlegte sich einen Titel und kam auf *Defender*, was das Problem nur noch schlimmer machte, denn was um Himmels willen sollte denn verteidigt werden bei diesem Spiel? Tagelanges Starren auf den Bildschirm erzeugte dann einen Geistesblitz: die kleinen Männchen natürlich, die dort zwischen den Bergen herumliefen. Die anderen Schiffe entführten sie und man selbst mußte sie retten.

In Interviews hat Eugene Jarvis immer betont, wie sehr er »episodische« Spiele verabscheut. Das Prinzip, daß man zuerst einen Bildschirm klären muß, um zu einem nächsten zu kommen, auf den dann wieder ein nächster folgt, kam ihm immer schon wie eine Mogelpackung vor. Oft war es nur die Aneinanderreihung von einem langweiligen Spiel an das nächste, ohne daß man es merken sollte. Sein Ideal war ein Geschehen, bei dem verschiedene Aufgaben an verschiedenen Orten miteinander zusammenhängen, so daß man immer auf die Gesamtsituation achten und bei einzelnen Aktionen immer auf ihre möglichen Auswirkungen an anderer Stelle achten muß. Aus diesem Ideal ergab sich für *Defender* folgendes Spielprinzip: wenn nicht ein Bildschirm auf den anderen folgen durfte, dann mußten sie alle miteinander zusammenhängen. Das Bild verlor seine seitlichen Begrenzungen. Man flog wie auf einem Zylinder durch eine zusammenhängende Landschaft. In dieser Landschaft mußte man nun darauf achten, nicht von den Gegnern abgeschossen zu werden, gleichzeitig aber versuchen, sie selbst zu treffen. Erschwerend hinzu kam, daß die Feinde die Menschen von der Planetenoberfläche entführten, was man bei seinen Schüssen berücksichtigen mußte, denn nach einem Abschuß mußte man die Menschen aus der Luft retten.

Um in einer großen Landschaft, von der man immer nur einen Ausschnitt zu sehen bekam und in der an allen Ecken und Enden Hilfe benötigt wurde, den Überblick zu behalten, mußte eine Art verkleinerte Gesamtdarstellung her. Eugene Jarvis fügte *Defender* einen kleinen Radarschirm am oberen Bildrand hinzu, der seitdem zur Standardausrüstung von Computerspielen gehört. Seitdem hat der Raum in Computerspielen mehrere Ebenen. Es gibt einen Handlungsraum, der alles umfaßt, was sich innerhalb des momentanen Bildschirmfeldes befindet, und es gibt den Erzählungsraum, das große Gesamtbild, das ein Spiel entwirft, und das vom Spieler erschlossen werden muß. Das Spiel ist nicht nur das, was man sieht und was man tut, das ist der geringste Teil, sondern hauptsächlich das, was man weiß und was man ahnt. Eigentlich spielte *Defender* immer rechts oder links von dem Geschehen, das man gerade sah. Immer dort, wo man nicht war. All das löste Eugene Jarvis aus, bloß weil er das »Scrolling« für Computerspiele erfand.

Sein Spiel erlangte sehr schnell Kult-Status. In Amerika wurde eine Liga aus professionellen *Defender*-Spielern gegründet, die im ganzen Land auf Turnieren ihr Können zur Schau stellten. Eugene Jarvis erzählte J. C. Herz für ihr Buch *Joystick Nation* von einem Flugzeugingenieur, der damals seinen Job bei *Boeing* kündigte, um mit dem Spielen von *Defender* seinen Lebensunterhalt zu bestreiten. »Es war, als würde man einem Violin-Virtuosen zusehen oder Marsalis auf der Trompete hören. Einfach unglaublich, wie sehr er mit diesem Spiel verschmolzen war – diese ganzen wütenden, widerlichen Aliens, die hinter ihm her waren, machten ihm nichts aus, er blieb ruhig und tanzte Walzer mit ihnen, um sie schließlich zu pulverisieren.«

Jetzt mußte man nicht mehr den starren Vorgaben folgen, die dort auf dem Bildschirm gemacht wurden und die einen nach genügender Spielpraxis *Pac-Man* mit geschlossenen Augen durchspielen ließen, weil man das Muster der Geister verinnerlicht hatte. Seit *Defender* gab es Spiele, die sich erst durch unsere Wahrnehmung entwickelten. Wir waren das Spiel, weil wir es dachten. Diesen Kontrollverlust konnten die Spieleentwickler natürlich nicht hinnehmen. Sie setzten alles daran, um Spiele wieder zum Ausdruck ihrer eigenen Phantasie zu machen. Denn wie wir lernten mußten, wollen Nerds die Welt übernehmen, indem sie sie durch eine selbstgeschaffene ersetzen.

Vom Affen gebissen | Donkey Kong, 1981 |

Auch wenn Hiroshi Yamauchi ein humorloser Schnösel ist, der seine Firma mit eiserner Hand regiert und Freude nur beim Zugrunderichten seiner Geschäftskonkurrenten empfindet, so hatte er doch zeitweilig die Aufsicht über ein absolutes Irrenhaus. Aus der respektablen Spielkartenfirma seines Urgroßvaters Fusajiro Yamauchi, die Hauptlieferant für die von der japanischen Mafia Yakuza organisierten *hanafuda*-Glücksspiele war, hatte er in den 25 Jahren seiner Führung seit 1949 einen Gemischtwarenladen für allen möglichen Schnickschnack gemacht. Nicht nur, daß *Nintendo*, so heißt die Firma, Instant-Reis produzieren mußte, nein sie betrieb auch ein Liebeshotel und ein Taxiunternehmen. Zu Beginn der siebziger Jahre schwenkte Yamauchi noch einmal um und verkaufte die *Ultra*-Serie, in der Kindern so sinnvolle Sachen angeboten wurden wie die *Ultra-Hand*, mit der man nach 80 Zentimeter entfernten kleinen Dingen greifen konnte, die *Ultra-Maschine*, die kleine, weiche Kugeln durchs Zimmer ballerte, oder das *Ultra-Skop*, mit dem man über Mauern und um Ecken gucken konnte. Auch ein Liebestester war im Angebot, mit dem der elektrische Strom zwischen einem Jungen und einem Mädchen gemessen wurde, was Rückschlüsse auf ihre libidinöse Spannung erlauben sollte.

Als *Nintendo* eine Ladung Solarzellen angeboten wurde, griff Yamauchi zu und ließ seine Ingenieure ein Strahlengewehr bauen, ganz ähnlich wie Jahre zuvor Ralph Baer in Amerika. Mit dieser Flinte schoß man aber nicht auf Bildschirme, sondern auf in Einzelteile zerlegte Flaschen, die durch Elektromagneten zusammengehalten wurden. Fing man mit der Gewehrmündung den feinen Lichtstrahl ein, der von der Flasche ausgeschickt wurde, dann drehte das den Magneten den Strom ab, und die Flasche zerfiel, als ob sie zerschossen worden wäre. Wegen des großen Erfolgs kaufte *Nintendo* stillgelegte Bowlingbahnen auf und richtete elektronische Tontaubenschießanlagen ein, die als neuer Volkssport gedacht waren. Die Weltwirtschaftskrise der siebziger Jahre machte dem Vorhaben einen Strich durch die Rechnung. *Nintendo* mußte sich nach neuen profitablen Geschäftsfeldern umsehen. Sie lizenzierten das *Odyssey* von *Magnavox* und stiegen ins Computerspielbusineß ein.

Für uns, die wir mit dem Zentralorgan des Nerd-Daseins, dem *YPS*-Heft, aufgewachsen sind, klingt das alles überhaupt nicht so verrückt, wie es sich für andere vielleicht darstellt. Der Sprung von Instant-Reis über Plastikgreifarme bis hin zu Strahlenkanonen für Tontaubenschießstände bereitet uns keine Probleme. Völlig logisch, denn um die Abenteuer zu bestehen, die in dieser Welt auf uns warteten, mußte man eben gut trainiert und bestens ausgerüstet sein. Für jede Eventualität brauchte man das entsprechende Werkzeug, etwa den Greifarm, um einen Schlüssel aus einem Skorpionloch herauszufischen, die *Ultra-Maschine*, um Botschaften aus Verliesen herauszuschicken, und die Strahlenkanone, um die feinen Haarrisse in einer Wand aufzuspüren, durch die Licht dringt und die auf das Vorhandensein einer Tür hindeuten. Als »Spezial-Agenten« oder »Überlebenskämpfer« wußten wir, daß man da draußen viel Erfindungsreichtum benötigte.

Ein Zeichner bei *Nintendo* dachte genauso. Sein Name war Sigeru Miyamoto. Er war auf dem Land aufgewachsen, hatte Höhlensysteme erforscht, in trockengelegten Reisfeldern gespielt, war Abhänge heruntergerollt und hatte sich in dem Schiebetürengewirr seines Elternhauses versteckt. Regelmäßig hatte er konspirative Treffen mit seinen Freunden auf Dachböden abgehalten. An den Abenden hatte er Puppen gebastelt und sich Theaterstücke für sie ausgedacht. Den größten Nervenkitzel hatte ihm aber die Bulldogge des Nachbarn bereitet, die sich wütend auf jeden Passanten stürzte, der vorüberging. Erst im letzten Moment wurde sie von der Kette um ihren Hals zurückgerissen und davon abgehalten, ihr Opfer zu zerfleischen. Sigeru Miyamoto hatte sich immer zentimetergenau auf die Bestie zubewegt, so daß er Auge in Auge mit einer beißwütigen Bulldogge stand, ohne daß sie ihm eine Schramme zufügen konnte.

Einen Eindruck von seinem Lebensgefühl kann man in David Sheffs Buch Nintendo –»Game Boy« gewinnen. Dort beschreibt Miyamoto es so:»Was, wenn man so vor sich hin ginge und alles, was man sieht, auf einmal mehr wäre, als man sieht? Der Mann dort in T-Shirt und Slacks ist auf einmal ein Krieger. Der Raum, der leer zu sein scheint, ist eine Geheimtür in eine andere Welt. Und was, wenn man auf einer belebten Straße nach oben blickte und etwas erscheinen sähe, was vor dem Hintergrund unseres Wissens gar nicht sein könnte? Entweder schüttelt man den Kopf darüber und vergißt es, oder man akzeptiert die dann offensichtliche Tatsache, daß es mehr in dieser Welt gibt, als wir denken. Vielleicht war das alles wirklich eine Tür in eine andere Welt? Und wenn man sich entschiede, durch sie hindurchzugehen, könnte man sich manchem Unerwarteten gegenübersehen.«

Nach seinem Studium des Industrie-Designs ging Miyamoto zu Nintendo, weil sein Vater und Yamauchi alte Schulfreunde waren. Für einen Zeichner war eigentlich kein Bedarf bei Nintendo, aber Yamauchi gefiel dieser seltsame junge Mann, der als Arbeitsproben Kleiderbügel für Kinder in Elefantenkopf- und Kükenform mitbrachte. So nüchtern und kalkulierend er selbst war, so sah er doch seine Firma als einen Ort, an dem sich Genies entwickeln sollten. »Kein normaler Durchschnittsmensch kann ein gutes Spiel erfinden, er mag sich noch so bemühen. Es gibt auf der ganzen Welt nur eine Handvoll Leute, die Spiele erschaffen können, die alle besitzen und spielen wollen. Und ebendiese Leute wollen wir bei Nintendo haben«, erzählte er David Sheff in Nintendo Game Boy. Er wußte noch nicht genau, was mit diesem Jungen anzufangen war, aber er wollte ihm Zeit geben, sich zu entfalten.

Ein paar Jahre später rief er Miyamoto dann zu sich ins Büro. Die Zeit war reif. Nintendo steckte in Schwierigkeiten, weil eines der Münzautomatenspiele, Radarscope, sich katastrophal verkaufte und von den Spielern nicht angenommen wurde. Yamauchi erteilte Miyamoto den Auftrag, das Design von Radarscope aufzupolieren, damit es ein Erfolg werden konnte. Miyamoto sah sich das Spiel an und fand es stinklangweilig. Statt es zu verbessern, fragte er die Techniker aus, was denn überhaupt möglich wäre, wie Figuren aussehen können, die auf einem Bildschirm dargestellt werden, was für

Bewegungen mit ihnen möglich sind, wie viele Gegenstände sich gleichzeitig bewegen können und vieles mehr. Danach setzte er sich an seinen Zeichenblock und begann, sich eine Figur und eine Geschichte auszudenken.

Die Figur bekam als erstes eine Nase, denn er war davon überzeugt, daß es einen Riesenunterschied macht, eine Nase zu haben oder keine. Dann kam ein Schnurrbart hinzu, riesige Kulleraugen und eine rote Kappe, weil Haare zu schwierig darzustellen waren. Um in der grobpixeligen Darstellung auf dem Bildschirm gut rüberzukommen, bekam er noch eine rote Latzhose über einem blauen T-Shirt. Irgendwie sah die Figur wie ein Zimmermann aus, deshalb mußte die Handlung dort spielen, wo ein Zimmermann für gewöhnlich arbeitet, auf einer Baustelle zum Beispiel. Dieser lustige Bursche hatte sich nun einen großen Gorilla als Haustier angeschafft. Weil er ihn aber nicht sehr nett behandelte, war der Gorilla in seinem Stolz verletzt und kidnappte die Freundin des Zimmermanns. Mit ihr kletterte er auf das Gerüst eines sich im Bau befindlichen Hochhauses und verschanzte sich. Als der Zimmermann nun versuchte, seine Freundin zu befreien und das Haus hochkletterte, warf der Gorilla mit Fässern, Eimern und Balken nach ihm. Eine knifflige Aufgabe.

Tatsächlich wurde der Relaunch von *Radarscope* abgeblasen und statt dessen dieses verrückte Szenario als Spiel umgesetzt. Alle dachten, daß der Gorilla die Hauptfigur ist, also mußte der Name etwas mit ihm zu tun haben. *King Kong* ging nicht, weil das Lizenzgebühren bedeutet hätte, aber »Kong« alleine konnte man bestimmt durchkriegen. Außerdem sollte dieser Affe auch ein bißchen stur und widerstandsfähig wirken, also blätterten die Marketingexperten bei *Nintendo* ihr Englisch-Wörterbuch durch und kamen auf »Donkey«, Esel. *Donkey Kong* war in ihren Augen der perfekte Name. Auch Hiroshi Yamauchi war davon überzeugt; und so ging das Spiel in die Welt hinaus.

Die Handelsvertreter von *Nintendo* waren nicht sehr begeistert. Ein »Esel Kong«, der auf einem Baugerüst stand und Fässer schmiß, sollte das richtige Spiel sein, um die Space-Shooter-süchtigen Jugendlichen zu gewinnen? Wenn wenigstens ein paar fiese Geister dabei gewesen wären, so wie bei *Pac-Man*, dann hätte man mit irgendeiner geschickten Airbrush-Grafik das Ganze als spannende Action verkaufen können. So war es aber einfach nur albern. *Nintendo* hatte jetzt endgültig den Verstand verloren. Einer der Vertreter war so wütend auf die Firma, daß er fristlos kündigte und sich nach einer zukunftsträchtigeren Position umsah. Den anderen blieb nichts anderes übrig, als das Spiel unterzubringen, wo es doch nun schon einmal da war. Sie rechneten aber mit einem noch größeren Flop als bei *Radarscope*.

Nun, ein Flop ist es wirklich nicht geworden. Im ersten Jahr verkauften sich allein in Amerika 65.000 Automaten, was einen Gesamtumsatz von 100 Millionen Dollar bedeutete. *Taito* machte ein beeindruckendes Angebot, *Donkey Kong* von *Nintendo* zu kaufen, was allerdings abgelehnt wurde. Neben dem eigenen Vertrieb vergab man noch Lizenzen an *Coleco* und *Atari*, die selbst sehr gut davon existieren konnten. Selbst einer Riesenschar von Produktpiraten sicherte *Donkey Kong* ihre Existenz, mit geschätzten 50 Prozent aller weltweit verkauften *Donkey Kong*-Artikel. Eine Klage von *MCA Universal*, in deren Verleih der Film *King Kong* aus den dreißiger Jahren war, auf Copyright-Verletzung, wurde in allen Instanzen bis zum Supreme Court abgeschmettert. Vorführungen von Meisterspielern im Gerichtssaal überzeugten die Richter, daß *Donkey Kong* ein völlig eigenständiges Produkt künstlerischer Ausdruckskraft war.

Genau dieser Aspekt ist *Donkey Kong*s Bedeutung für das Medium Computerspiele, und darin lag auch sein Erfolg begründet. Nachdem alle Regeln für das Medium festgelegt, alle Grundelemente eingeführt und durchprobiert, alle Möglichkeiten entdeckt worden waren, benutzte mit Sigeru Miyamoto zum ersten Mal jemand das Medium, um sich damit auszudrücken. So wie in früheren Zeiten Menschen ihre Sehnsucht nach der Kindheit in Romanform gestalteten oder Mitte des 20. Jahrhunderts den Film als Mittel gewählt hatten, ihre Schaffenskrisen oder erotischen Phantasien zu verarbeiteten, so konnte jetzt das Computerspiel zu ähnlichen Zwecken benutzt werden. *Donkey Kong* hatte einen eigenen Stil und eine eigene Sicht der Dinge. Außerdem bot es keine Alternativwelt wie *Space Invaders* oder *Pac-Man* an, in denen man Alternativaufgaben lösen mußte, sondern es nahm Elemente der Realität auf, um ihre versteckten

Möglichkeiten, ihre Geheimnisse zu offenbaren. Nichts ist langweiliger als ein Baugerüst? Falsch! Denn dorthin könnte ein Gorilla unser Mädchen verschleppt haben. Metallfässer stehen einfach nur herum und enthalten so öde Sachen wie Altöl oder Terpentin? Wieder falsch! Wenn sie auf uns zurollen, werden sie zu gefährlichen Hindernissen, und wenn sie explodieren, entstehen Riesenamöben oder Flammenwesen, die uns jagen.

Wenn es das Merkmal von Literatur ist, uns ganz eigene Sichtweisen auf die Welt, in der wir leben, zu präsentieren, dann war *Donkey Kong* das erste literarische Computerspiel. Es erzählte eine Geschichte, und zwar nicht mit Hilfe der obligatorischen Hintergrundstory auf der Packung, sondern während man spielte. Allerdings erzählte es mehr von der Welt als Raum und nicht so sehr von den Menschen in dieser Welt, wie es Bücher tun. Das ist ein Unterschied zwischen Computerspiel und Literatur. Romane beschreiben, wie Menschen sich fühlen, wenn sie auf ihr bisheriges Leben zurückschauen und daraus für ihr weiteres Leben Konsequenzen ziehen wollen. Computerspiele beschreiben die Möglichkeiten, die sich jeden Moment ergeben und die man genau dann nutzen muß. Man kann nicht darüber nachdenken, sondern muß handeln. So oft und so viel es geht. Alles kann Möglichkeiten bieten, alles muß erforscht werden, es muß immer weiter gehen, es gibt keine Pause. Unser Leben geht ja auch weiter, egal, ob ich im Moment auf dem Sofa vorm Fernseher das Gefühl habe, alles stünde still.

Donkey Kong war zwar noch ein reinrassiges Arcade-Spiel, es feierte aber auch Triumphe in den kleinen *Game & Watch*-Geräten von *Nintendo* und in Gestalt unzähliger Lizenzprodukte für Heimvideospielgeräte. Das war alles nur eine Vorbereitung auf das wahre Schicksal, das uns erwartete: Computer. So wie Märchen eine verfremdete Version der Wirklichkeit darstellen, die dadurch um so eindringlicher wirkt, so erzählte uns *Donkey Kong* von einer Welt, in der alles möglich ist, in der wir mit einigen Handgriffen Meister über das Chaos sein könnten. Einer Welt, die mit dem Computer Realität werden würde. Jemand wie Sigeru Miyamoto konnte Computer dazu benutzen, seine eigene Welt zu erschaffen, warum sollten wir das nicht auch können? Durch solche Spiele bekamen Computer das Image von Zauberkästen. Auch wenn wir noch nicht genau wußten, wie wir tatsächlich die Welt damit verändern können, saßen wir doch fasziniert davor und tippten kleine »Peek und Poke«-Programme ab, um einen »Sägezahn«-Ton über den Fernsehlautsprecher zu erzeugen oder ein Geräusch entstehen zu lassen, als fiele ein Tennisball in ein leeres Metallfaß. Es war egal, daß wir die Maschinensprachbefehle nicht verstanden, trotzdem hatten wir diesen Kasten dazu gebracht, unseren Fernseher ganz andere Sachen machen zu lassen. Die Welt würde eines Tages uns gehören, und dann würde sie genauso verrückt werden, wie in *Donkey Kong*. Und nur wir würden uns auch dann noch in ihr zurechtfinden.

Der Star war nun nicht mehr eine gelbe Scheibe, die Punkte fressen konnte, sondern die Maschine selbst. Das Spiel war nur eine Erzählung von den Möglichkeiten, die sich mit solchen Kästen bieten. *Nintendo* hatte das zunächst nicht verstanden. Sie dachten, der Titelheld ihres Spieles wäre der Garant für den Erfolg, und schickten ihn in mäßige Fortsetzungen wie *Donkey Kong Jr.* und Ähnliches. Aber er war ein One-Hit-Wonder und so verschwand er irgendwann wieder in der Versenkung, um dann in den späten neunziger Jahren ein Comeback zu versuchen. Der kleine Zimmermann aber fühlte sich von seinen Arbeitgebern schlecht behandelt und kehrte dem ganzen Busineß erst einmal den Rücken zu. Er nannte sich nach einem Lagerarbeiter von *Nintendo America* »Mario«, ließ sich zum Klempner umschulen und machte mit seinem Bruder Luigi eine eigene Firma auf, die Wasserleitungen von Schildkröten säuberte und später, als es schlechter lief, Torten in Lastwagen verlud. Den Durchbruch als Star hatte er allerdings, als er Sigeru Miyamot als Ghostwriter engagierte, um seine Erlebnisse in einem seltsamen Land zu veröffentlichen. Ihm zu Ehren wurde diese Welt aus Riesenpilzen und freischwebenden Ziegelsteinen sogar »Super Mario Land« genannt. Doch das ist eine andere Geschichte.

: *Bonusspiel* : Ausnahmekonzepte

Drei junge Spiele möchte ich aus dem bunten Überangebot herausgreifen, um kurz zu schildern, inwieweit sie in ihrer Erzählform und -darstellung Neuland betreten.

Driver (GT Interactive Software, 1998)

Driver ist ein Fahrspiel, ohne ein Rennspiel zu sein. Es geht um Verfolgungsjagden, darum, entweder den Cops zu entkommen oder anderen Wagen im dichtesten Verkehr so lange an der hinteren Stoßstange kleben zu bleiben und sie zu rammen, bis diese endlich aufgeben. *Driver* hat den Gangsta-Style, *Driver* nimmt die Siebziger aus den Boutiquen und bringt sie wieder zurück auf die Straße.

Daß das Spiel aus den Versatzstücken unzähliger amerikanischer Kriminalfilme und Fernsehserien zusammenmontiert ist, liegt nicht an der Einfallslosigkeit der Spielautoren, sondern ist als bewußtes kulturelles Remix-Programm zu verstehen. Der in einer Tiefgarage angesiedelte Eingangstest ist direkt dem Film *Driver* entnommen, und die unterschiedlichen Missionen enthalten Elemente aus *French Connection, Bullitt, Die Straßen von San Francisco, Vanishing Point, Starsky & Hutch, Kojak, Cannon, Gone in sixty Seconds, Two-Lane Blacktop*, diversen Blaxploitation-Movies sowie der Achtziger-Ikone *Miami Vice*. Ein Computerspiel wird somit zum nostalgischen Rezitator, kombiniert mit den Eigenschaften eines Teilchenbeschleunigers, denn *Driver* bietet ja nicht nur *Retro*, sondern gleichzeitig den ungebremsten Aktionismus der Jahrtausendwende. Die kamikazehafte Aggressivität zum Beispiel, mit der in der Abschlußmission sowie im Spielmodus »Überleben« sämtliche Polizeifahrzeuge der Stadt hinter einem her sind, spottet jeder vernünftigen Beschreibung.

Es ist nur folgerichtig, daß das Spiel mit einem ausgefeilten Regie-Modus ausgestattet wurde, der den Spieler in die Lage versetzt, seine selbst durchlebten Verfolgungsjagden mit verschiedenen Kameras zu choreographieren und sie sich anschließend abzuspeichern, um sich eine Best-of-Kollektion adrenalinerzeugender Actionsequenzen anzulegen. Man ist Stuntman, Hauptdarsteller, Kameramann und Regisseur in einer Person, darüber hinaus – innerhalb der Handlung – Held und Schurke, denn der Protagonist führt undercover diverse Aufträge für ein Verbrechersyndikat aus. In seinen besten Momenten hat *Driver* etwas von einer neuartigen bewußtseinserweiternden Droge, die einen im selben Atemzug heiß und cool macht, die einen mitten hineinschleudert ins Geschehen und gleichzeitig dazu zwingt, analytisch aus sich selbst herauszutreten. In einer wahnsinnig gewordenen Umgebung scheint das eigene Beschleunigungsmoment die einzige verläßliche Konstante zu sein, aber der Schlüssel zum Erfolg liegt darin, kontrolliert ins Schleudern zu geraten.

Schade, daß ausgerechnet die Musik die Schwachstelle von *Driver* ist. Hätte man bei *GT Interactive* ein bißchen tiefer in die Tasche gegriffen und sich ein paar Originalscores von Curtis Mayfield oder Lalo Schifrin besorgt, wäre *Driver* als reminiszentes Kunstwerk absolut perfekt geworden.

Die Frechheit jedoch, mit der ausgerechnet ein *Spiel* daherkam und für sich die einzige, authentische Erbfolge eines gesamten populärkulturellen Stiles reklamierte, katapultierte das Medium Computerspiele in neue Aufmerksamkeitsbereiche.

Metal Gear Solid (Konami, 1999)

Im Untertitel heißt es: Tactical Espionage Action. Die Gegner tragen klangvolle Namen wie Revolver Ocelot, Vulcan Raven und Sniper Wolf. Der Held ist ein genetisch optimierter Super-Soldat, der gegen sein eigenes Alter Ego kämpft: seinen bösen Klon-Zwilling, der genauso klug und kräftig ist wie der Held, aber nicht so ein fügsames und duldsames Teilchen eines korrupten militärischen Betriebssystems.

Trotz all seiner zahlreichen Gimmicks, trotz des Zigarettenrauchs, dem Pappkarton, der Stromstoßfolter, den ferngelenkten Granaten, dem Schwitzkasten mit der inoffiziellen Genickbruchtechnik, der halbstündigen Briefingsequenz zu Beginn, dem regen Funkverkehr, dem optisch getarnten Cyborg-Ninja, dem aufgrund der Kälte sichtbaren Atem, dem ein Dutzend Fachbegriffen aus der Metal-Gear-Chronologie, dem umfangreichen Virtual-Reality-Infiltrationstraining, dem riesigen Kampfroboter und dem aus mehreren Phasen bestehenden Finale, ist es die Art und Weise, wie *Metal Gear Solid* seine Geschichte erzählt, die außergewöhnlich ist.

Obwohl das Spiel von Gewaltanwendung und militärischer Präzision handelt – weil Gewaltanwendung und militärische Präzision die Fixpunkte jeglicher *Tactical Espionage Action* sind –, werden auf ungewöhnlich insistierende Weise immer wieder Sinn und Moral in Frage gestellt. Während des andauernden Funkverkehrs mit der Einsatzbasis entpuppen sich sämtliche scheinbar festgefügten Schemata von Loyalität und Motivation als komplexes Geflecht aus Desinformation und Selbsttäuschung. Die sechs Terroristen sind anfangs nur bedrohliche Chiffren, bekommen jedoch während ihrer ausufernden Sterbesequenzen Gelegenheit, ihre tragischen Lebensgeschichten zu offenbaren. Erst im Moment des Todes legitimieren sie sich als lebendige Menschen. Ein Raketencountdown ist Motor und Herzschlag des gesamten Spieles, aber obwohl dieser Countdown rechtzeitig gestoppt werden kann, bleibt eine Atmosphäre von Vergeblichkeit, von »Zu spät« bestehen. Es gibt reale Filmeinspielungen zu sehen, die vor der Gefahr des Atomwaffenmißbrauchs in der zerfallenen und somit unkontrollierbar gewordenen Sowjetunion warnen. Der geheimnisvolle Ninja-Cyborg entpuppt sich als alter Bekannter, der bereits sämtliche Stadien vom Verbündeten bis hin zum Endgegner durchlaufen hat. Die charismatischen Bösewichter, mit denen der Held sich im Verlauf des Geschehens nacheinander messen muß, wirken wie unterschiedliche Anteile seiner eigenen Persönlichkeit. Der Stoizismus, mit dem er ungeachtet allen inneren Aufruhrs seine Mission absolviert, thematisiert den Automatismus des Spieles an sich. Man muß voranschreiten, ein definierter Endpunkt muß erreicht werden, aber die Mission gerät zur Initiation, und das nicht nur für den Helden. Es gibt einen Moment in *Metal Gear Solid*, wo ein gasmaskierter Telekinet die Anzahl der bislang vom Spieler durchgeführten Speicherungen analysiert und daraus folgert, ob der Held ein Draufgänger oder ein vorsichtiger Mensch – sprich: Feigling – ist. Es ist der *Spieler*, nicht der Protagonist, der hier von einer Figur namens Psycho Mantis psychoanalysiert wird.

Da *Metal Gear Solid* in seiner gesamten perfektionistischen Präsentation auch einer der ersten ernstzunehmenden Vertreter einer neuen Erzählform war – man sprach von einem »interaktiven Actionfilm« –, zeigte dieses Spiel aufgrund seines inhaltlichen Tiefgangs Defizite vor allem des zeitgenössischen Unterhaltungskinos auf, in dem Figuren meist schablonenhaft, Handlungsverläufe reißbrettartig und auch die Dialoge und »überraschenden Wendungen« extrem vorhersehbar sind. Defizite, die im Kino für absehbare Zeit noch fortbestehen werden, an deren Eliminierung in der Erzählform Computerspiel jedoch bereits gebastelt wird.

Vagrant Story (Squaresoft, 2000)

Ashley Lionet ist ein junger Riskbreaker-Agent, dessen Frau und Sohn von einem streunenden Raubmörder umgebracht wurden. Oder war es ganz anders? Waren die Frau und das Kind gar nicht *seine* Frau und *sein* Kind, und daß er sie nicht retten konnte, ist genauso schlimm, als hätte er sie selbst getötet? Hat sein eigenes durch Loyalitätsschwüre verzerrtes schlechtes Gewissen seine Erinnerungen verfremdet? Oder haben seine Vorgesetzten seine Erinnerungen bewußt verfälscht, um eine familiär ungebundene Killermaschine aus ihm zu machen? Ist es denkbar, daß der Anführer einer okkulten und illegalen Sekte, Sydney Losstarot, den Ashley in der versunkenen Stadt Le Monde aufspüren und zur Strecke bringen soll, der einzige ist, der ihm die Wahrheit über seine eigene Vergangenheit sagt? Oder ist Sydney der abtrünnige Sohn von Ashleys Auftraggeber, und handelt es sich bei allem um eine als politisch bemäntelte Familienfehde, in der Ashley nichts weiter als eine Schachfigur darstellt?

Die Wahrheit ist wiederum eine andere und gleichzeitig eine Kombination aus all diesen Teilwahrheiten.

Vagrant Story, ein in einem fiktiven Mittelalter angesiedeltes Action-Adventure mit einer ausgefallen modernistischen Ritter-Stilisierung, bietet außer dem Durchlaufen labyrinthischer Dungeons und dem Erlernen von Waffenherstellung und ausgefeilter Kampftechnik jede Menge Spielraum für ein aufwendiges Personarium. Alle wichtigen Figuren (wie auch bei *Metal Gear Solid* gibt es etwa fünfzehn tragende Charaktere) sind durch feine Beziehungsfäden entweder miteinander verwoben oder voneinander abgegrenzt. Nicht nur die Namen (z. B. Romeo Gildenstern) kombinieren Elemente aus verschiedenen Shakespeare-Dramen, sondern auch die Gesamtgeschichte, welche Freundschaften und Feindschaften, Liebe und Trauer, Treue und Verrat, Vergeltung und Vergebung, Gier und Aufopferung in gleichen Anteilen enthält, würde einem klassischen Bühnenstück zur Ehre gereichen. Es ist wahrscheinlich kein Zufall, daß auch die Stadt Le Monde wie eine Theaterkulisse aussieht: sorgfältigst ausgearbeitet zwar, jedoch mit scharf umrissenen Rändern, hinter denen nichts ist, und grün beleuchteten Ein- und Ausgängen, über die die Figuren ihre dramatischen Auftritte und Abgänge absolvieren. Hat man einen der zahlreichen Zwischenendgegner bezwungen, kann man wie an einem Einarmigen Banditen einen rotierenden Fähigkeitszuwachs ergattern. Spielt man das Spiel ein zweites Mal durch, werden zusätzliche Trainingräume freigeschaltet, in denen man versuchen kann, seine Bestzeiten im Monsterbekämpfen zu unterbieten. *Vagrant Story* ist sich seines Daseins als Spielbühne bewußt, ist sich selbst bewußt, ist selbstbewußt und stellt dieses Selbstbewußtsein ungeniert zur Schau.

Am Ende erweist sich ohnehin alles nur als Spiel. Die Stadt Le Monde ist nichts weiter als ein gigantischer Trainingsplatz zur Erlernung magischer und kämpferischer Fähigkeiten. Sydney Losstarot hat Ashley Lionet durch Le Monde gescheucht, damit dieser immer stärker wird und am Ende in der Lage ist, Sydneys magisches Erbe anzutreten. Je länger der Verfolger den Verfolgten verfolgt, desto vollständiger dient der Verfolger den Plänen des Verfolgten. Am Ende ist eine neue Kategorie von Held geboren – »der Wanderer« genannt – und im Abspann erhält selbst das gesamte Spiel einen neuen Titel. Aus *Vagrant Story* wird *The first Vagrant Story: Phantom Pain*. Ob weitere Folgen mit »dem Wanderer« produziert werden, ist eher unwahrscheinlich und zumindest bisher noch in keinster Weise angekündigt, und so wird *Vagrant Story* zum aufwendigen Pilotfilm für ein episches Drama, das vielleicht zu kompliziert ist, um jemals in Serie zu gehen.

Diese drei Beispiele – *Driver* mit seiner an den Fernseh-Kindheitserinnerungen der heute Dreißig- bis Vierzigjährigen geschulten Quersummen- und Archivfunktion, *Metal Gear Solid* mit seinem philosophisch-philanthropischen Überbau und *Vagrant Story* mit seiner theatralischen Dramaturgie und seinen selbstreferentiellen Meta-Ebenen – verdeutlichen eines:

Jenseits von Buch, Film, Fernsehen und Theater hat sich in den letzten Jahren eine neue Erzähl- und Erzählungsverwertungsform gebildet, deren Leistungen bedauerlicherweise fast unter Ausschluß der Öffentlichkeit stattfinden. Selbst wenn neue Computerspiele in Zeitschriften oder Zeitungen besprochen werden, handelt es sich immer nur um Oberflächenbewegungen. Eine Buchrezension wird – idealerweise – verfaßt, nachdem das Buch gelesen wurde. Eine Film- oder Theaterrezension, nachdem der Film oder das Theaterstück gesehen und darüber nachgedacht wurde. Da Computerspiele einen Zeitaufwand von fünfzig oder mehr Stunden erfordern und kaum ein Redakteur in der Lage ist, ein derart tiefgehendes Durchspielen zu leisten, fehlen diesem Medium in der Öffentlichkeit die Möglichkeiten zur Reflexion und Analyse.

Die Leidtragenden dabei sind aber nicht die Spielehersteller; die verdienen innerhalb ihres ihnen zugestandenen Marktsegments ihr Geld. Leidtragend ist die Öffentlichkeit, die sich in einer selbstauferlegten Askese übt, indem sie sich die Früchte einiger ihrer innovativsten Erzählkonzepte vorenthält.

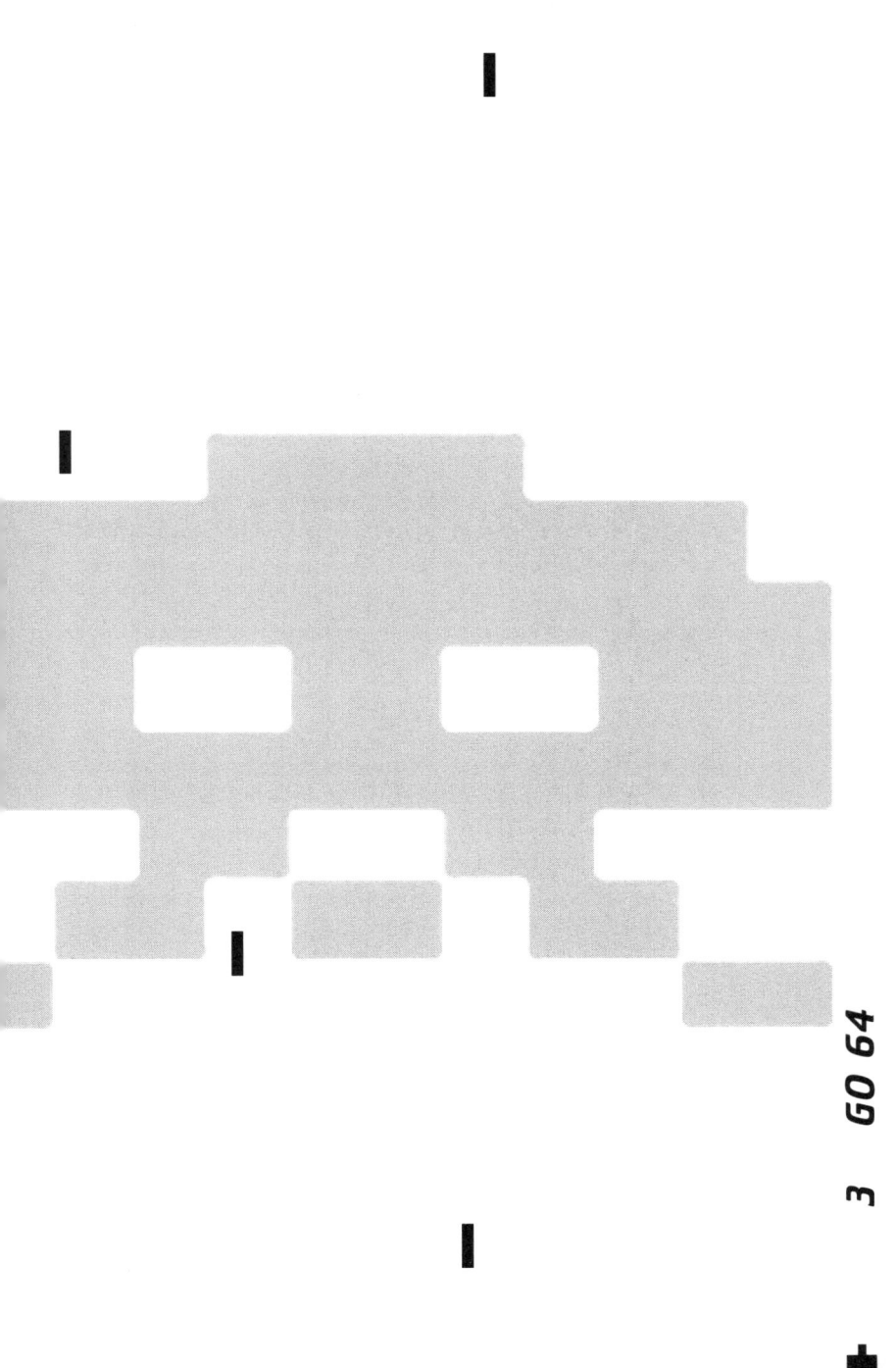

3 GO 64

Auch wenn es Dauerspieler gab, die mehr als zwei Tage lang ein einziges *Asteroids*-Spiel aufrechterhalten konnten, so war das die Ausnahme. Die meisten schmissen einen Vierteldollar nach dem anderen in den Automaten, weil sie schon nach fünf Minuten alle drei
Raumschiffe gecrasht hatten und auf ein nüchternes »Game Over«
starrten. Das war ja auch das Interesse der Automatenhersteller. Das
Spiel sollte so einfach sein, daß man das Gefühl bekommen sollte, es
meistern zu können, aber so schwer, daß man immer wieder dabei
scheiterte und ein neues Spiel bezahlen mußte. Nur dann waren die
Automaten profitabel und nur dann wollten Leute sie in ihrer Kneipe, ihrer Bowlingbahn, ihrer Eisdiele aufstellen. Niemand wäre auf
den Gedanken gekommen, ein Spiel zu entwickeln, bei dem man
nächtelang vor dem Bildschirm grübeln muß und ständig herumprobieren kann, welche Aktion nun am sinnvollsten sein könnte.

Ein solches Spielkonzept konnte also nur außerhalb des kommer-
ziellen Betriebes entwickelt werden, im Untergrund gewissermaßen.
Verborgen vor den Augen der Öffentlichkeit erlebte man dort Abenteuer, die nur ein Handvoll auserwählter Gefährten mit einem teilte.
Und obwohl die Welt dort oben nichts davon mitbekam, lag das
Schicksal der gesamten Menschheit in den Händen einiger weniger,
die den Mut aufbrachten, sich gegen die Mächte des Bösen zu stellen. Leuten wie Bilbo und Frodo Beutlin, ihres Zeichens Romanfiguren aus der Feder von J. R. R. Tolkien, deren Lebensinhalt eine gute
Pfeife, eine Pfanne voll Spiegeleier und ein bequemer Sessel im
Wohnzimmer ihres Erdlochs gewesen war, bevor der Zauberer Gan-
dalf sie herauszerrte und mit der Bekämpfung von Drachen oder der
Zerstörung eines magischen Ringes betraute. Ihrem Beispiel folgten
Tausende von Jugendlichen und jungen Erwachsenen, indem sie
sich in die Erdlöcher ihrer Elternhäuser verkrochen, die einst Partykeller oder Waschküchen gewesen waren, und mit einem Regelbuch
und unzähligen 20seitigen Würfeln riesige Labyrinthe entstehen
ließen, in denen sie gegen Orks kämpfen oder Holztruhen durchsuchen mußten.

Das Ganze trug den Namen *Dungeons & Dragons*, womit schon so
ziemlich alle Aspekte dieses Spiels abgedeckt waren. Gehe durch

Räume, hauptsächlich unterirdische Labyrinthe, und kämpfe gegen Gegner, hauptsächlich solche Fabelwesen wie Drachen. Viel mehr passierte dort eigentlich nicht. Die Eltern, die kurz vor Mitternacht noch mal vorbeischauten, sahen ihre Kinder mit ihren Freunden auf dem Fußboden sitzen, auf Karopapier Striche malen und gelegentlich ein paar Würfel werfen. Aber alle gingen dabei sehr konzentriert zu Werke und dachten gar nicht daran, ins Bett zu gehen.

Das war wohl der Hauptreiz dieses Spiels, daß man sich innerhalb des Alltags plötzlich nach innen wenden konnte, eine eigene Zeit innerhalb der normalen Zeit schaffen konnte, einen Raum belebte, der überhaupt nur durch das Zusammensein mit den anderen existierte. Auch der *Herr der Ringe*, dieses wohl einflußreichste Buch des 20. Jahrhunderts außerhalb der Literaturwissenschaft, handelt, wenn man es genau nimmt, nur von der sinnstiftenden Kraft einer Gemeinschaft, der Rest der Geschichte ist ein bloßes »Wie komme ich von A nach B?« Was Frodo eigentlich macht, ist nicht den Ring zu zerstören, das ist nur der Aufhänger, sondern die Welt miteinander zu vernetzen, Zwerge und Elben gemeinsam auf einem Pferd reiten zu lassen, die Leute von Helms Klamm mit den Ents aus Fangorn bekannt zu machen, den Reitern von Rohan von den Wundern Loriens zu erzählen. Gemeinsam hatten sie eine große Geschichte, gegen die der Vereinheitlichungsdrang des bösen Herrschers Sauron nichts mehr ausrichten konnte.

Eine Gruppe von jungen Programmierern aus Boston, die gemeinsam für die Firma *BBN* die Protokollsprache für *ARPA-Net*-Übertragungen entwickelt hatten – ein Protokoll, das heute immer noch die Grundlage für den Datenverkehr des Internets bildet – traf sich 1975 regelmäßig, um eine Tolkien-Version von *Dungeons & Dragons* zu spielen. Einer von ihnen, Will Crowther, spielte den einfachen Dieb Willi, während die anderen so phantastische Namen wie Zandar, Klarf oder Groan trugen und Zauberer, Elfen oder Krieger waren. Ihr Spiel dauerte ein Jahr. Keine unübliche Zeit für ein Rollenspiel, das in gewisser Weise ewig weitergehen kann, weil es eigentlich ein Leben darstellt. Für Will Crowther war es eine Fortsetzung seines größten Hobbys, dem Höhlenwandern, nur mit anderen Mitteln. Gemeinsam mit seiner Frau Pat hatte er lange Erkundungen des *Mam-*

moth und *Flint Ridge* Höhlensystems in Kentucky unternommen, die sie auf computergestützten Karten festgehalten hatten.

Es mag andere Gründe als Crowthers nächtelange *Dungeons & Dragons*-Sitzungen gehabt haben, jedenfalls ging während dieser Zeit die Ehe von Will und Pat in die Brüche. Plötzlich gab es keine gemeinsamen Höhlenabenteuer mehr und für seine Töchter, die bei der Mutter blieben, verwandelte sich der Vater vom Familienmitglied zum gelegentlichen Besucher. Um diese Situation zu verarbeiten, begann er, ein Computerspiel zu schreiben, das er mit seinen Töchtern würde spielen können. Er wollte wieder etwas Gemeinsames mit ihnen teilen können. Als Grundlage für das Programm dienten ihm seine Erfahrungen mit dem *Dungeons & Dragons*-System sowie die Computerkarten der *Mammoth Cave.* »Meine Absicht war es«, so erzählte er es später Rick Adams für dessen Artikel »The Crowther and Woods ›Colossal Cave Adventure‹ game«, »ein Computerspiel zu schreiben, das nicht abschreckend auf Leute wirkt, die nichts mit Computern zu tun haben; und das war einer der Gründe, warum ich es so gestaltete, daß der Spieler es durch die Eingabe von normaler Sprache steuert, anstatt irgendwelche Standardbefehle zu benutzen. Meine Kinder hatten jedenfalls großen Spaß.« Genau wie beim Rollenspiel auf dem Kellerfußboden gab es nichts außer Sprache, um phantastische Räume zu erzeugen. Die Schwärze des Bildschirms, auf der sich die Sätze befanden, unterstützte die Illusion, sich in dunklen, unterirdischen Räumen zu befinden.

Für einen Internet-Pionier wie Will Crowther war es selbstverständlich, daß sein Programm für jedermann frei zugänglich war, also verschickte er es an alle Freunde und forderte sie auf, es ihrerseits weiterzuverbreiten. Denn nur, wenn man sich voneinander erzählt, wird man eine große gemeinsame Geschichte haben, auf die andere keinen Einfluß mehr haben können. Das Spiel mit Namen *Adventure* (manchmal auch *Colossal Caves* genannt) lief bald neben *Spacewar!* auf allen Computeranlagen der USA. Unter anderem auch im *Artificial Intelligence Lab* der *Stanford University*, wo der Wissenschaftler Don Woods es 1976 zum ersten Mal spielte. Er war begeistert, hatte aber den Eindruck, daß man das Spiel noch entscheidend verbessern könnte. Ohne Einwilligung des Autors wollte er aber nichts unternehmen. Diesen zu kontaktieren, war ein Problem, denn außer dem Namen Crowther fand Woods keine Angaben über die Urheberschaft. In seiner Not schickte er einfach eine E-Mail an alle ihm bekannten *ARPA-Net*-Domains, indem er jeweils »Crowther« vor das @-Zeichen setzte. Es funktionierte, und er erhielt Will Crowthers Genehmigung, *Adventure* zu verbessern. Woods erhöhte die Komplexität des Labyrinths und der Aufgaben, außerdem führte er wieder Elemente der Tolkien-Welt in das Spiel ein, auf die Crowther verzichtet hatte. Die Popularität des Spiels auf den Universitätsrechnern im ganzen Land erhöhte sich dadurch immens. Viele Studenten in ihrem letzten Studienjahr sollen wegen *Adventure* ihren Abschluß nicht haben machen können, munkelt man.

Ob die Studenten Marc Blank, David Lebling, Tim Anderson und Bruce Daniels am *Laboratory for Computer Science* des *Massachusetts Institute of Technology* diesem ersten Text-Adventure begegneten, ist nicht belegt. Man darf jedoch vermuten, daß *Adventure* sie 1977 dazu inspirierte, selbst ein Computerspiel dieser Art zu schreiben. Alles sollte ein großes Rätsel sein, also gab es keine Vorgeschichte, keine Anleitung, keinen Auftrag. Die gesamte Geschichte sollte sich erst im Laufe der Nachforschungen ergeben, ein bißchen so, als hätte man sein Gedächtnis verloren und würde jetzt mit jedem Schritt, den man tut, ein bißchen mehr davon erfahren, wer man eigentlich ist.* Deshalb durfte das Spiel auch keinen Namen haben, der irgendeinen Hinweis in irgendeine Richtung geben würden. Sie verwarfen eine ganze Menge Namen, bis einer von ihnen das Nonsens-Wort »Zork« vorschlug, das absolut keine Bedeutung hat. Sofort war es beschlossene Sache, daß ihr Textadventure *Zork* heißen sollte. Zwei Jahre schrieben sie an diesem Programm, bevor sie es 1979 auf dem großen *LCS*-Rechner im Institut installierten. Jeder, der dort als Benutzer registriert war, hatte Zugriff auf dieses Programm. Weil der Rechner allerdings auch am *ARPA-Net* angeschlossen war, konnten sich Leute aus der ganzen Welt als Besucher registrieren lassen. Sechs Leute konnten gleichzeitig *Zork* spielen, und alle sechs Plätze waren ständig belegt. Nach wenigen Wochen erschien schon der erste Zeitungsartikel über das Spiel.

* Tatsächlich hat es später Adventures gegeben, die genau diese Ausgangsposition für ihre Geschichte benutzten.

Was war so faszinierend an *Zork*, daß Menschen auf der ganzen Welt sich auf diesem Server einloggten und stundenlang das Terminal blockierten? Für Außenstehende sah es so aus, als ob sie wie hypnotisiert auf einen Bildschirm starrten, auf dem nichts geschah, außer daß ein »>« mit einem blinkenden Cursor dahinter unter ein paar Sätzen stand. Gelegentlich schüttelte es diese Menschen, dann tippten sie ungefähr zwölf Buchstaben, hämmerten auf die Eingabetaste und fielen wieder in ihre Erstarrung. Warum übten die Sätze »West of House. You are standing in an open field west of a white house, with a boarded front door. There is a small mailbox here.« einen so starken Reiz aus, daß man mit schmerzender Blase und trockener Zunge an den Monitor gefesselt blieb, statt es sich gutgehen zu lassen?

Vielleicht genau das. Diese Möglichkeit, sich innerhalb eines Kommunikationssystems zu befinden, bei dem nicht feststeht, ob man auf die Toilette gehen sollte, wenn man auf die Toilette gehen muß, oder ob man einfach etwas trinkt, wenn man Durst hat. Sondern bei dem man neue Reaktionen auf die eigene Situation ausprobieren mußte. In der Küche dieses weißen Hauses stand eine Flasche Wasser. Man konnte sie trinken, aber war das sinnvoll? Denn das Wasser war dann weg. Unter Umständen wäre es in einigen Stunden sehr viel nützlicher, wenn man etwas damit abwaschen oder ein seltsames Pulver auflösen könnte. Oder auch nicht, wer weiß? Kein Wunder, daß man wie paralysiert auf den Bildschirm starrte. Jede Situation stellte eine Weggabel dar, aber entschied man sich für eine Seite, verschwand alles dahinter, es gab kein Zurück. Jeder Schritt mußte wohlüberlegt sein. Also nahm man erst einmal alles mit, was einem unter die Finger kam, die Flasche, einen Sack Zwiebeln, ein Messer, ein Schwert, eine Taschenlampe, ein Fabergé-Ei. Was eben so normalerweise in einem weißen Haus herumliegt. Irgendwann könnte es mal nützlich sein. Und bloß nicht aufs Klo gehen, wer weiß, vielleicht veränderte sich in der Zwischenzeit der Bildschirm oder man wurde vom geheimnisvollen »Grue« gefressen, der die dunklen Räume bewohnte.

Noch wichtiger allerdings war, daß man plötzlich mit einem Computer reden konnte. Beziehungsweise, daß er mit einem redete. Das war nicht mehr nur im Ralph Baerschen Sinne »Sex mit der Maschine«, sondern ein geistiger Gleichklang, ein Kennenlernen von inneren Werten. Wobei reden hier weniger die Benutzung von Sprache bedeutet. So etwas hatte es auch schon gegeben, entweder, indem man selbst Maschinensprache lernte, oder indem Programme wie *Eliza* eine Psychotherapeutin simulierten, die auf jede Eingabe erwiderte »Hm, interessant, erzählen Sie mir mehr davon.« Nein, hier bedeutete Reden, daß man sich über dieselben Erfahrungen unterhalten konnte, daß man sich gegenseitig verstand, daß man sich mit der Weltsicht des anderen identifizieren konnte.

Denn was war das Umherirren in einem Netz von Möglichkeiten, das Kombinieren von Gegenständen und das Lösen eines Rätsel anderes als die erzählerische Darstellung eines Computerprogramms? Jeder, der einmal versucht hat, ein Programm zu schreiben, sei es mit dem *C64*-Basic oder mit *Pascal* auf den Computern in der Schule oder sogar mit *Fortran, Lisp,* gar *Assembler,* wird bestätigen können, daß es hauptsächlich darauf ankommt, eine richtige Wegbeschreibung zu erstellen. Das heißt dann zwar Flowchart oder Algorithmus, aber im wesentlichen ist es dasselbe. Wo gehe ich hin, wenn ich an die erste Entscheidungsgabel komme, wann wird es einen Weg zurück geben, wie lange halte ich mich an dieser Station auf, was muß ich von diesem Punkt mitnehmen und woanders wieder einsetzen? Das Spielen von Text-Adventures vermittelte uns das Konzept des Programmierens, ob wir es nun merkten oder nicht. Schon bei *Dungeons & Dragons* konnten wir damit vertraut werden, richtig Sinn hatte es aber erst auf dem Computer, weil jetzt die Maschine selbst ihre Geschichte erzählte.

Der Journalist David S. Bennahum hat in seinem Buch *Extra Life* rückblickend seine eigene Sozialisation genau so empfunden. Im Rollenspiel lernte man Fähigkeiten, die man auch in der Schule hätte lernen können, denen dort jedoch keine Bedeutung beigemessen wurden. Aus Kindern, die allergisch auf das Wort »Mathematik« reagierten, wurden im Spiel kleine Rechenmaschinen. »Zusammen agierten wir wie ein Computer, indem wir die Objekte zusammenfügten (das Schwert kombiniert mit dem Zauberspruch) und ihre relativen Werte und Ergebnisse berechneten, die Würfel über den Boden rollten, die Stifte hielten und die Blätter in der Hand hatten, auf denen unsere Habe und der momentane Stand unserer Gesundheit verzeichnet waren, der ständig neu berechnet wurde und zu einer neuen Berechnungsrunde weiterleitete. Diese Spiele veränderten meine Fähigkeiten. [...] Aus freien Stücken gingen wir außerhalb der Schule Probleme an – Mathematik, Wahrscheinlichkeitsrechnung, Kartographie –, deren Grundlagen selten Zehnjährigen zu vermitteln versucht wurde. Auf sehr subtile Weise lernten wir eine besondere Art zu denken, die man vielleicht als Systemanalyse bezeichnen könnte.«

Vor diesem Hintergrund ist es nur plausibel, daß die Gruppe um Marc Blank nach ihren Programmiererfahrungen mit *Zork* in das kommerzielle Geschäft mit Software einsteigen wollten, und zwar mit Büroanwendungen. Ihnen schwebte eine neuartige, leistungsstarke Datenbankanwendung vor, die für den Einsatz auf PCs gedacht war. Der Schritt von Inventory-Listen in einem Adventure zur Verwaltung von Lagerbeständen mittels eines Heimcomputers ist ein sehr kleiner. Also gründeten sie am 22. Juni 1979 die Firma *Infocom*, deren Name schon die seriöse Ausrichtung des Unternehmens anzeigte. In den Wochen nach der Gründung wurde ihnen allerdings sehr schnell klar, daß eine Firma ein Produkt haben muß, daß sie verkaufen kann, und sich nicht auf die Entwicklung zukünftiger Produkte konzentrieren kann, wenn sie überleben will. Also wurde *Zork* aus der Schublade geholt und für Heimcomputer umgeschrieben – eine enorme Leistung, bedenkt man den Unterschied zwischen den damaligen Heimcomputern und den Großrechnern an den Universitäten.

Der Trick, den die Programmierer anwendeten, war, den Hauptteil des Programms für einen imaginären und universellen Computerchip, die sogenannte *Z-Machine,* zu schreiben und ihn auf der Diskette zu deponieren. Für den Heimcomputer schrieben sie dann ein kleines Programm, das sich Zugriff auf diese *Z-Machine* auf der Diskette verschaffte und sich nur das im Moment Notwendige von dort holte. Mit diesem Kniff hatten sie nicht nur einen der ersten »Virtual Memory Manager« für Heimcomputer geschrieben, sondern auch gewährleistet, daß ihr Produkt ohne Schwierigkeiten für die vielen konkurrierenden Heimcomputersysteme umsetzbar war, die es zur damaligen Zeit gab. Nach den ersten Versionen für den *TRS-80* von *Radio Shack* und den *Apple II* folgten sehr schnell Ausgaben für *Atari, Commodore, IBM* und alle anderen. Textadventure waren somit die ersten Spiele, die das Kompatiblitätsproblem meisterten, das sich mit dem Aufkommen der Heimcomputer ergeben hatte. Denn wenn man spielen wollte, war die Entscheidung für einen Computer Anfang der achtziger Jahre noch eine schwierige Sache. Den Lieblings-Space-Shooter gab es nur für den *Atari*, während das Lieblings-Plattform-Spiel nur auf dem *Commodore* lief. Kaufte man ein System, hatte man keinen Zugriff auf die Spiele des anderen Systems. *Infocom* war die erste namhafte Firma, auf die man sich verlassen konnte.

Der Erfolg der *Infocom*-Spiele beruhte auch darauf, daß sie eine ganz bestimmte Zielgruppe ansprachen, die ziemlich genau mit der Gruppe der Computerbesitzer übereinstimmte. Computer waren zur damaligen Zeit noch so teuer, daß nur bestimmte Bevölkerungsschichten sich einen kaufen konnten. Es waren Ingenieure, Ärzte, Rechtsanwälte oder Bankkaufleute, die einen Computer besaßen, also hauptsächlich wohlhabende Akademiker. Für diese Gruppe war Lesen eine bevorzugte Freizeitbeschäftigung, so daß ein Spiel, das nur aus Text bestand und sich beinahe wie ein Roman benahm, eine logische Erweiterung dieser Beschäftigung darstellte. *Zork* wurde folgerichtig auch in Buchhandlungen angeboten und nicht nur in Elektronikläden.

Daraus ergab sich ein kommerzieller Regelkreis, der für die explosionsartige Weiterentwicklung der Computerindustrie verantwortlich war und sie in der einen oder anderen Form immer noch antreibt: Ein teures Produkt bietet einen bestimmten Freizeitwert, den sich wohlhabende Menschen leisten wollen. Das spült Geld in die Kassen der Entwickler, das sie dafür verwenden können, das Produkt billiger zu machen, so daß es für eine größere Gruppe von Menschen erschwinglich wird. Das Geld aus den Massenverkäufen ermöglicht die Entwicklung von neuen, exklusiven Produkten, die wieder einer wohlhabenden Schicht angeboten werden. Und so weiter. Auf diese Weise sind allein in den letzten Jahren Geräte wie Flachbett-Scanner, CD-Brenner und DVD-Laufwerk zur Standardausstattung von PCs geworden. Mit *Infocom*-Spielen war es ganz ähnlich. Menschen, die einen Computer besaßen, wollten diese Spiele haben, wodurch andere Menschen, die das auch spielen wollten, sich einen Computer zulegten.

Für einige Jahre versorgte *Infocom* die Welt mit großartigen und mehr oder weniger abgedrehten Spielen. Man tauchte aus dem Untergrund von *Zork* auf und betrat Raumschiffe in *Starcross*, man wurde zum Ermittler in *The Witness* und *Suspect* oder erlebte Abenteuer in *Sea Stalker*. Für alle Geschmäcker und Schwierigkeitsstufen gab es das passende Produkt. Dabei setzte sich im Laufe der Zeit ein sehr skurriler Humor durch, der nicht nur die Beschreibungen der Schauplätze oder der Rätsel prägte, sondern sich vor allem in der Interaktion mit dem Sprachverarbeitungssystem, dem sogenannten »Parser«, zeigte. Hatte man zum Beispiel in *The Witness* das Verlangen, die Hauptzeugin zu küssen, dann wurde man unerbittlich darauf hingewiesen, welcher Abschnitt welches Paragraphen der Dienstvorschriften des *Los Angeles Police Department* eine solche Intimität verbietet. Typisch waren auch solch nervenzerreibende Dialoge wie der folgende:

Spieler: »Drücke auf Türklingel.«
Computer: »Du hast doch schon geklingelt, oder?«
Spieler: »Nein.«
Computer: »Ich glaube, du täuscht dich. Ich bin ein Computer und habe deswegen ein fantastisches Gedächtnis. Ich glaube bestimmt, daß du schon geklingelt hast. Kann es nicht sein, daß du dich irrst?«
Spieler: »Nein.«
Computer: »Hmmmm... nun, ich habe zurückgeschaut und ich glaube, du hast tatsächlich noch nicht geklingelt. Willst du es immer noch tun?«

Einen kongenialen Partner fand *Infocom* in *Per Anhalter durch die Galaxis*-Autor Douglas Adams. Die Streitereien, die dessen Figur Arthur Dent mit sprechenden Fahrstühlen oder dem depressiven Roboter Marvin austragen mußte, fanden ihre Umsetzung in einem skurrilen Spiel, bei dem die Kenntnis des Romans eher hinderlich für den Spielerfolg war. Man wußte schon ganz genau, wie die Geschichte weitergehen mußte, verzweifelte aber daran, genau diese Fortsetzung zu erreichen, was einen zur Raserei brachte. Es war völlig klar, daß man einen Babelfisch benötigte, um die Kauderwelsch-

Durchsagen im Vogonen-Schiff endlich zu verstehen, aber der komische Automat in der Ecke schoß den Fisch immer in den Abfluß. Als würde Douglas Adams selbst am anderen Ende sitzen und seine Fans, die ihm an den Lippen hingen und alles auswendig lernten, was er jemals geschrieben und gesagt hatte, durch kleine Veränderungen der *Anhalter*-Welt quälen.

Alles lief perfekt für *Infocom*. Bis Marc Blank und die anderen entschieden, daß sie jetzt das machen sollten, was sie ursprünglich vorhatten: ein Datenbankprogramm zu entwickeln und zu vermarkten. Beinahe der gesamte Gewinn des Jahres 1984 von 10 Millionen Dollar wurde dafür verwendet, das Büroprogramm *Cornerstone* zu entwickeln. Die Belegschaft wurde verdreifacht und man zog in ein neues Gebäude in einer besseren Gegend. Es gab keine Trennung zwischen den verschiedenen Produktbereichen, so daß die Spielabteilung abhängig vom Erfolg des Büroprogramms war. Was bei den Spielen aber der enorme Vorteil gewesen war, ihre Kompatibilität zu verschiedenen Computersystemen aufgrund der *Z-Machine* nämlich, erwies sich bei *Cornerstone* als großer Nachteil. In einem Bereich, bei dem es mit dem *IBM*-PC schon einen Standard gab, erwies sich das Programm mit der *Z-Machine* als zu langsam im Vergleich zu Konkurrenten wie *Lotus 1-2-3*. Die zwar beachtlichen Verkaufszahlen erwiesen sich angesichts der Unterfinanzierung als zu niedrig, um die Firma weiter zu tragen. 1985 machte *Infocom* riesige Verluste und wurde aufgekauft. In den nächsten Jahren verschwand der Markenname *Infocom* ganz. Und mit ihm die Textadventures.

Geblieben ist allerdings das Konzept, sich durch fremde Welten hindurchzubewegen und Rätsel zu lösen. Mit der technischen Weiterentwicklung des Mediums Computer wurde auch das Adventure immer mehr zur Grundstruktur des Computerspiels überhaupt. Zuerst wurden den Texten einfache Bilder beigegeben, die mehr oder weniger das illustrierten, was man auch lesen konnte. Dann begannen kleine Animationen den Text zu ergänzen, etwa in dem enorm erfolgreichen Spiel *Monkey Island*, wo man sich mit einer Figur in Bildern bewegen konnte, gleichzeitig aber auch Text eingeben mußte. Schließlich wurde das Konzept »Adventure« vollständig vom Text befreit und ging in Genres wie dem Ego-Shooter auf. Je perfekter der Eindruck von Wirklichkeit mit der Technik erzeugt werden konnte, desto weniger war man auf Hilfsmittel wie Sprache angewiesen. Aus der Welt wurde das Adventure. Was auch bedeutet, daß aus der Welt immer mehr ein Computersystem wurde. Denn die Idealvorstellungen von einem Computerspiel, die Marc Blank in einem Interview mal mit der »totalen Einbeziehung des Spielers« beschrieben hat, etwas, »an das er beim Aufstehen denkt, während der Arbeit, bis er ins Bett geht«, erfüllt eben nur ein System: die Wirklichkeit.

: *Bonusspiel* : Hundert Stunden ein anderer

Für einhundert Stunden meines Lebens war mein Name Squall Leonhart.

Ich war wieder siebzehn, trug eine alberne Lederjacke mit Fellkragen, nannte ein großes Schwert mit einem Revolverabzug – eine sogenannte Gunblade – mein eigen, und es gelang mir, die Welt vor dem magischen Zugriff einer bitterbösen Hexe zu bewahren.

Das alles ist wahr, nur das mit den einhundert Stunden stimmt nicht so ganz. Gezählt wurde nur die effektive Spielzeit, der Showdown jedoch sowie die vielen Fehlversuche beim Showdown und auch zwischendurch wurden bei der Zeitnahme nicht erfaßt. Wahrscheinlich waren es in Wirklichkeit zwischen hundertfünfzig und zweihundert Stunden. Umgerechnet etwa eine volle Woche. Tag und Nacht. Squall Leonhart.

Die Rede ist von *Final Fantasy VIII*, dem Computer-Rollenspielereignis des letzten Jahres des letzten Jahrtausends.

Ich hatte 1997 bereits den Vorgänger *Final Fantasy VII* gespielt und es geliebt. Die Figuren in der *VII* waren noch typisch japanische Cartoonfiguren mit Kulleraugen und wuschligen Haaren, unter Computerspielern wegen ihres auf das Nötigste reduzierten Körperbaus auch als »Kopffüßler« bekannt. Die *VIII* dagegen glänzte mit realistischen, erwachsenen Personenzeichnungen und Full-Motion-Videosequenzen, die bereits andeuteten, daß in den selben Programmierstudios an einem abendfüllenden computeranimierten Kinofilm gebastelt wurde.

Final Fantasy VIII war das einzige Computerspiel weit und breit mit einem Liebespaar auf dem Titelbild. Der Werbetext auf der Verpackung verhieß nichts weniger als »Die Reise des Lebens«.

Um nachzuvollziehen, welche Aufregung in der Computerspielbranche herrscht, wenn einmal im Jahr ein neuer *Final Fantasy*-Teil erscheint, muß man in die Spiele-Fachmagazine schauen oder ins Werbefernsehen. Die für *Final Fantasy* verantwortliche Softwareschmiede *Squaresoft* läßt sich nicht nur die direkte Spieleherstellung einiges kosten (Produktionsbudget eines *Final Fantasy*-Teils: bis zu 40 Millionen US-Dollar), sondern auch ihre Öffentlichkeitsarbeit, und schaltete für die Episoden VII bis IX grafisch opulente Fernsehwerbespots – sogar in Deutschland, das Computerspielen gegenüber als nicht allzu aufgeschlossen gilt. Die Spielekritiker und Fachredakteure erschlagen sich gegenseitig mit Superlativen, wenn eine neue Folge ins Haus steht. *Final Fantasy* steht für Opulenz, für optische Überlegenheit, ausufernde Plotlines, originelle Detailideen und kurz gesagt auch für den State of the Art. Etwas weniger als das beste, was zur Zeit machbar ist, zu präsentieren, wäre für *Squaresoft* ein Rückschritt.

Daß aber die Technik nicht allein entscheidend für die Qualität eines Computerspiels ist, zeigte sich bei *Final Fantasy VIII*: Es war erzählerisch eine Enttäuschung. Vielleicht hatte die *VII* vom Storytelling her die Meßlatte einfach zu hoch gelegt.

Der Kampf des Helden Cloud Strife gegen die allgegenwärtige Shinra Corporation, die verbündete Öko-Terroristengruppe namens *Avalanche*, das Geheimnis der Substanz *Materia*, die sowohl zur Energiegewinnung dient als auch magische und unerwünschte Nebenwirkungen hat, das unendlich komplexe Kampfsystem mit Waffen, die mit verschiedenen Arten von *Materia* angereichert werden können, die Stadt Midgar mit ihrem dem Steampunk-Genre entlehnten Look zwischen Mittelalter und Industrieller Revoluiton, der Hauptgegner Sephirot, der früher Clouds Kamerad war und sich zum größenwahnsinnigen Rächer gewandelt hat, nachdem er das Geheimnis seiner Herkunft entschlüsselte, die Vergnügungsstadt in der Wüste, in der man auf Vogelrennen wetten oder daran teilnehmen kann oder sich in einer Arena mit immer stärker werdenden Gegnern mißt, die Snowboard-Schußfahrt, die Ohnmachtsanfälle und Visionen des verstrahlten Helden, die mißlungene

Bombenentschärfung, nach der der obere Teil Midgars auf die darunter liegenden Slumbezirke stürzt, die tragische Geschichte zweier Freunde, die ihre Hände und ihre Freundschaft verloren beim Versuch, sich aneinander festzuhalten, der plötzliche und unumkehrbare Tod der weiblichen Hauptheldin, das Eintauchen in den Strom des Lebens, das Züchten von Rennvögeln, das unbesiegbare Unterwasserungeheuer, der Abspann hinter dem Abspann, der hundert Jahre später spielt und den letzten noch lebenden Hauptcharakter – ein Tier übrigens – mit seinen Nachkommen in den überwucherten Ruinen Midgars zeigt: *Final Fantasy VII* hatte eine epische Breite, einen inneren und äußeren Horizont, der wirklich seinesgleichen suchte.*

Bei der *VIII* dagegen wird man die ganze Zeit über das Gefühl nicht los, einem aufgebauschten Schulausflug beizuwohnen. Zuviel Wert wurde gelegt auf die möglichst detaillierte Simulation einer Militärakademie inklusive Lernerfolgskontrollen, Mensa, Bibliothek, Schwarzem Brett im Internet, Klatsch und Tratsch auf den Gängen, einer Übungshalle und einem komplett ausgearbeiteten Sammelkartenspiel. Das eigentliche Geschehen (zuerst ein Konflikt zwischen zwei Völkern, später dann der Kampf der Menschheit gegen eine zeitmanipulierende Hexe) scheint immer im Hintergrund der akademischen Gepflogenheiten angesiedelt. So verwirkt auch Cifer Almasy, der Antagonist des Helden, die Chance, das Charisma einer Sephiroth zu entwickeln. Cifer darf – im Gegensatz zu Sephiroth – überleben und beweist damit seine Harmlosigkeit. Die Endgegnerin Artemisia tritt erst kurz vor Schluß in Erscheinung und bringt deshalb auch nicht die erzählerische Wucht mit, die den Endgegner Sephiroth in der *VII* wie ein auratischer Umhang umhüllte. Der Held selbst, Squall Leonhart, ist zwar mürrisch und

---

* Bei aller Komplexität des Geschehens darf nicht beschönigt werden, daß Computerspiele als Medium immer noch zu juvenil sind, um ihre eigenen Textanteile wirklich ernst zu nehmen. Die Dialoge sind oftmals uninteressant bis schwatzhaft, und selbst die Plotlinien und Charakterentwicklungen sind nicht immer so ausgearbeitet, verdichtet oder zu Ende geführt, wie man das von der Literatur her gewohnt ist. Darüberhinaus leidet gerade Final Fantasy VII unter einer atemberaubend schlampigen Übersetzung, die vor Schreibfehlern und Unverständlichkeiten nur so strotzt.
Was ich meine, wenn ich von epischer Breite spreche, ist immer die Kombination von Story, Figurenmotivation und interaktiver Bebilderung, und insbesondere bei der Figurenmotivation – den biographischen Hintergründen und Verstrickungen – hat Final Fantasy VII neue Maßstäbe gesetzt.

wortkarg wie Cloud Strife, aber da ihm eine wirkliche Betroffenheit fehlt, wirkt er eher wie ein hübscher Hochschulstreber als wie ein heldenhafter Streiter.

Final Fantasy VIII krankt an seiner allgegenwärtigen Sterilität. Die zwischenmenschlichen und politischen Problematiken verlaufen ohne jeglichen melancholischen Tiefgang. Die Grafiken sind blitzsauber und ausgefallen designt, entwickeln aber nur selten echtes Ambiente, Mysterium oder auch nur Atmosphäre. Höhepunkt des Spieles sind zweifelsohne die computergerenderten Filmsequenzen mit einem prunkvollen Abschlußball, der betörenden Schönheit einer schwerelosen Träne oder fulminanten Action- und Massenszenen wie dem dramatischen Attentatsversuch in Deling City oder der Erstürmung einer fliegenden Stadt.

Was *Final Fantasy VIII* jedoch für mich persönlich unvergeßlich und einzigartig macht, ist das Finale.

Final Fantasy.

Noch nie zuvor in meiner Computerspielerlaufbahn war ich nach etwa 80 Stunden Spielzeit so dermaßen außerstande, die Endgegnerin zu bezwingen, wie hier. Ich hatte schlicht und einfach überhaupt keine Chance. Das abschließende Gefecht gegen die Hexe Artemisia und ihren dämonischen Gehilfen Griever besteht aus vier Etappen, spätestens in der zweiten scheiterte ich bei jedem Versuch auf das Kläglichste.

Ich kaufte mir also das Lösungsbuch, eine fast zweihundert Seiten umfassende Ansammlung von Tabellen, Erläuterungen und Bebilderungen. Falls jemals jemand Zweifel daran gehabt haben sollte, daß Computerspiele eine Geheimwissenschaft sind, sollte er das *Final Fantasy VIII*-Lösungsbuch einmal durchblättern. Eine mathematische Formelsammlung ist das reinste Witzblatt dagegen.

Zuerst reiste ich mit Hilfe der drei unterschiedlich strukturierten Weltkarten auf den Kontinenten umher und sammelte mir durch eifriges Monsterjagen die Gegenstände zusammen, die ich brauchte, um die letzten mir noch fehlenden magischen Verbündeten beschwören zu können. Leider erwiesen sich auch diese Verbündeten im Kampf gegen Artemisia als Rohrkrepierer.

Als nächstes brachte ich ein putziges Wesen namens Tombery in meinen Besitz, das man erst dann behalten darf, wenn man vorher zwanzig kleinere Tomberys hintereinander besiegt hat. Da kein geistig gesunder Spieler jemals auf die Idee kommen würde, denselben Gegner zwanzigmal hintereinander zu besiegen, ist es ohne Lösungsbuch also ziemlich ausgeschlossen, jemals in Tomberys Besitz zu gelangen. Indem ich Tombery hochpäppelte* und ihn bestimmte Fähigkeiten erlernen ließ, erhielt ich wieder Zugang zu den mir vorher versperrten Ausrüstungsshops und konnte meine Geldmittel für Wundertränke verprassen. Leider reichte die Anzahl der Wundertränke immer noch nicht, um Artemisia Herr zu werden.

Zuletzt entnahm ich dem Lösungsbuch eine komplizierte Möglichkeit, eine Spielkarte in einhundert sogenannte Final-Elixiere umzuwandeln. Ein Final-Elixier stellt im Kampf die Gesundheit sämtlicher Truppenmitglieder wieder her und heilt all ihre durch Verzauberung ausgelösten Handicaps. Das war der Schlüssel zum Erfolg. *Final* Elixier.

Nachdem ich mehr als zwanzig Spielstunden dafür verwendet hatte, mich für den Showdown hochzurüsten, konnte ich nun beim Zeitstand von 99:59 Artemisia entgegentreten, sie unter Verwendung von etwa zwanzig Final-Elixieren relativ unbeeindruckt niederringen und die aufwendigen Abschluß-Filmsequenzen genießen.

Tatsächlich hebt der Abspann das gesamte Spiel auf ein höheres Niveau, denn erst das Ende vermittelt jene zeit- und raumübergreifende Komplexität, die der eigentliche Handlungsverlauf bedauerlicherweise vermissen ließ.

Auf *Final Fantasy IX* hatte ich dann aber keine Lust mehr. Zuviele Parallelen hatte es in Charakterzeichnung und Spielablauf zwischen der *VII* und der *VIII* gegeben, um mir ein erneutes Abtauchen in *Squaresofts* Gigantomanien schmackhaft zu machen. Auch fürchtete ich, erneut nach achtzig Spielstunden ohne die Zusatzinvestition eines Lö-

---

* Ohne ein an das Pokemon-Prinzip angelehntes Aufzucht- und Entwicklungssystem für Monster kommt mittlerweile kein japanisches Rollenspiel mehr aus. Pokemon ist im Bereich der bunten Spiele genau so ein Standard geworden wie digitale Spezialeffekte im Mainstreamkino.

sungsbuches nicht mehr weiterzukommen. So etwas ist genau ein einziges Mal eine Erfahrung im Rang eines Erlebnisses, ein zweites Mal jedoch wäre es nur ärgerlich.

Dennoch blieb eine Vision. *Final Fantasy X* und *XI* und *XII* werden mit Sicherheit kommen, womöglich wird diese einzigartige Serie sogar eine Konstante des 21. Jahrhunderts bilden. Irgendwann dort hinten wird es eine Kombination geben aus dem Storytelling des siebten und der grafischen Opulenz des achten Teils, verstärkt und vermehrt um wirklich gute Dialoge, verblüffende Wendungen und mitreißende Hauptfiguren.

Das werden dann noch mal hundert Stunden.

Jäger des verweigerten Schatzes ⎢ Pitfall, H.E.R.O., Ghostbusters, 1982-1984 ⎢

Um dich herum der Dschungel, eine nicht zu durchdringende grüne Wand. In der Luft hängt die klebrige Schwere des tropischen Klimas. Unerbittlich brennt die Sonne durch die Löcher im Blätterdach über dir. Doch du hast keine Zeit für Landschaftsstudien, du mußt rennen. Ein Skorpion krabbelt dir entgegen, du mußt springen, dich aber sofort ducken, um nicht in die Flugbahn einer Vampirfledermaus zu geraten. Dann endlich die kaum erkennbare Öffnung im Boden. Du stürzt dich hinein und tauchst ein in das kalte Wasser eines unterirdischen Sees. Schwimmen, einfach nur schwimmen, hämmert es durch deinen Kopf, denn die Zitteraale um dich herum sind nicht erfreut über diesen Eindringling in ihr Reich. Unter dir blitzt es im Schlamm, und du zögerst nicht, hinunterzutauchen, denn das ist der Grund, warum du überhaupt hier bist. Gold. Ein verstreuter Schatz der Maya, den es stückweise zu bergen gilt. Mit dem ersten Barren in der Hand gerätst du in die Strömung und stürzt einen Wasserfall hinunter. Mit Mühe erreichst du das Ufer, rennst weiter, springst im richtigen Moment über eine Giftkröte, die einen weiteren Tunnel bewacht, greifst in der einzig richtigen Hundertstelsekunde nach der Leitersprosse und setzt deinen Weg fort in diese versunkenen Stätten einer einstmals hochentwickelten Zivilisation.

Nein, das ist noch nicht eine Szene aus *Tomb Raider*, wir befinden uns erst im Jahr 1982, und die Abenteuer, die man in diesem Spiel erleben konnte, waren die von Pitfall Harry, einem Geschöpf des Spieleprogrammierers David Crane. Nun ist es bei Romanen und Filmen üblich, daß man die Hauptfiguren mit ihren Autoren gleichsetzt und das gesamte Geschehen als eine autobiographische Erzählung versteht – in phantastischer Verkleidung natürlich. Warum sollte man das nicht auch bei einem Computerspiel versuchen? Zumal die Spiele zu dieser Zeit tatsächlich noch von einer Person erdacht, designt und programmiert werden konnten. Im Fall von *Pitfall* und David Crane findet man erstaunliche Parallelen zwischen Autor und Figur.

Pitfall wurde von einer Firma herausgebracht, die sich aus ehemaligen Mitarbeitern von *Atari* zusammensetzte. Neben David Crane waren das Alan Miller, Bob Whitehead und Larry Kaplan. Sie hatten *Atari* im Jahr 1979 verlassen, weil sie es nicht mehr ertragen konnten, daß die *Warner*-Bosse eine Menge Geld mit ihren Produkten verdienten, sie den Entwicklern aber keine Rechte bezüglich ihrer Autorschaft einräumten. Alles sollte nur mit einem Namen verbunden werden, dem der Firma. Wer genau sich das Spiel ausgedacht hatte, sollte niemanden etwas angehen.

Einen der Programmierer bei *Atari*, Warren Robinett, hatte diese Unternehmenspolitik dazu veranlaßt, in seiner Grafikversion von Crowthers und Woods *Adventure* einen versteckten Raum einzubauen, in dem man auf seinen Namen stoßen konnte, der in vertikaler Richtung in ungelenken, von oben nach unten laufenden Buchstaben durch das Bild lief. Ein Jahr blieb dieser Frevel unentdeckt, bis ein zwölfjähriger Junge herausfand, daß man eine Brücke an eine Wand schieben mußte, um einen ein Pixel großen Punkt, der dieselbe Farbe wie der Hintergrund hatte, aufzuheben, den man dann 30 Räume weiter dazu einsetzen konnte, durch eine Mauer zu gehen, wo man dann den Namen lesen konnte. Inspiriert habe ihn, so sagte Robinett später, die Beatles-Platte, auf der man rückwärts gespielt die Worte »I buried Paul« hören konnte. Trotz dieser ganzen Verschwörung durfte Robinett bei *Atari* bleiben, allerdings wurde auch die Firmenpolitik nicht geändert, daß es keine Herausstellung der Autoren gab.

David Crane und die anderen wollten sich diese Entmündigung nicht länger bieten lassen. 1979 gründeten sie die Firma *Activision*, um weiter Spiele für das *Atari*-System zu programmieren, dabei allerdings neben der Anerkennung auch den vollen Ertrag aus ihrer Arbeit zu bekommen. Aus namenlosen Kollektivarbeitern, die man abgespeist hatte, wurden Einzelkämpfer, die jeden Goldbarren, den sie dort draußen im Dschungel fanden, in den eigenen Rucksack stecken konnten. Zu jedem Spiel, das *Activision* herausbrachte, gab es ein Booklet, in dem man ein Foto des Autors und Informationen über ihn fand. Praktisch über Nacht wurden sie zu Stars, die auf der Straße nach Autogrammen gefragt wurden. Außerdem machten sie eine Menge Geld. So viel Geld, daß Warren Robinett irgendwann mit anderen Programmierern, die auch bei *Atari* geblieben waren, den *Dumb Shits Club* gründete, was man frei übersetzen kann als *Verein der absolut dämlichen Idioten.*

Activision wurde sehr schnell zum Synonym für verdrehte, actionreiche Spiele. Das Logo mit den Buchstaben über dem Regenbogen begegnete uns Spielern überall. *Pitfall* fand eine noch erfolgreichere Fortsetzung, in der es wieder um Laufen, Springen, Klettern, Gold und giftige Kreaturen ging. Wir holten Tapetenreste aus dem Keller und fingen an, die einzelnen Screens als zusammenhängendes System zu zeichnen: Acht Blöcke breit war der Plan und 29 Blöcke hoch. In einem stand »Fledermaus«, im nächsten »Ratte«, im dritten waren kleine Sprossen gezeichnet. Ganz rechts war die Leiter, die auf dem Plan über beeindruckende 26 Blöcke ging. Wehe dem, der dort hinunterfiel und eine ewig dauernde Reise bis in einen unterirdischen Fluß mit Zitteraalen antrat. Wenn man dann dort unten starb, flog man gleich wieder hinauf, als ein blinkender Geist, der 26 Stockwerke hoch fliegen muß, um auf einem roten Kleeblatt wieder einen Körper zu finden und neu zu starten.

Wenn wir genug von *Pitfall* hatten, dann bot uns *Activision* mit *H.E.R.O.* Abwechslung an. Obwohl es eigentlich nur Kosmetik war. Denn wieder erkundete man als Held unterirdische Höhlensysteme, nur daß man diesmal von vornherein fiel. Tiefe, verwinkelte Schächte ging es hinunter, und nur notdürftig konnte man mit dem Raketenpack auf dem Rücken gegen die Schwerkraft arbeiten und sich durch Schlangen, Spinnen und Fledermäuse hindurchmanövrieren. Eine Bombe, zur richtigen Zeit gezündet, half über so manch ausweglose Situation hinweg, aber schnell mußte man sein, damit man sich nicht selbst in die Luft jagte.

Sprachlos machte uns schließlich eine *Activision*-Veröffentlichung aus dem Jahr 1984. Eben noch hatten wir eine Hollywood-Komödie mit schleimigen Geistern und einem Ohrwurm-Titelsong im Kino gesehen, jetzt befand sich dieser Film schon auf unserem Computer. Wir waren einer dieser Geisterjäger, steuerten den umgespritzten Leichenwagen durch die Straßen von New York und bauten die Geisterfangapparaturen am Einsatzort auf. *Ghostbusters* von David Crane war das erste wirklich gelungene Spiel zu einem Film.

Versuche in dieser Richtung hatte es schon vorher gegeben. *Atari* beispielsweise brachte im Jahr 1974 ganz zufällig ein Spiel heraus, bei dem man einem Hai entkommen mußte. 1974 war das Jahr, in dem Steven Spielberg seinen legendären Film *Jaws (Der weiße Hai)* in die Kinos brachte. Eine Lizenz für ein Spiel zum Film wollte *Atari* nicht bezahlen, am Erfolg teilhaben aber schon. So gründeten sie extra die Scheinfirma *Horror Games*, die für das Spiel verantwortlich war und die, falls es zu Klagen käme, ohne Probleme abgewickelt werden konnte. Dann tauften sie das Spiel *Shark Jaws*, wobei das erste Wort sehr klein und das zweite Wort in Riesenbuchstaben auf die Automaten gepinselt wurde. Eine echte Lizenz hatte *Atari* dann 1982 erworben, um die Filme *E.T.* und *Indiana Jones* als Spiel zu vermarkten. Sie waren sich so sicher, daß der Erfolg der Filme auch die Spiele verkaufen würde, daß sie ihre Händler anwiesen, für ein ganzes Jahr vorzubestellen. Diese Vorbestellungen waren die Basis ihrer Kalkulation für die nächsten zwölf Monate. Leider hatte niemand dabei an die Qualität der Spiele gedacht. Als endlich Testversionen zur Verfügung standen, stellten die Einkäufer fest, daß sie grottenschlecht waren, also stornierten alle ihre Bestellungen. *Atari* blieb auf einer Halde von schon produzierten Game-Cartridges sitzen. Gerüchten zufolge soll es in Kalifornien einen Ort geben, an dem man 20.000 *E.T.*-Kassetten aus dem Boden graben kann, die dort entsorgt worden sind. Nach diesem Flop war *Atari* erledigt.

David Crane gelang mit *Ghostbusters* etwas völlig anderes. Anstatt einfach nur einen Namen und ein paar Figuren und Schauplätze zu übernehmen, kreierte er ein Setting, in dem man seine Identifikation mit den Kinofiguren ausleben konnte und nicht einer mäßig adaptierten Story hinterherhängen mußte. *Ghostbusters* vereinte eine Vielzahl von einzelnen Spielelementen, beginnend mit einem Karaoke-Screen, auf dem ein hüpfender Ball die Textzeilen markierte, die man zu der Instrumentalversion des Titelsongs singen konnte. Danach mußte man sich ein Einsatzfahrzeug zusammenkaufen, sein Budget verwalten, einzelne Geister auf dem Weg zu den Einsatzorten auf der Straße einsaugen (wenn man so klug gewesen war, sich einen Geistersauger aufs Auto installieren zu lassen), die Schleimer-Monster vor den Häusern einfangen, aufpassen, daß die Summe der psychokinetischen Energie der Stadt nicht zu hoch wurde und sich der Schlüsselmeister und der Torwächter in Zuuls Haus vereinten. Kurz gesagt: Man war ziemlich beschäftigt. Man spielte den Film weiter und erlebte nicht bloß einen lauen Aufguß des Films in einem Spiel.

Die Hauptleistung von *Activison* besteht dennoch nicht in ihren Spielen. Sondern darin, Spiele zu reiner Software gemacht zu haben. Vor *Activision* waren Spiele immer an Hardware gekoppelt, in den Arcadeautomaten sowieso, aber auch bei den Heimvideosystemen, die bis auf ein paar Lizenzspiele jeweils mit ihrer eigenen Spielbibliothek ausgestattet waren. Für eine Firma wie *Atari* waren Spiele im wesentlichen ein Mechanismus, mit dem ihr Heimvideogerät verkauft werden sollte. Es war so, als würde jede der großen Musikfirmen ein eigenes CD-System vertreiben, so daß man sich für manche Platten einen weiteren CD-Spieler anschaffen müßte. Man kann sich leicht vorstellen, daß es um die Musikindustrie anders bestellt wäre und sie nicht die Milliardenumsätze machen würde, die sie tatsächlich erzielt. Bei Computerspielen war es allerdings zunächst so. Sie waren Hardwareanhängsel. Erst als *Activision* den Weg bereitet hatte, konnte sich das Medium entwickeln.

Ohne diese Trennung von Software und Hardware wäre auch der Siegeszug des Computers nicht möglich gewesen. Vorbereitet wurde das durch die Heimcomputer, die sich über das Spielangebot verkauften. Denn die Bürocomputer, die es gab, waren zwar auch dazu da, Software laufen zu lassen, diese war jedoch so standardisiert, daß es kaum auffiel. Auch heute noch werden *Windows* und *MS Office* als vorinstallierte Programme beim Computerkauf mit erworben, es fühlt sich so an, als wären sie im Gerät »eingebaut«. Der Bürocomputer hatte daher das Image einer Schreibmaschine, einer sehr leistungsstarken, zugegeben, aber doch einer Schreibmaschine mit einem relativ fest umrissenen Aufgabengebiet. Das wachsende Spielangebot jedoch machte aus Heimcomputern Maschinen, die unendlich viele Möglichkeiten boten. Jetzt war es sinnvoll, sie sich anzuschaffen. Denn jetzt konnten wir uns sicher sein, daß sie uns auch im nächsten Jahr noch etwas Neues bieten würden. Aus Schreibmaschinen wurden Softwaresklaven, die uns überall hinbringen konnten. Vielleicht auch zu gut gestalteten Texten und sauber durchgerechneten Tabellen. Aber das war längst nicht alles.

Elektronische Kampfkünste | One on One, Archon, Mail Order Monsters, M.U.L.E., 1983-1985 |

In gewisser Weise war ja alles, was an Computerspielen angeboten wurde, Sport, beginnend bei *Pong*, das eine Tennissimulation darstellte, über *Space Invaders*, das man als Tontaubenschießen verstehen konnte, oder *Pitfall*, das mit einiger reduzierender Phantasie als ein 3000-Meter-Hindernislauf durchgehen konnte. Aber erst eine Firma, die eigentlich den schönen Künsten verpflichtet schien, führte den richtigen Sport im Computerspiel ein. *Electronic Arts* wurde 1982 von William »Trip« Hawkins gegründet, weil er 1975 ein Computerprogramm geschrieben hatte, das ihm auf der Basis unzähliger Daten aus der Elektronikindustrie diesen Schritt als wirtschaftlich sinnvoll vorhergesagt hatte. Also kündigte er seinen Job bei *Apple* und setzte alles daran, eine völlig andere Software-Firma zum Erfolg zu führen. »Can a computer make you cry?« fragte er sein Publikum in großen Anzeigenseiten. Als Antwort gab er seine Computerspiele.

Nun, zum Weinen brachten uns diese Spiele nicht, eher zum Jubeln. Denn mit *One on One* von Eric Hammond wurden wir das erste Mal in unserem Leben zu Superstars des Leistungssports. Genauer gesagt zu Julius Erving von den *Philadelphia 76ers* und Larry

Bird von den *Boston Celtics*, zwei Giganten der amerikanischen Basketballiga, die den zwei pixeligen Gestalten des Spiels ihren Namen liehen und dafür Geld einstrichen. Aber welcher zwölfjährige Europäer kannte die beiden schon? Nein, wir wurden zu unseren eigenen Helden. Ohne, daß wir uns durch endlose Nachmittage in muffigen Turnhallen quälen, mit Linienlaufen unsere Kondition aufbauen und mit Medizinbällen unsere Wurfarme stärken mußten, waren wir mit Start des Programms technisch brillante Sportler mit Eisenlungen. Wir klebten am Körper unseres Gegners, nahmen ihm mit Leichtigkeit den Ball während des Dribblings ab, setzten zu graziösen Turn-Around-Jumpshots an und versenkten selbst Threepointer von außerhalb des Kreises. Gelegentlich zertrümmerten wir bei einem Slamdunk das Brett – es war die Zeit, als es zwar schon Glaskörbe, aber noch keine Breakaway-Rims gab –, woraufhin es als funkelnder Scherbenregen zu Boden ging und uns eine Schimpfkanonade des Hausmeisters eintrug, der alles wegfegen mußte. Gelegentlich stapfte ein untersetzter Referee ins Bild und bezichtigte uns des Foulspiels, was wir nicht nachvollziehen konnten, denn alles, was wir gemacht hatten, war, wie wild auf den Feuerknopf zu drücken, während wir uns an den Gegner preßten. Im Instant Replay konnten wir es noch einmal nachprüfen. Das waren nicht Dr. J. und Larry Bird, das waren wir, deshalb nannten wir die Kopien der Spieldatei, die wir verteilten, auch »Jan und Ulf«, nach unseren Mitspielern in der B-Jugendmannschaft.

Mit *Julius Erving and Larry Bird go One on One* schaffte es *Electronic Arts* eine wirkliche sportliche Herausforderung auf die Bildschirme zu zaubern. Wo vorher nur kleine Blockmännchen regierten, da agierten nun Pixelwolken, die man schon fast als Menschen erkennen konnte. Gab es vorher nur ein simples Retournieren oder Ausweichen, so hatte man hier eine wirklich ausgeklügelte Steuerung zur Verfügung, mit der man sein Männchen vorwärts und rückwärts dribbeln lassen, den Ball klauen, einen Drehschuß ansetzen oder einen Korbleger machen lassen konnte, je nachdem, in welche Spielsituation man sich gebracht hatte und wie lange man den Feuerknopf gedrückt hielt. Das war wirklich eine Sportsimulation. So gelang es, daß Spieler jetzt auch reale Heldenszenarios nachspielen konnten und nicht mehr nur durch Phantasielandschaften rennen oder Aliens abschießen mußten, um sich stark zu fühlen. Der Computer hatte eine Situation der Außenwelt aufgesaugt und kombinierte unseren zu Höchstleistungen bereiten Geist mit den notwendigen körperlichen Voraussetzungen. Er wurde zu einem Bestandteil unseres Körpers, zu einer Prothese, die uns die Leistungsfähigkeit verschaffte, die sonst nur wenige Menschen auf der Welt erleben können.

Weil es nach diesem Unterricht in virtuellem Sport nicht mit der Simulation von Vorhandenem weitergehen mußte, legte *Electronic Arts* im Anschluß gleich ein Spiel vor, in dem wir die Kombination von realem Geist mit überrealem Körper auf verschiedenste Weise ausleben konnten. Das holographische Schachspiel, mit dem sich Luke und Chewbacca an Bord des *Millennium Falcon* im ersten *Star Wars*-Film die Zeit vertreiben, inspirierte das Programmiererpaar Anne Westfall und Jon Freemann zu ihrem Strategiespiel *Archon*. Alles, was das ernsthafte Schach ausmacht, war auch in *Archon* zu erleben: Grübeleien über die beste Position von Figuren, Verteidigungstaktiken, Raumgewinne, das In-die-Ecke-Treiben des Gegners. Aber auch einiges mehr. Denn die Figuren waren kleine animierte Monster, die nicht einfach auf ein Feld marschierten und sich dort breitmachen konnten, sondern die bei einer solchen Herausforderung gesteuert werden mußten und eventuell sogar verlieren konnten. *Archon II* löste sich noch mehr vom Schach, indem es ein ganz anderes Spielfeld mit verschiedenen Untergründen, ein sehr umfangreiches Zaubersprucharsenal und schwer zu durchschauende Figurenbewegungen präsentierte. Partien wurden nicht immer im Kopf entschieden, wie es so schön im Tennis oder Fußball heißt, sondern oft dort verbockt und erst durch wildes Kämpfen wieder herausgerissen.

Wem *Archon* dann doch zu kopflastig war, der konnte ein ähnliches Vergnügen in Paul Reiches *Mail Order Monsters* erleben, einem Spiel, das die Allmachtsphantasien eines Managerspiels mit der Befriedigung eines K.o.-Prügelns verband. Wie in einem Warenkatalog konnte man durch ein großes Angebot von verschiedenen Monsterkörpern blättern. Hatte man sich dann zum Beispiel für den Tyrannosaurus als Basis entschieden, konnte man ihn noch mit diversen

Extras wie Stachel, Händen oder Tentakeln tunen und ihn mit Automatik-Gewehr oder Multilas-Peitschen ausstatten. Ein bißchen Training von Bizeps und IQ war vonnöten, und dann ging es in die großen Ausscheidungskämpfe einer internationalen Monsterliga, die sich in weiten Landstrichen mit Sümpfen, Wäldern, Steppen und Gebirgszügen abspielten. In gewisser Weise war *Mail Order Monsters* ein früher Vorläufer des Pokémon-Prinzips, bei dem man phantastische Erweiterungen seiner selbst für Spezialaufgaben trainiert und die eigene sportliche Leistung darin besteht, zur richtigen Zeit den richtigen Stellvertreter für sich selbst auszuwählen.

Den Kampf Monster gegen Monster kann man heutzutage nur noch selten direkt austragen, das verbieten gewisse Regeln des menschlichen Zusammenlebens. Um unsere Triebe dennoch ausleben zu können, haben wir zivilisierte Formen des In-die-Fresse-Schlagens erfunden. Wirtschaft zum Beispiel. Aus einer eigentlich harmlosen Organisation des Warenaustauschs wurde ein skrupelloses Wettrennen um Ausgabepreise, Termingeschäfte, Stellen hinter dem Komma und Abfindungssummen, viel effektiver als es die Keule jemals hätte sein können. Kein Wunder also, daß auch dieser Bereich des menschlichen Lebens Einzug in das Computerspiel hielt. In der Verkleidung einer Science-Fiction-Geschichte war *M.U.L.E.* 1983 die wohl am nachhaltigsten wirkende Veröffentlichung von *Electronic Arts*, gerade weil es eine packende Wirtschaftssimulation war. *M.U.L.E.* verzichtete auf sichtbare Gewalt, niemand mußte erschossen werden, nirgendwo wurden Bomben gelegt. Und doch befriedigte es alle Bedürfnisse nach Überlegenheit und Behauptung von Hoheitsansprüchen. Am Ende jeder Spielrunde liefen die Kontrahenten in der Reihenfolge ihrer Gesamtguthaben auf. Nackte Zahlen machten unmißverständlich klar, wer hier das Sagen hatte.

M.U.L.E. war gespickt mit Anspielungen auf die kurze Geschichte des Computerspieles abseits der Ping-Pong- und Shooter-Games. In gewisser Weise war es die aufgemotzte Version eines Spiels namens *Hammurabi*, das in den sechziger Jahren auf den Großrechnern der Universitäten zu finden war. Zu Beginn jeder Runde legte man bestimmte Parameter fest – Steuersatz, Getreideausgabe an die Bevölkerung, Zölle, Militärausgaben. Der Computer ergänzte das dann durch zufällig bestimmte Werte wie Wettereinfluß auf die Ernte, Zahl der Geburten und Produktivitätsrate. Daraus ergab sich eine bestimmte Entwicklung des Staates, die man in der nächsten Runde unterstützen konnte oder gegen die man ansteuern mußte. *M.U.L.E.* verpackte dieses reine Zahlenspiel in ein lebhaftes Geschehen auf einer Planetenoberfläche. Der Oberfläche des Planeten *Itara* übrigens, der Name ist ein Anagramm von *Atari*, ein unmißverständlicher Hinweis darauf, in wessen Gefilden man hier eingezogen war, um seinen eigenen Profit zu machen.

War einem das Einrichten von Produktionsstätten mit »Multi Use Labor Elements«, den maultierförmigen Technikeinheiten, die man kaufen konnte, zu langweilig, dann konnte man auch in die Berge ziehen, um den »Wampus« zu jagen und ihm seinen Schatz abzuknöpfen. Eine weitere Reverenz an die ersten Großrechnerspiele, denn *Hunt the Wumpus* gehörte zu den Vorläufern der Adventures. Man bewegte sich durch schachbrettartig verbundene Räume und suchte den Wumpus. Trat man direkt in seinen Raum, war man tot. Trat man in einen Nachbarraum, dann konnte man den Wumpus riechen. Man konnte dann einen Pfeil rüberschießen und ihn töten. So einfach war das. Einen Wampus in *M.U.L.E.* jagen zu können, war ein nettes Zitat, es demonstrierte allerdings auch die Überlegenheit des neuen Spiels gegenüber seinen primitiven Vorläufern. Wir konnten inzwischen so viel mehr machen als früher. Wie ordinär war es, einfach Monster mit Pfeilen abzuschießen. Wir bauten lieber Smithore mit Roboterkamelen ab, um uns dann auf Auktionen übers Ohr zu hauen.

Es wäre sehr weit hergeholt, die Geschichte von *M.U.L.E.*s Schöpferin Danielle Bunten-Berry mit der Ideologie des Spiels zu verbinden, wenn sie es nicht selbst in Interviews getan hätte. Denn auch sie mußte eine Entwicklung durchmachen, mußte ihre durch die Umgebung vorgegebenen Verhaltensmuster prüfen und hinterfragen. Bis sie sich schließlich dazu entschloß, ein ausgewogeneres und nicht nur auf Programmzeilen fixiertes Leben zu führen. Das Leben der Frau Danielle Bunten-Berry, die den besessenen Workaholic Dan Bunten 1993 verdrängte. Was sie schon lange gefühlt hatte, verwirklichte sie endlich in diesem Jahr. Vielleicht ist die Ambivalenz, die in *M.U.L.E.* zum Ausdruck kommt, durch die Unsicherheit gegenüber sich selbst zu erklären, die Dan Bunten 1983 schon gespürt haben mußte. Danielle sah es jedenfalls so. Dieser Frau im Körper des Mannes Dan Bunten ist es zu verdanken, daß *M.U.L.E.* mit so raffinierten Wettkämpfen wie dem Aufeinander-Zulaufen bei Auktionen aufwartete und man beim Übertrumpfen der Gegner immer auf das Gesamtergebnis der Kolonie achten mußte. Zivilisation eben, nicht nur das bloße Abknallen des anderen.

Für uns war das Faszinierendste an *Archon, M.U.L.E.* und vergleichbaren Spielen, daß sie komplizierte Regeln hatten. Das war insofern faszinierend, als das Herausfinden der Regeln zum Bestandteil des Spiels wurde. Denn Computerspiele begegneten uns oft nur in raubkopierter Form, wodurch alle Begleittexte und Spielanleitungen wegfielen, die sonst mit den Programmen ausgeliefert wurden. Bei einem Spiel wie *Space Invaders* war es nicht weiter aufregend, die Regeln des Spieles herauszufinden, das war mit dem ersten Druck auf den roten Knopf klar, bei *Archon* aber wurde es zu einer zusätzlichen Herausforderung. Warum durfte man auf dieses Feld mit dieser Figur nicht ziehen? Was waren das für verschiedene Menüs, die man aufrufen konnte? Wie rief man diese Menüs eigentlich auf? Was machte man dann, wenn man etwas aus diesen Menüs ausgewählt hatte? Warum veränderte sich der Bildschirm nicht, wenn bestimmte Wesen auf die eigenen Figuren stießen? Und warum verschwanden unsere Figuren dann einfach? Für manche war das tagelange Herumknobeln, was man bei dem Spiel eigentlich machte, ein Riesenspaß, während das eigentliche Spiel dann, wenn man endlich wußte, worum es ging, zu einer langweiligen Enttäuschung wurde.

Geht man heute in Buchhandlungen, dann starren einen Regalwände an, aus denen die Anleitungen für *Word 2000, Windows ME, NetObjects Fusion* oder *MS Outlook* förmlich herausquellen. Für uns, die wir Kontakt mit raubkopierten Spielen hatten, sind diese Bücher nicht geschrieben. So etwas wird von unseren Eltern gekauft, die als Rentner endlich Zeit haben, sich mal mit Computern zu beschäftigen, oder denen, die jetzt BWL studieren, weil das seit ein paar Jahren alle studieren, und die schnell und ohne Aufwand Bescheid wissen wollen. Ein Textverarbeitungsprogramm mit unzähligen Drop-Down-Menüs und Hunderten von Editiermöglichkeiten kann uns nicht schrecken. Wir klicken uns einfach durch das ganze Programm. Wenn dabei mal die gesamte Clip-Art-Bibliothek gelöscht werden sollte oder sogar unsere Festplatte unwiderruflich schreibgeschützt wird, dann hält uns das nicht davon ab, unseren Computer nur auf diese Art zu benutzen. Denn wozu schlechte Bücher lesen, wenn aus jeder Anwendersoftware ein Adventure werden kann?

: *Zwischenspiel* : Die wundersame Welt des virtuellen Sports

Auf den ersten Blick ist virtueller Sport ein Paradoxon. Wenn man es nicht mit einer echten Körperertüchtigung, sondern lediglich mit einer Simulation derselben zu tun hat – was hat das dann noch mit Sport zu tun? Die Antwort lautet: nichts, aber alles. Virtueller Sport ist keine Sportart, aber virtueller Sport verhandelt den sportlichen Geist.

Es geht nicht um Fitneß, sondern um das Erlernen und Agieren. Nicht um Verausgabung, sondern um das Gegenteil davon: Konzentration. Nicht um Schweiß, sondern um Glanz. Es geht um den Mythos des Besten der Welt.

Sport ist eines der vielfältigsten Computerspiel-Genres. Es gliedert sich wiederum in diverse Sub-Genres: Simulation, Teamsport, Future Racer, Fun Racer, Trendsport, Future Sport und Sport-Management.

Die *Simulation* einer Sportart versetzt den Spieler in die Lage, mehrere Karrieren zu haben. Im wirklichen Leben ist man gezwungen, sich – wenn überhaupt – für eine einzige Sportart zu entscheiden, in der man Spitzenleistungen erbringen möchte. Es hat noch nie einen Formel-1-Weltmeister gegeben, der gleichzeitig einen Weltranglistenplatz im Tennis innehatte. Selbst die besten unter den älteren Golfspielern, die früher in einer anderen Sportart erfolgreich waren, könnten gegen echte Golf-Profis nicht bestehen. Sport erzwingt Widmung und Hingabe. Der Computerspiel-Sport jedoch ist vergleichsweise leicht zu erlernen, und ein Computerspieler kann ohne weiteres in einer kompletten Formel-1-Saison Weltmeister werden, sich gleichzeitig im Karrieremodus einer Box-Simulation ganz nach oben fighten und nebenbei noch als Zehnkämpfer oder Motocross-Champion oder eben als Tennisspieler virtuelle Millionen verdienen.

Gewinne sind jedoch nicht ausschließlich virtuell. Da Lernen immer einen Gewinn bedeutet, ist der Effekt, tatsächlich existierende Sportarten mittels einer komplexen Simulation kennenzulernen, mindestens genauso lohnend wie die Ausbildung eines Flugzeugpiloten mittels eines Flugsimulators.

Hätte ich nicht als Jugendlicher auf dem Commodore 64 eine verhältnismäßig realistische Baseball-Simulation mein eigen genannt, wären mir die Regeln des amerikanischen Nationalsports wohl nie in Fleisch und Blut übergegangen – und der Genuß etlicher amerikanischer Spielfilme, die haupt- oder nebensächlich mit Baseball zu tun haben, wäre mir deutlich erschwert gewesen. Mein Interesse an der Formel 1 erwachte erst, nachdem ich mir als Erwachsener eine Formel-1-Simulation zugelegt hatte und dadurch nicht nur sämtliche Saisonstrecken mit ihren Eigenschaften und Finessen auswendig lernte, sondern auch erfuhr, was es bedeutet, in Echtzeit anderthalb Stunden voll konzentriert mit fast dreihundert Stundenkilometern über sechzig oder mehr Runden zu rasen und dabei tunlichst Karambolagen mit den anderen 21 oft heillos agierenden Fahrern zu vermeiden.

Man kann Respekt genauso erlernen wie ein schwieriges Spiel.

Teamsport am Computer ist noch extremer. Hier ist man nicht nur ein einzelner virtueller Hochleistungsträger, der versucht, sich gegen ein Mitbewerberfeld durchzusetzen, sondern man spielt eine ganze Mannschaft, schaltet im günstigsten Moment zwischen den einzelnen Spielern hin und her, um einen Gesamterfolg zu verbuchen. Zwischen den Spielen einer Saison ist man Trainer, Clubmanager und Mannschaftsarzt zugleich, während der einzelnen Begegnungen ist man überall und nirgends zugleich – ein Sportsgeist, der seine Gastkörper wechselt.

Future Racer sind eine besondere Variante der Rennspiele: Meist auf Antigravitationsbahnen rast man mit bis zu 600 Stundenkilometern in Schwebe- oder Magnetgleitern (oder in Vollkarosseriemotorrädern oder Buggies, bei denen vorne, hinten, oben und unten keine Rolle mehr spielen) über wahnwitzige, oft freitragende Streckenkonstruktionen, so lange, bis aus dem anfangs hilflosen Herumschlingern ein Fahren wie auf Schienen wird und man eine Chance hat, sich durch diverse Ligaszenarien in immer schnellere und schwierigere Rennklassen hochzuarbeiten und dabei anfangs versteckte Strecken freizuschalten.

Fun Racer erinnern eher an Tex-Avery- oder Tom-und-Jerry-Cartoons und legen überwiegend Wert auf Kurse mit vielen Action- und Sprungpassagen und auf kuriose Methoden, die Gegner von der Strecke zu schubsen. Angetreten wird meistens in Go-Karts, und die überdimensionalen Köpfe der Fahrer wackeln bei jeder Bodenunebenheit munter hin und her. Es gibt auch Fun-Racer in Vogelperspektive, in denen Miniaturautos rasante Rennen über Küchentische, Bügelbretter, Gartenteiche oder Sandburgen austragen. Die kindgerechte Aufmachung von Fun-Racern sollte aber nicht darüber hinwegtäuschen, daß es sich durchaus um knifflige, hochbeschleunigte Spiele handeln kann, die sich auch bei Erwachsenen als Party-Games großer Beliebtheit erfreuen.

Sport-Management ist eine besondere Seitenlinie der Sportsimulationen. Hier verkörpert der Computerspieler nicht den auf dem Rasen herumwetzenden Kicker, sondern zum Beispiel den Bundesliga-Manager. Die Spielspannung liegt darin, durch geschickte Einkäufe und Verhandlungen das Team möglichst erfolgversprechend zu gestalten, anschließend Trainingseinheiten vorzugeben und dann zu beobachten, ob die ganze Mühe sich auf dem Spielfeld auszahlt. Während einer Begegnung ist der Computerspieler meistens zum Zuschauer degradiert und hat keine Möglichkeit mehr, ins Geschehen einzugreifen. Der Computerspieler füllt vielmehr die Lücken zwischen den Action-Sequenzen, er hantiert mit virtuellem Material wie ein virtueller Architekt, er spielt nicht direkt Gott, aber immerhin einen Kapitalisten, und er wird Meister, wenn er am grünen Tisch gut taktiert hat.

Selbst zwischen Spielen ein und desselben Genres, sogar zwischen Spielen, die dieselbe Sportart simulieren, gibt es gravierende Unterschiede, und für jede denkbare Variante gibt es ein begeistertes Publikum. Bis zu zehn knallhart miteinander konkurrierende Produkte, die dieselbe Sportart behandeln, sind keine Seltenheit. Das Rennen findet nicht nur auf den Monitoren statt, sondern auch in den Auslagen der Kaufhäuser.

Besitzt ein Spiel die kostspielige Originallizenz und dürfen die Mannschaften also Bayern München und Manchester United heißen, oder müssen die Spieler Namen tragen wie »Kuhn« und »Bigham«? Treten die Rennställe in den originalen Farben Rot und Silber an oder in erfundenem Lila und Rosa, und sind die Rennstrecken echt oder nicht? Kann man die aktuelle Saison schon vorspielen, oder muß man sich mangels Rechteeinkaufs mit einem Geschehen begnügen, das in Wirklichkeit schon seit zwei Jahren in trockenen Tüchern ist? Hat jedes Auto ein völlig anderes Handling, oder soll der Spieler mühelos zwischen verschiedenen Konstruktionen wechseln können, damit mehr Abwechslung ins Spiel kommt? Wird der Boxsport realistisch und strategisch in Szene gesetzt, oder sollen die Kämpfe eher wie in einem »Rocky«-Film aussehen: mit spektakulären offenen Schlagabtauschen und knallharten Knockouts am Ende? Legt die Rallye-Simulation mehr Wert auf das realistische Fahren gegen die Uhr, oder soll man sich lieber mit drei bis fünf anderen Wagen über staubige Pisten und verschneite Bergpässe drängeln? Soll das Spiel Spezialbewegungen enthalten, die der Spieler sich erst antrainieren muß, und ohne die er aber auf höheren Spielstufen keine Chance mehr hat, oder soll das Spiel leicht und unmittelbar beherrschbar sein? Soll es mehr eine Herausforderung sein, so wie ein »sportliches« Auto, oder geht es einfach nur um Spaß, also um ein reines Spiel?

Ich selbst habe bei umfangreichen Fußballturniersimulationen wie zum Beispiel einer WM-Qualifikation den größten Spaß dabei gehabt, mit ausgesprochenen Außenseiterteams anzutreten. Die Nationalmannschaft von Tonga oder von Macao in der schwersten Spielstufe überhaupt erst einmal bis in die Hauptrunde zu bugsieren, ist schon ein Krimi für sich. Im Viertelfinale dann gegen Argentinien auszuscheiden ist genauso ärgerlich wie unvermeidbar, an Dramatik aber schwer zu überbieten.

Oder ich habe zwei aufeinanderfolgende Seasons der schottischen Premier League gegen einen Freund gespielt. Die schottische Fußball-Liga besteht nur aus zehn Mannschaften, deshalb kann man sie gut zwischen zwei Spielern aufteilen, ohne komplett den Überblick zu verlieren oder ohne andauernd gegen sich selbst spielen zu müssen.

Dafür sieht die Scots League aber vier Spiele gegen jeden Gegner vor, nicht nur Hin- und Rückrunde wie in der Bundesliga. Jeder von uns spielte also vier Mannschaften, die beiden spielstärksten, Glasgow Rangers und Celtic Glasgow, übernahm der Computer, bei Spielen gegen eigene Mannschaften errechnete der Computer ein simuliertes Endergebnis. Der Computer hat keinen Ehrgeiz zu gewinnen, deshalb betrügt er nicht – er spielt nur sehr, sehr gut. Im Laufe beider Seasons kristallisierte sich immer neben dem Kampf der beiden Spieler auch ein Kampf der Menschen gegen die Computermannschaften heraus. Die Spannungskurve verlief entlang zweier steiler Klippen.

Noch ein Beispiel. Computergolf mag für den Zuschauer eintönig und langatmig wirken, aber es ist dann brillant, wenn man es gegen ein Konglomerat von mindestens zwei menschlichen und mindestens zwanzig vom Computer geführten Gegenspielern bestreitet – und zwar im Rahmen eines ausgeklügelten, aus zwischen acht und zweiunddreißig Einzelspielen bestehenden Turnieres, das sich über mehrere Jahre hinzieht. An einen Gesamtsieg ist angesichts eines derart großen Teilnehmerfeldes nicht zu denken, aber jeder gelungene Schlag bringt einen auf den Tabellen nach vorne und jeder mißlungene nach hinten. Jede einzelne Partie auf einem Platz dauert zwischen vier und sechs Stunden Echtzeit, und jedes einzelne Loch, jeder einzelne Schlag stellt eine Grundsatzentscheidung dar wie das ritualisierte Fortbewegen in der Verbotenen Zone von »Stalker«. Computergolf ist eine Meditation mit schweißnassen Händen.

Alle Sportarten werden am Computer abstrakt und ähnlich, weil man sie mit derselben Steuerungsapparatur beherrscht. Man braucht keine Fußballerwaden mehr, keine Eisschnelläuferschenkel, keinen Boxertorso oder keinen Tennisarm. Man arbeitet statt dessen unmittelbar an der Essenz: der allem zugrundeliegenden Balance von Geschwindigkeit und Präzision. Je schneller, desto weniger präzise, je präziser, desto langsamer. Es gibt auch ein Balanceverhältnis zwischen Geschwindigkeit und dem absoluten Stillstand, jenem kontemplativen Zustand, den man erreicht, wenn die Steuerungsbewegungen bei hoher Speed unwillkürlich ablaufen. Unwillkürlich und fast unmenschlich perfekt, jedoch mit einem dem maschinellen widersprechenden Spielraum für detaillierte Abweichungen.

Die Steuerungsapparatur (Controller, Joystick oder Tastatur) versinnbildlicht die Fusion und somit universalsprachliche Beherrschbarkeit völlig disparater Sportarten. Im Grunde genommen sind nämlich Golfen und Rallyefahren identisch. Es gilt, ein Objekt (Ball oder Auto) möglichst schnell (also mit möglichst wenig Schlägen oder in möglichst wenig Sekunden) einem fest definierten Ort zuzuführen (einem Loch oder einer Ziellinie, wo das Objekt quasi verschwinden kann, um ohne gemessenen Schlag- oder Zeitverlust am Startpunkt der nächsten Etappe wieder aufzutauchen), und der Schlüssel zum Erfolg liegt darin, möglichst auf der Ideallinie zu bleiben und nicht im Rough zu landen oder von der Fahrbahn herunterzudriften. Symptomatisch für beide Sportarten ist auch das Fehlen direkter Gegenspieler, die einem (wie zum Beispiel im Fußball) am Erreichen des Ziels hindern wollen. Im Golf und beim Rallyefahren ist man mit der Ideallinie allein, und die Konkurrenten spielen – quasi in Paralleluniversen hintereinandergeschaltet – alle in derselben Richtung. Statt direkter Gegner gibt es einen Verbündeten: Was dem professionellen Golfspieler sein Caddy, ist dem Rallye-Fahrer sein Beifahrer.

Gegenthese: Die unterschiedlichen Tastenbelegungen eines Controllers apostrophieren eine Aufspaltung in grundverschiedene Welten auf engstem Raum. Symbolistische Atome, die sich jedem neuen Spiel neu (unter)ordnen. Die Taste, die ich eben noch gedrückt halten mußte, um Hochbeschleunigung herbeizuführen, ist jetzt die, die ich drükken muß, wenn einer meiner Spieler einem anderen den Ball zupassen soll. Die Geschwindigkeit ist jetzt woanders. Bremsen gibt es gar keine mehr, statt dessen mehrfaches Drücken für einen Kopfball oder einen Fallrückzieher. Links ist nicht mehr links und rechts nicht mehr rechts, denn die Darstellungsperspektive hat sich geändert. Dennoch finde ich mich zurecht. Alles Denkbare ist regelbar vermittels einer einzigen Steuerungsapparatur.

Vielleicht kann man auch in Wirklichkeit die Tour de France, die Rallye Paris–Dakar, die Champions League, den Admiral's Cup und Wimbledon mit ein und demselben Fahrrad gewinnen?

Die Welt des virtuellen Sports ist nicht nur wundersam, weil sie bunt ist, schnell, gefahrvoll und vielseitig, sondern auch deshalb, weil sie einen dazu befähigt, die Regularien des wirklichen Lebens mit neuen Augen

: Zwischenspiel : Die wundersame Welt des virtuellen Sports

zu sehen. Die Existenz eines Fußball-Weltverbandes mit seinen Zigtausenden von Spiel- und Organisationsgesetzen ist ja auch deswegen nicht absurd und kindisch, weil damit Milliardenbeträge umgesetzt werden. Fußball ist somit als »wichtig« definiert und wird als »wichtig« akzeptiert. Mit dem entsprechenden Geld im Rücken könnten vielleicht auch Randsportarten ganz groß rauskommen. Da es bereits erste Ansätze gibt, Computerspieler in virtuellen Sportarten gegeneinander antreten zu lassen, mit nicht-virtuellem Geld als Motivationsfaktor, ist ein sich über mehrere Jahre hinziehendes Computergolfturnier, bei dem es wirklich um etwas Bedeutendes geht, vielleicht keine so absurde Idee, vielleicht sogar nur ihrer Zeit voraus. Die Zukunft wird dies zeigen.

Die Zukunft wird auch Sportspiele immer weiter generieren. In jedem neuen Jahr erscheint eine Fußballsimulation, die realistischer aussieht, als alles bisher Dagewesene, in der die Spieler flüssigere Bewegungsabläufe haben und die Gesichter mit fotografischeren Texturen belegt sind. Aber auch die neueste Entwicklung ist niemals echt genug. Für mindestens zwanzig Jahre wird hier immer noch Raum für Innovation sein, bis man dann eines Tages das Geschehen auf dem Spielmonitor vom Geschehen in der Sportschau nicht mehr wird unterscheiden können.

Danach wird sich die Schere wieder öffnen, denn es ist durchaus denkbar, daß der virtuelle Sport den echten Sport überflügelt. Kamerafahrten um einen fliegenden Ball herum sind mit realen Kameras nicht mehr machbar, für einen Computer jedoch ein absolut minderwertiges Problem. Das gleiche gilt für Rennen mit sechshundert Stundenkilometern und für jet-betriebene Hovercraft-Motorräder, die sowohl über Wasser als auch über Schlamm, Sand und Eis rasen können.

Alles Denkbare ist regelbar. Auch das ist olympisch.

Körper in Bewegung | Pitstop, Summer Games, Impossible Mission, 1983/1984 |

Die verschiedenen Spielefirmen konnte man auch an ihren Figuren erkennen. *Activision* setzte bei Pitfall Harry auf die solide Verzierung eines großen Blocks, der mit verschiedenen Farben zu einem Tarnanzugträger mit Gürtel und braunem Kurzhaarschnitt veredelt wurde. Beim Laufen blinkte immer abwechselnd ein braunes Quadrat vor und hinter dem Rumpf auf, um die Hand darzustellen, während sich unterhalb des Rechtecks vier Striche mit weiteren Quadraten hinund herschoben, um die Beinbewegung zu simulieren. Trotz aller humanoiden Qualitäten war das Ganze noch nicht sehr weit vom *Pong*-Schläger entfernt. *Electronic Arts* war da, seinem Namen gemäß, schon avancierter. Auch wenn ihre Pixelwolken in *One on One* die Gesichtszüge von Dr. J. und Larry Bird nicht unbedingt erkennen ließen, so erzeugten sie doch in der Bewegung einen recht naturgetreuen Eindruck von Basketballspielern. Das pointillistische Gewimmel des Standbildes löste sich auf zu einem Farbfluß, der vertraut schien. Aber das war alles kein Vergleich zu den Figuren, die in jenen »Megagames« einer Firma namens *Epyx* verwendet wurden und die uns zu nächtelangen Läufen durch Screens animierten.

Dabei hatte auch *Epyx* ziemlich grobpixelig angefangen. Ihr *Jumpman* aus dem Jahr 1983 stand Pitfall Harry in Sachen Rechteckkonstruktion in nichts nach, außer daß er mit spinnenartigen, in die Breite gezogenen Gliedmaßen daherkam. Seine Wirkungsstätte war ein aus simplen *ASCII*-Grafikzeichen zusammengesetzter Raum, der ebenfalls noch nicht mit feinem Strich aufwarten konnte. Auch *Pitstop* aus demselben Jahr präsentierte Autos wie aus fünf Legosteinen zusammengesetzt, während *Atari* in *Pole Position* schon Ansichten auf Rennautos lieferte, die in manchen Kritiken vorsichtig mit dem Etikett »realistisch« versehen wurden. Trotzdem war *Pitstop* die bessere Wahl. Denn was nützte alle äußere Perfektion, wenn man doch nur beschleunigen und ausweichen konnte? *Pitstop* bot dafür schon im Titel das an, was auch im wirklichen *Formel 1*-Zirkus die Rennen spannend macht: das taktische Reifenwechseln und Auftanken. Während der Runden wurden die Reifen langsam grün, die Farbe steigerte sich zu orange, um dann in einem gefährlichen Rot zu münden. Wer jetzt nicht wechselte, schaffte keinen weiteren Kilometer. Die überragenden Fähigkeiten eines Rennfahrers in einem grandiosen Auto wurden zwar bereitgestellt, allerdings mußte man in *Pitstop* sorgsam mit ihnen umgehen, sie hegen und pflegen, sonst raste man vielleicht an allen vorbei, jagte sich aber schließlich selbst in die Luft.

Nach *Pitstop* sollte es aber auch grafisch exzellent werden. Das hieß aber, derselben Logik folgend, daß ein adäquates Spiel alles bisher Dagewesene in den Schatten stellen mußte. Es sollte nicht nur nette Details haben, nein, es mußte selbst aus verschiedenen Spielen mit jeweils eigenen Besonderheiten bestehen. Zuviel Programmieraufwand für eine Person, also wurde ein ganzes Team angesetzt, um diese Aufgabe zu erfüllen: Scott Nelson, Erin Murphy, Stephen Mudry, Brian McGhie, Stephen H. Landrum, Jon Leupp und Randy Glover. Innerhalb eines Jahres gelang ihnen die Umsetzung. Von einer Publikation auf die andere besaß *Epyx* plötzlich die beeindruckendste und glatteste Grafik von allen. Nicht nur, daß die Grafik alles andere in den Schatten stellte, nein, sie paßte einfach zum Spiel. Die Form folgte der Funktion. *Summer Games* erschien 1984 und war das bis dahin ambitionierteste Sportspiel, denn nicht nur eine Sportart mußte simuliert werden, sondern eine ganze Olympiade, mit allem Drum und Dran wie Eröffnungsfeier, Nationalhymnen bei Siegerehrungen, Medaillenspiegel und Zuschauerreaktionen auf Höchstleistungen. Dazwischen so unterschiedliche Bewegungsformen wie Stabhochsprung, Freistilschwimmen, Turmspringen, Barrenturnen oder Staffellauf. Die gleichzeitig reduzierte wie stilisierte Grafik, die nicht mehr an die Pixelmonster der anderen Spiele erinnerte, ließ den Spieler in ein tiefes Spielerlebnis rutschen. Nirgends wurde das so deutlich wie bei den nahezu klassisch zu nennenden Sportlerfiguren.

Wie schwierig es war, solche Figuren, sogenannte »Sprites« zu erstellen, hatten wir selbst erleben müssen, als der *C128* von *Commodore* mit einem eingebauten Sprite-Editor aufwartete. Unsere Versuche, auf den Computerbildschirmen im Kaufhaus einen knallharten Kraftausdruck herumschwirren zu lassen, endete meist mit krakeligen, unproportionierten Buchstaben, die sich planlos durcheinander bewegten. Schon einen Pitfall Harry zu gestalten, überstieg unsere Fähigkeiten, selbst die der an *Lego* und *Ministeck* geschulten Schulkameraden. Das künstlerische Können für die aus mehreren Sprites zusammengesetzten, in leichter Vorlage und sanft federnd laufenden, langbeinigen Trikotträgerinnen und -träger von *Summer Games* unterschied sich von unseren Tuschkasten-geschulten Patschhänden wie *Hamlet* von Schulaufsätzen.

Tragisch nur, daß wir diese perfekten Körper im Spiel kaum noch erlebten. Denn trotz aller grafischen Perfektion (oder gerade wegen ihr), waren sie nichts weiter als kurzfristige Platzhalter, die uns den Beginn einer Disziplin anzeigten. Danach waren wir sofort wieder auf unsere eigenen Fähigkeiten zurückgeworfen. Wir waren nicht mehr Superhelden, die lässig über den Bildschirm zischten und Gegner mit Laserwaffen ausradierten, den Bildschirm nahmen wir überhaupt nicht mehr wahr. Nein, plötzlich waren wir verzweifelt mit unseren Joysticks hin- und herruckelnde, rotgesichtige Wesen in Trance. Bis zu diesem Jahr waren Computerspiele ein virtuelles Geschehen gewesen, jetzt waren sie nur ein Katalysator für realen Sport. Unsere Handgelenke schmerzten. An unseren Handinnenflächen entstanden Blasen, die wir durch Weiterspielen aufscheuerten. Jeder probierte seine eigene Körperhaltung aus, manche ganz locker an ihrem mit Saugnäpfen befestigten Joystick tippend, andere in Embryonalhaltung um ihren Steuerknüppel im Schoß gekrümmt. Daß man ein Hundertmeterrennen lief, war nur vorher und nachher wichtig, mittendrin ging es um die Überwindung des eigenen Körpers.

Spätestens mit *Summer Games* wurde es wichtig, seinen eigenen Joystick mit zu den gemeinsamen Spieleabenden zu bringen. Denn jetzt waren Joysticks echtem Verschleiß ausgesetzt. Nach zwanzig Hundertmeterläufen von *Summer Games* fing ein *Quickshot* an, labberig zu werden. Die vier Metallippen in seinem Inneren wurden nicht mehr präzise genug heruntergedrückt, so daß Spielfiguren entweder stehenblieben oder sich ruckartig in irgendeine Richtung bewegten. Bei Preisen von 30 bis 60 DM für einen vernünftigen Steuerknüppel ein triftiger Grund, niemanden mehr an den eigenen heranzulassen, denn alle anderen hatten keine Ahnung, wie man mit diesem wertvollen Exemplar umgehen mußte. Zu Gruppenspielen erschien man dann auch wie Tom Cruise in *Die Farbe des Geldes* mit seinem einzigartigen, zusammenschraubbaren Billard-Queue. Für geringere Aufgaben nahm man Gebrauchsjoysticks, zum Beispiel Sonderangebote von *Commodore*, aber wenn es dann ernst wurde und äußerste Präzision gefragt war, dann öffnete man den Rucksack und wickelte den *Competion Pro* mit Mikroschaltern im transparenten Gehäuse aus den Tüchern. Der antiquarische Billard-Queue, das legendäre geborstene Schwert des Königs, der in 23 Finalrunden ungeschlagene Siegerjoystick. Alle wußten, daß diese Waffe nur eingesetzt wurde, wenn sein Besitzer sich absolut sicher war. Für Niederlagen hatte der Dutzende von geringeren Knüppeln verschlissen. Dieser hier war nur für den entscheidenden Schlag reserviert.

Niemand glaubte, daß nach *Summer Games* überhaupt noch andere Computerspiele möglich gewesen wären – außer *Summer Games II* natürlich, das auch prompt im nächsten Jahr erschien (wie auch *Winter Games, World Games, California Games, California Games II* etc.). Doch wie bei den Entwicklungsphasen vorher galt auch hier die Regel: Erst kommt der Sport und dann kommt die Erzählung. So wie auf *Breakout* die *Space Invaders* folgten und eine ähnliche Struktur mit einer spannenden Geschichte verknüpften, so entwischte eine der Figuren aus *Summer Games*, um seine sportlichen Fähigkeiten für die Bekämpfung eines größenwahnsinnigen Wissenschaftler einzusetzen, der die Welt mit seinen Roboterkreationen vernichten wollte. Wahrscheinlich war er Turmspringer, denn immer, wenn er über Abgründe oder Funkenstrahlen sprang, hielt er seine Beine umklammert und machte eine Rolle vorwärts in der Luft. Und wenn er stillstand, dann tat er es immer mit angewinkelten Beinen, so als wolle er sich gleich vom Brett abdrücken und in die Luft schnellen. Er trug aber keine Badhose mehr, sondern Lackschuhe, Anzughose, weißes Hemd und Weste, kein Jackett. Standardoutfit eines Geheimagenten.

Das Spiel *Impossible Mission* aus dem Jahr 1984 ist tatsächlich aus der Beschäftigung mit *Summer Games* entstanden. Der Programmierer Dennis Caswell spielte mit einem der Sprites herum, die für *Summer Games* entwickelt worden waren, und war allein von dieser Figur fasziniert. Ganz ähnlich wie bei einem Kind, das mit seiner *Playmobil*-Figur stundenlang durch die Luft fährt und dabei Abenteurfilme in Überlänge erlebt, entstand auch bei Dennis Caswell eine Geschichte im Kopf, während er diesen Sprite eine Rolle nach der anderen machen ließ. Es war die alte Geschichte von dem narzistisch gekränkten Wissenschaftler, der eine unterirdische Festung mit Kampfrobotern baut, sich dort verschanzt und den Zugangscode zu seinem Laboratorium als 36-teiliges Puzzle in den Möbeln, Büromaschinen und Sanitäreinrichtungen seiner 32 Wohnräume versteckt. Ohne Zögern machte sich Dennis Caswell daran, diesen Tagtraum in ein Computerprogramm zu übersetzen. Es entstand ein Spiel, das für lange Zeit das Maß aller Dinge war. Das Über-Computerspiel.

Die Größe von *Impossible Mission* lag nicht in seiner exzellenten Grafik und flüssigen Steuerung begründet, das waren zwar notwendige Bestandteile, aber es war nicht hinreichend. Es lag auch nicht daran, daß populäre Klischees wie Bombencountdown oder ein verrückter Wissenschaftler aus den *James-Bond*-Filmen oder der namensgebenden *Mission: Impossible*-Fernsehserie übernommen wurden. Auch die gänsehauterzeugende Spracherzeugung, die so schöne Reden von Envil Atombender wie »Another visitor, stay a while, stay forever« über die Lautsprecher schallen ließ, reichte nicht als Erklärung aus. Sondern daß alles zusammenkam und dadurch etwas ergab, was über sich hinauswuchs. Das Ganze war wieder einmal mehr als die Summe seiner Einzelteile.

In der wirren und dunklen Prosa des Medientheoretikers Marshall McLuhan findet sich die These, daß jedes neue Medium bestimmte Aspekte seiner Vorgänger in sich aufnimmt und verarbeitet, um dadurch zu den eigenen Fähigkeiten und Ausdrucksformen zu gelangen. Der Film, beispielsweise, war zunächst abfotografiertes Theater, bis der Einsatz des Schnitts zu einer eigenständigen Gestaltung von Raum und Zeit führte, die andere Geschichten ermöglichte. Es waren immer noch Fotografien, es waren immer noch Schauspieler, es waren immer noch romanhafte Storys, aber trotzdem entstand etwas, das über alles hinausging. Etwas, was man vorher noch nicht kannte und was auch jetzt nur notdürftig mit »filmisch« bezeichnet werden konnte. Ganz ähnlich bei den Computerspielen. *Summer Games* war großartig, keine Frage, und es war ein perfektes Computerspiel, aber es war die perfekte Simulation von etwas anderem mit den Mitteln des Computers, nichts eigenes. Erst indem die technischen Möglichkeiten von *Summer Games*, die Genre-Vorgaben von Spielen wie *Jumpman* oder *Pitfall*, die narrativen Möglichkeiten von *Donkey Kong* mit verschiedenen Versatzstücken aus anderen Medien zusammengefügt wurden, entstand etwas, das so nirgendwo anders zu erleben war.

Nachdem *Summer Games* mit seiner Perfektion uns wieder auf unseren Körper zurückgeworfen und zu Bestandteilen der Maschinerie gemacht hatte, verwandelte uns *Impossible Mission* wieder zurück in die Geistwesen, die ein Computerspiel bewohnen. Allerdings auf einem höheren Niveau, indem es uns genau diese Geschichte von dem Geist in der Maschine mit originellen Mitteln erzählte. Nicht nur, daß es ein tolles Computerspiel war, nein, es war auch ein Computerspiel über das Computerspielen. Das federnde Laufen durch 32 Räume, bei dem es auf die richtige Stellung der Fahrstühle zueinander, den richtigen Zeitpunkt für Ortsveränderungen, das Benutzen von Codes und das Durchsuchen von Apparaturen ankam, war ein Gleichnis. Indem wir spielten, konnten wir erleben, wie wir spielen. Computerspiele hatten jetzt eine Tradition und damit eine Kultur. Der Agent von *Impossible Mission* spielte eigentlich ein Computerspiel, und wir spielten ihn, wie er spielte.

Nirgends wurde das so deutlich, wie in dem »m1a9366b Pocket Computer«, den die Figur bei sich trug und der auf den Gängen zwischen den Roboterräumen aktiviert werden konnte. Hier gelangte man auf die Abstraktionsebene des Spiels, die einem die Lösung des großen Ganzen ermöglichte. Hier konnten die Puzzleteile gedreht, umgefärbt, kombiniert werden, hier konnte man sich in die Mailbox der Zentrale einloggen, um Hilfe zu bekommen, hier erhielt man Auskünfte über die verbleibende Zeit und sah eine Karte des Gesamtkomplexes. Der Computer, an dem man saß, machte es möglich, daß man in eine Story versetzt wurde, in dem man einen Computer benötigte, um weiterzukommen. Zusätzlich konnte man sich in Terminals einloggen, um mit gesammelten Codes die Roboter für gewisse Zeit aus dem Spiel herauszudividieren oder die Fahrstühle in ihre Ausgangsstellung zurückzuführen. Ganz so, als wäre man der Programmierer des eigentlichen Spiels, der die Befehlszeilen für die Roboter einfügt oder löscht, oder als würde man in der Systemsteuerung den Menüpunkt »Default Settings« anklicken, um die Werkseinstellungen der Soft- und Hardware wiederherzustellen. *Impossible Mission* setzte Erfahrungen mit Fernsehserien, mit Filmen, mit Sport, aber auch mit Computerspielen und Computern voraus und forderte den Spieler auf, dieses neue Weltwissen in der bestmöglichen Weise einzusetzen.

Nach *Impossible Mission* gab es kein Zurück mehr. Jetzt war klar, was Computerspiele eigentlich können. Sie konnten von uns und dem Computer erzählen. Dabei mußte alles zum Einsatz kommen, was das Medium bis dahin hervorgebracht hatte: die Körperlichkeit von Sportsimulationen und die Körperlosigkeit von Adventures, die Raumerzählung von Geschicklichkeitsspielen und die Atemlosigkeit von Shootern. Dazu eine Grafik, die so perfekt sein mußte, daß man sie nicht mehr wahrnehmen brauchte, und ein Sound, der nicht für einen Hintergrund, sondern für Atmosphäre sorgte. Wie bei den Sprites kam es auf die Kombination von einzelnen Elementen an, die sich entweder zu etwas Grobschlächtigem und Holprigen zusammensetzten oder zu einer Einheit verschmolzen, die ihre Ursprünge vergessen ließ und zu Höherem strebte. Wer jetzt noch Spiele programmierte, die aus einer einzigen Screen mit einem von links nach rechts zuckenden Strich am Boden bestanden, der benahm sich ungefähr so wie jemand, der das Daumenkino für das richtige Medium hält, um von einem Killerroboter zu erzählen, der aus der Zukunft geschickt wurde, um einen späteren Rebellenführer zu ermorden. Jedes neue Computerspiel mußte jetzt berücksichtigen, daß wir inzwischen Teil des Ganzen geworden waren. Aus uns und den Computern war etwas Eigenes geworden. Wir hatten schon länger eine Beziehungskiste.

Das Leben in den Zeiten der Commodore-Ära | Boulderdash, Elite, Paradroid, Hacker, Little Computer People, 1984/1985 |

Auf Eltern, die in Zeiten der Umwälzung Jugendliche waren, kommt irgendwann die Frage ihrer Kinder zu, was sie denn damals gemacht hätten. So auch auf uns, wir sind langsam in dem Alter. Aber was haben wir gemacht? In welcher Weise haben wir an der »Silizium-Revolution« teilgenommen? Wie sah es aus, unser Leben in den Zeiten der *Commodore*-Ära? Schlimme Fragen. Denn die Antwort dürfte uns schwerfallen. Wir haben weder Maschinenspracheprogramme verfaßt, noch die CD erfunden, noch an leistungsfähigeren Festplatten gefeilt. Wenn wir ehrlich sind, haben wir nur rumgesessen und nichts gemacht. So sah es zumindest aus. Von unseren unzähligen Reisen, unseren unermeßlichen Schätzen, unseren Abenteuern ist nämlich nichts geblieben. Sie verschwanden mit dem Drücken auf den kleinen Kippschalter auf der rechten Seite eines karamelfarbenen Kastens. Manche Spuren müßten noch auf lächerlich großen Floppy Disks zu finden sein, die damals tatsächlich noch floppy, also biegsam waren und darum mit äußerster Sorgfalt behandelt werden mußten. Aber auch wenn man sie fände, sie wären unleserlich, selbst in sporadisch noch zu findenden $5^{1}/_{4}$-Zoll-Laufwerken in alten 386er PCs. Die Highscorelisten sind vergangen. Was bleibt, sind Erinnerungen.

Mit Rockford gruben wir uns einmal durch eine verschüttete Diamantenmine. Rockford war eigentlich ein Mensch, der einen Ringelpullover trug, allerdings erinnerte sein grauer Kopf mit den zwei leeren Augenhöhlen eher an ein Insekt. Auch seine Fähigkeit, Erde, durch die er sich hindurchbewegte, einfach verschwinden zu lassen, ließ eher an einen dreckfressenden Wurm denken, als an einen durchschnittlichen Schatzgräber. Mit seinen zwei Höckern auf dem Kopf haftete ihm außerdem noch etwas Diabolisches an. Trotzdem stand er voll unter unserem Kommando. Bewegten wir den Joystick nach rechts, dann grub sich Rockford pflichtbewußt durch Erdschichten und schluckte die funkelnden Diamantenromben, die überall aufzuspüren waren. Aufpassen mußten wir nur, daß wir ihn nicht so bewegten, daß sich Felsbrocken durch die Erdabtragung lösten und ihn erschlugen. Wobei »erschlagen« nicht das richtige Wort ist. Das Schlucken von Diamanten schien Rockford so spröde gemacht zu haben, daß er beim Auftreffen der Felsbrocken in Tausende von Teilen zersprang, mit einer solchen Wucht, daß er auch alles um sich herum pulverisierte.

Ausgedacht hatte sich dieses Abenteuer Peter Liepa. Er nannte es *Boulder Dash*, was soviel wie »Felsensturz« bedeutet. Damit war die Spielidee schon sehr genau beschrieben. Wie bewege ich mich durch einen Raum, um verstreute Diamanten aufzuheben, wenn jeder Schritt die Gesamtstatik verändert und zu einem Sturz der überall verteilten Felsen führen kann? Viel Zeit zum Überlegen blieb nicht. Denn nicht nur, daß Rockford ungeduldig mit dem Fuß aufstampfte oder enervierend mit seinen finsteren Augen blinzelte, wenn man ihn nicht bewegte, er mußte sich auch innerhalb eines Countdowns bis zum Ausgang bewegt haben, der sich, noch nervenaufreibender, nur öffnete, wenn man auch noch eine bestimmte Anzahl von Diamanten aufgesammelt hatte. Von den fiesen Schmetterlingen, dem wabernden Magma oder den hypnotischen eckigen Spiralen mal abgesehen, die unterwegs lauern konnten, waren die Felsen tatsächlich das Hauptproblem. Sie regneten herunter bei jedem Schritt, und wenn sie Rockford nicht erschlugen, dann versperrten sie ihm vielleicht den Weg, so daß er ohnmächtig das Herunterticken des Countdowns abwarten mußte. *Boulder Dash* war eine faszinierende Ausgestaltung der Raum-Fiktion, ein Spiel, das mit einer begrenzten Anzahl von einfachen Regeln auskam und unendliche Spielmöglichkeiten erzeugte. Mit dem *Boulder Dash Construction Kit* konnten wir zudem unsere eigenen Räume anlegen und anderen als Aufgabe stellen. Das war das erste Mal, daß wir die Welt, in der wir spielten, tatsächlich aufbauen konnten.

Ein anderes Mal jagten wir durch den Weltraum. An sich nichts Besonderes, denn das hatten wir schon tausend Mal vorher getan. Jetzt war es aber anders. Es war echt. Das war nicht mehr nur ein simples Dreieck, das man über den Bildschirm hin- und herschieben konnte, wie es einem gefiel, um Aliens, UFOs oder Asteroiden abzuballern. Statt dessen schaute man aus seinem kleinen Fenster in die Schwärze des Universums und war auf seine Geräte angewiesen, um überhaupt irgendwo hin zu gelangen, um zu wissen, daß gleich Angriffe erfolgen würden, um Hyperraumsprünge zu planen, um die Raumstationen orten zu können, an die man andocken konnte. Dieses Spiel war *Elite* von David Braben und Ian Bell. Eine Kombination der First-Person-Perspektive und Vektorgrafik von *Battlezone* mit dem Handelsprinzip von Spielen wie *M.U.L.E.* Als Spieler startete man mit einem kleinen Raumschiff, mit einem winzigen Budget und null Erfahrung im interstellaren Handel. Im Laufe des Spiels gewann man aber an Status. Je besser man die Märkte der verschiedenen Planeten miteinander verglich, je erfolgreicher man sich gegen Piraten unterwegs zur Wehr setzte, desto mehr Profit machte man bei seinen Verkäufen und desto besser konnte man sich ausrüsten.

Kein vorgegebenes Raum-Puzzle, keine vorkonstruierten Gegnermuster, auf die man sich einstellen mußte, sondern ein Geschehen, das sich durch die Erfahrung des Spielers mit dem Game veränderte. Die eigene Geschichte des Spielens schlug sich nieder auf das weitere Spielen.

Das funktionierte, weil *Elite* jene »unendlichen Weiten« bereitstellte, die im Vorspann von *Raumschiff Enterprise* beschworen wurden. Man begann in der Raumstation des Planeten *Lave*, aber dann konnte man sich sukzessive zu Tausenden von verschiedenen Planeten in mehreren Galaxien vorarbeiten, so weit die Tankfüllung reichte. Man lernte, zwischen den Regierungsformen und dem Grad der Industrialisierung der einzelnen Planeten zu unterscheiden, um die Handelschancen und die Gefahr durch Piraten abschätzen zu können. Man riskierte den Schmuggel mit verbotenen Gütern und schoß selbst andere Handelsschiffe ab, um ihre Ladung aufzunehmen, auch wenn das Einträge in das intergalaktische polizeiliche Führungszeugnis zur Folge hatte und man auf Fahndungslisten gesetzt wurde. Man wurde ein Meister des Anflugs auf die Andocktunnel der Raumstationen, den man genau senkrecht und mit derselben Rotationsgeschwindigkeit bewerkstelligen mußte. Später kaufte man sich dann die Andockautomatik, die das eigene Raumschiff wie in Stanley Kubricks *2001* zu Walzerklängen in die Station dirigierte. Man nahm Spezialaufträge an, die unvorhersehbare Folgen haben konnten – etwa, als aus einem harmlosen Transportjob eine Überschwemmung des Raumschiffs mit kleinen Pelzwesen erwuchs. Es waren so viele, daß sie selbst auf der Windschutzscheibe herumkrochen.

Wenn ein Spiel dadurch definiert ist, daß man bestimmte Regeln innerhalb eines festgelegten zeitlichen und örtlichen Rahmens so befolgt, daß sie zu einem exakt definierten Ende führen, dann war *Elite* kein Spiel mehr. Es gab keine Grenzen, weder räumlich noch zeitlich. Selbst wenn man das größte Raumschiff mit allen möglichen Extras besaß und die höchste Rangstufe des Universums erreicht hatte, konnte man einfach weitermachen. Weiter herumfliegen, weiter Handel treiben. Das Ziel dieses Spiels war das Weitermachen. Es näherte sich damit dem Leben selbst an. Das andere Leben wurde für uns immer schwieriger. In den Schulpausen redeten wir über die Abenteuer des vergangenen Tages, zeigten uns gegenseitig unsere Logbücher, in denen wir sorgfältig Marktpreise, Piratenangriffe, Planetendaten und Entfernungen eintrugen. Während dieser Gespräche wurde uns klar, was wir gerade versäumten, und so ließen wir die weiteren Schulstunden sein und gingen nach Hause, um uns wieder ins Cockpit zu setzen. Wir mußten unseren Dienst tun. Den durften wir nicht schwänzen.

Auch Helden hatten wir, Stars, die wir verehrten. Die Ikonen unserer Eltern wie Che Guevara, Janis Joplin, Frank Zappa und Konsorten sagten uns nichts (wobei wir den berechtigten Verdacht hatten, daß auch unsere Eltern nicht so genau Bescheid wußten, warum diese Menschen eigentlich so toll waren). Wir hätten uns dafür Poster von Andrew Braybrook an die Wand gehängt, wenn es sie denn nur gegeben hätte. Andrew Braybrook hatte mit *Paradroid* das Äquivalent eines *Beatles*-Albums geschrieben. Sehr eingängig und von einer perfekt ausgearbeiteten Schlichtheit. Bei den Liedern der Popkönige wippte jeder sofort mit und störte sich weder an holprigen Beats noch an simplen Melodien. Der Suchtfaktor, Kritiker würden es »Tiefe« oder »Anspruch« nennen, bestand dann aber darin, daß man beim wiederholten Hören immer mehr Facetten auf der perfekten Oberfläche entdeckte und die andauernde Rezeption zu einer großen Erzählung wurde. Ganz ähnlich war es bei *Paradroid*. Das »butterweiche Scrolling« – eine Wortzusammenstellung, die damals unvermeidlich war – kombiniert mit dem schlichten Kachel- und Röhrendesign des Raumschiffs, durch das man sich bewegte, war etwas, was man als »Stil« bezeichnen konnte. Die Spiele von Andrew Braybrook hatten Stil. Das war etwas anderes als bloßes Spielen. Das war ein Lifestyle-Statement. Ein Mode-Bekenntnis.

Vordergründig ging es bei *Paradroid* um nichts Besonderes. Ein Raumschiff mit verschiedenen Decks mußte von wildgewordenen Robotern befreit werden. Ein stinknormales Shooter-Szenario. Aber die Art und Weise, mit der man diese Aufgabe erfüllen mußte, machte aus diesem Spiel etwas Außergewöhnliches. Man steuerte nämlich nur eine Art Gedankenkappe, die erst über einen der Roboter gestülpt werden mußte, um mit diesem dann weiter durch das Raumschiff zu eilen. So konnte man entweder alle abschießen oder von Roboter zu Roboter hüpfen, um schließlich alle vertilgt zu haben. Das hatte den Vorteil, daß man sich immer höher in der Roboterhierarchie arbeiten konnte, um mehr Möglichkeiten zur Eliminierung oder zur Übernahme von anderen Robotern zu bekommen. Außerdem hatte man dann an den Computerterminals Zugang zu immer mehr Informationen über die verschiedenen Robotermodelle auf dem Schiff und konnte endlich Bilder der Roboter sehen, die sonst nur als Nummern auf dem Bildschirm erschienen. Den 615er Wachroboter zum Beispiel, über den man erfuhr, daß er als limitierte Auflage von 2000 Stück von der *Nicholson Company* gebaut worden war und deshalb ein begehrtes Sammlerstück darstellte. Oder den tonnenförmigen 883er Sicherheitsroboter, den man nach alten Aufzeichnungen einer englischen Fernsehserie aus dem 20. Jahrhundert angefertigt hatte und über dessen Abschreckungswirkung man zur Spielzeit nur noch schmunzeln konnte.

Im Laufe der Zeit entwickelte man Vorlieben. Bestimmte Robotermodelle lagen einem besser als andere. Der eine zog es vor, eines der 700er Kampfmodelle, die sich vorzugsweise in den Frachträumen aufhielten, zu übernehmen, um dann mit ihrem »Disruptor«, einer Art Elektroblitz, flächendeckend zu operieren. Der andere arbeitete lieber mit den tödlichen 800er Sicherheitsrobotern oder den nicht minder gefährlichen 400er Arbeitermodellen. Nur die Abfall- und Servierroboter standen bei niemandem hoch im Kurs. Es war offensichtlich, daß nicht nur Andrew Braybrook und sein Spiel Stil hatten, sondern daß jeder Einzelne von uns Stil hatte. Einen ganz bestimmten, den man ausleben und gegenüber anderen verteidigen konnte. Wie viele Streiterein hat es auf deutschen Pausenhöfen über die Vorzüge des Modells 711 gegenüber der 493er Einheit gegeben? Eine Menge. Ein völlig unwichtiges Thema? Ja, aber deshalb auch so offen für Grundsatzdiskussionen. Ein ideales Feld, um sich selbst zu behaupten, sich zu erleben, sich zu definieren. Stil war wichtig, denn Inhalte waren selbstverständlich geworden, darüber konnte es keine Auseinandersetzungen mehr geben. Wir wuchsen auf als Gruppe mit einheitlichen Grundsätzen und mußten unsere Individualität im reinen Geschmack finden. Nichts drückt das besser aus, als eine Erinnerung an *Paradroid* auf der Internetseite www.gamebase64.com: »Die Nummern 476, 614, 742 und 821 werden für den Rest meines Lebens eine Bedeutung haben.«

Ein Spiel gab es, das drückte nicht unsere Träume aus, die wir immer schon gehabt hatten, wie Raumflug, Schwertkampf mit Orks, Herumhüpfen im Wunderland, sondern es romantisierte unsere Beschäftigung mit dem Computer. *Hacker* von Steve Cartwright erzählte die Geschichte der modernen Tunnel und Gänge, durch die zeitgenössische Hobbits kriechen müssen, um die Drachen unserer Zeit zu erschlagen. Genauso, wie es dort auf dem Bildschirm präsentiert wurde, war unsere diffuse Vorstellung vom Tagesgeschäft des *Chaos Computer Clubs* oder anderer Hacker-Bünde der Republik: eine nüchterne Textoberfläche mit dem unmißverständlichen Aufruf »Login please«, die es zu überwinden galt, und danach kam das Zauberreich des weltweiten Datennetzes. Wir hatten keine Ahnung, was man eigentlich tun mußte, aber das Herumsausen in einem unterirdischen Röhrensystem war Action genug, um sich damit zu beschäftigen. Irgend etwas würde man beim Herumsurfen schon finden. So war es dann auch. Eine internationale Agentenverschwörung wurde durch unser Eingreifen verhindert.

Natürlich war die Vorstellung von einem Netz von Gängen, das den Globus umspannte und durch das man mit ultraschnellen Fahrzeugen herumrasen konnte, albern. Mit den realen Ausprägungen eines gerade erst wachsenden Internets, auf das mit Akustikkopplern oder per BTX-Terminals zugegriffen wurde, hatte das nicht viel zu tun. Trotzdem war es ein starkes Bild, etwas, das unsere Gefühle sehr treffend ausdrückte. Der Rückgriff auf klassische Abenteuererzählungen und ihr Inventar machte eines deutlich: die Beschäftigung mit dem Computer war eine Herausforderung. Eine Entdeckungsreise, ein Aufspüren von Möglichkeiten, eine Schatzsuche. Irgendwann in der Zukunft jedenfalls. Selbst wenn wir keinerlei technische Fähigkeiten hatten, so mußten wir uns dennoch bereithalten, mußten uns die Zeit vertreiben in einer Art elektronischer Wachstube. Irgendwann würde diese Welt auch uns rufen, zu was auch immer. Daß es Webdesign, Datenbankverwaltung, Online-Redaktion sein würde, konnten wir noch nicht wissen. Damals machten wir erst die Grundausbildung, die auch bei der Bundeswehr hauptsächlich aus Rumhängen, Bier trinken, LKW-Führerschein-Machen und gelegentlichem Drill besteht. So galt vor dem *C64*: Bereithalten, Schießübungen machen, die Maschinerie verinnerlichen, sich mit der neuesten Technik vertraut machen und gelegentlich Vorträge über Theorie über sich ergehen lassen. Das Ganze motiviert durch Geschichten wie die von *Hacker*, schließlich hielt auch die Bundeswehr ihre Rekruten durch Erzählungen von hochgerüsteten Ostblock-Armeen bei der Stange.

Vielleicht ist vor diesem Hintergrund auch verständlich, warum uns ein Spiel wie *Little Computer People* von David Crane so faszinieren konnte. Da gab es ein Haus mit drei Etagen, in das ein Mann mit Schnauzer und einem übergewichtigen Hund einzog. Der Mann spielte die ganze Zeit Mozart, Beethoven und Bach auf seinem Klavier, vorzugsweise während dabei der Fernseher lief, doch verschwand er verdächtig oft hinter einer Tür im Dachgeschoß, so daß wir ihn nicht mehr sehen konnten, fütterte seinen Hund, spielte am Computer und telephonierte. Pausenlos saß er in seinem blauen Ohrensessel und quakte in den Hörer. Das war schon alles, wenn man mal davon absieht, daß man per Eingabezeile im oberen Teil des Bildschirms, Botschaften an den Mann schreiben konnte. Die aber wurden von diesem bestenfalls durch Kopfnicken, weiteres Gequake oder ein Klopfen gegen die Monitorscheibe beantwortet. Um mehr zu erreichen, etwa eine Schachpartie gegen ihn zu spielen, mußte man sich durch ein dickes Manual quälen, in dem die Feinheiten der Mensch-Computerfigur-Interaktion erklärt wurden. Wir starrten weiter auf das Geschehen, überlegten, ob die gymnastischen Übungen im Schlafzimmer jetzt der richtige Moment seien, um ihn zum Plattenauflegen aufzufordern, versuchten, die Wasservorräte seines Hauses aufzufüllen oder lauschten einfach nur den immer wiederkehrenden vier klassischen Musikstücken, die er seinem grünen Klavier entlockte.

Warum taten wir uns das an? Fernsehlangweiler wie *Lindenstraße* oder *Das Traumschiff* hatten ein höheres Unterhaltungspotential als diese Beobachtung eines Comic-Haushalts. Selbst der Aufenthalt im Wohnzimmer bei unseren Eltern hätte uns mit abwechslungsreicheren Szenen versorgt. Es hätte keines dicken Manuals bedurft, um unsere Eltern zu irgendeiner Reaktion zu bewegen (obwohl wir uns manchmal ein solches gewünscht hätten). Aber es ging überhaupt nicht um Interaktion, es ging nicht um Unterhaltung.

Sonst wäre *Little Computer People* kein Erfolg geworden, und wir hätten es nach einer kurzen Inspektion auf irgendeinem *Datassetten-Tape* verschwinden lassen. Nein, es ging um Verinnerlichung, es ging um unser Selbstbewußtsein. Wenn man nämlich den Titel dieses Programms genauer betrachtete, war dort von »Leuten« die Rede, nicht von einem einzelnen Mann. Das sollte eigentlich auf die Hintergrundgeschichte verweisen, in der es den *Activision*-Labors gelungen war, die vielen kleinen Bewohner der Heimcomputer dieser Welt sichtbar zu machen. Aber wir wußten es besser. Die *Little Computer People* waren wir alle, Beobachter und Computerfigur zusammen. Er beobachtete uns genauso, wie wir ihn. Wir waren gleich. Auf der anderen Seite des Monitors passierte nichts anderes als bei uns. Fasziniert von diesem Spiegelbild verharrten wir wie Narziß vor dem See. Was dabei verschwand, war der Computer. Spielfiguren und wir verschmolzen zu einem einzigen Alltag, dessen Grundlage der Computer war, in dem er aber nicht mehr wahrgenommen wurde, weil er so vertraut war. Eigentlich war diese Maschine nur eine Leitung, der eigentliche Computer, das große Netz von Schaltkreisen waren wir alle, die wir vor den Monitoren verharrten.

Es ist schwer zu sagen, ob das als Erklärung ausreicht. So haben wir jedenfalls damals gelebt. Spiele hielten uns fest in dieser Anordnung vor dem Computer, machten ihn zunächst zu einer Erweiterung unseres Körpers, dann zu unserem Körper selbst. Die unglaubliche Fülle von verschiedenen Welten, die uns die Spiele bescherte, fing an zu einer Selbstverständlichkeit zu werden, zu einer einzelnen Tatsache. Man mußte nicht mehr erklären, was man mit dem Computer machen konnte, man mußte keine Gebrauchsanleitungen drucken, um uns den Zugang zu erleichtern. Der Computer war einfach da. Denkt heute noch jemand über die Arbeitserleichterung nach, die einem die Benutzung eines Textverarbeitungsprogramms beschert? Nein, genausowenig wie man über die Funktionsweise eines Bleistifts oder die Nährstoffbereitstellung durch Brot nachdenkt. Der Computer war zu einer Ideologie geworden, einer grundsätzlichen Überzeugung, zu der man uns mit Geschichten erzogen hatte. In den Geschichten hatte man uns vermittelt, daß mit diesem Kasten alles möglich sein wird. Also wollten wir auch alles Mögliche sehen.

Die »Silizium-Revolution« begann genau an diesem Punkt. Nicht in den siebziger Jahren mit der Erfindung des Mikrochips, nicht mit dem *Apple* oder dem *IBM-PC*, auch nicht mit der Einrichtung des Internets. Sondern zu der Zeit, als wir aus der Schule harmloser kleiner Spielcomputer entlassen wurden und von der ernsten Technik, die uns umgab, genau dieselben Möglichkeiten einforderten. Wir erkannten, daß wir an Bürocomputern Hacker, Sicherheitsroboter, Händler oder Arbeiter unter Tage in einem viel größeren Maßstab würden sein können. Mit viel besserer Grafik und unendlich größerer Rechenkapazität. Hinter dem Bildschirm und auch davor. Wir waren zu little computer people geworden, jetzt wollten wir auch aus unserer 8-bit-Pixeligkeit und unserem Vier-Lieder-Repertoire heraustreten und zu Real-Time-, First-Person-View-, Polygonen-Existenzen heranwachsen. Neue Prozessoren mußten her, größere Arbeitsspeicher, mehr Festplattenspeicher, um unseren Expansionsdrang zu unterstützen. Jetzt waren wir Space Invaders, wir fielen in Massen über die Technik her, die für einige wenige hergestellt worden war, drangen in ihre Bereiche vor und übernahmen sie. Der *Personal Computer* sollte unser neues Zuhause sein.

Wir spielen mit Bauklötzchen | Tetris, 1985-1989 |

Bevor es zu unserem Eintritt in die Welt der Personal Computer kommen konnte, passierte erst einmal das Gegenteil. Die Spiele kamen aus dem Monitor heraus und bewegten sich durch unsere Straßen, fuhren in unseren Autos, flogen mit unseren Flugzeugen und hielten sich in den Wartezimmern unserer Institutionen auf. Selbst zur Schule gingen sie mit uns. Ähnlich dem holographischen »Medizinischen Notprogramm« in der Fernsehserie *Raumschiff Voyager* benötigten sie aber auch ein kleines technisches Hilfsmittel, um sich frei bewegen zu können. Dieses Kästchen wurde von der japanischen Firma *Nintendo* hergestellt und nannte sich *Game Boy*. Der Erfolg dieses quasi monopolischen Hand-Held-Videospielsystems ist untrennbar verbunden mit einem einzigen Spiel: *Tetris*. Das ultimative, süchtigmachende, nicht beendbare, unbezwingbare Sortieren von fallenden Klötzchen unterschiedlicher Form. Eine Art negatives *Breakout*, eine Verschwörung des leeren Raums gegen den Drang des Menschen, sich mit seinen Bauten gegen das Nichts zu stemmen. Als *Tetris* 1989 auf den briefmarkengroßen grünen LED-Displays unserer *Game Boys* flackerte, war es aber schon vier Jahre alt und hatte eine Geschichte erlebt, die John Le Carré als Roman schreiben könnte, falls ihm irgendwann die Ideen ausgehen sollten.

Im Juni 1986 entdeckte der Londoner Videospielhändler Robert Stein im Budapester Institut für Computer-Wissenschaft ein Spiel, das ihn, der sonst kaum spielte, nicht mehr losließ. Stein war gebürtiger Ungar und schaute sich gelegentlich in seinem Heimatland um, ob er dort Computerentwicklungen und Programme finden würde, die er in England vermarkten könnte. In diesem Spiel mit Namen *Tetris* erkannte er sofort einen Mega-Hit. Er mußte sich die Rechte sichern, so schnell es ging. Der Direktor des Instituts erzählte ihm, daß er das Spiel von einem Freund im Moskauer Computerzentrum der Akademie der Wissenschaften zugeschickt bekommen hatte. Stein schickte daraufhin ein Fernschreiben nach Moskau, um sein Interesse an den Rechten für *Tetris* zu bekunden. Wochenlang passierte nichts. Stein konnte aber nicht warten. Ohne einen Kontakt zu den Erfindern von *Tetris* hergestellt zu haben, begann er mit Firmen zu verhandeln. Innerhalb kürzester Zeit schaffte er es, die Rechte für Europa, Amerika und Japan an die englische Firma *Mirrorsoft* und ihre amerikanische Tochterfirma *Spectrum Holobyte* zu verkaufen.

In der Zwischenzeit bemühte sich in Moskau der Wissenschaftler Alexej Patschitnow um die Möglichkeit, ein Fernschreiben als Antwort an Robert Stein zu schicken. Patschitnow war der Autor von *Tetris*. Inspiriert von einem Puzzlespiel hatte er es im Vorjahr für das russische Computermodell *Electronica 60* programmiert und dann mit Hilfe des 16jährigen Schülers Vadim Gerasimow in einer grafisch ansprechenden Form für *IBM*-kompatible Rechnern umgesetzt. Kopien des Spiels hatte er an seine Freunde verteilt, und auf diese Weise mußte es dann nach Ungarn gelangt sein. An eine kommerzielle Vermarktung hatte er nie gedacht. So etwas war in der sowjetischen Planwirtschaft nicht vorgesehen.

Software-Lizenzen waren etwas völlig Neues in Moskau, also wollte Patschitnow selbst verhandeln. Er hatte eine kurze Antwort auf Russisch formuliert und wollte diese nun ins Englische übersetzen lassen, wozu er eine Übersetzungsgenehmigung beantragen mußte. Danach benötigte er weitere Genehmigungen, um den Fernschreiber in einer anderen Abteilung benutzen zu können. Als die Genehmigungen da waren, hatte er einen Antrag zu formulieren, der von seinen Vorgesetzten abgezeichnet werden konnte. Nach einigen Wochen erhielt Stein schließlich die kurze Mitteilung: »Ja, wir sind interessiert und möchten einen Vertrag schließen.«

Stein flog daraufhin nach Moskau, um sich von Patschitnow und den Vertretern des Computerzentrums einen von ihm ausgearbeiteten Vertrag unterzeichnen zu lassen. Die Verhandlungen wurden zu einer Katastrophe. Statt alles abzunicken, fingen die Russen an zu feilschen. Wenn Stein 75 Prozent der Einnahmen als Tantiemen anbot, wollten sie 80, wenn er 10.000 Dollar Vorschuß anbot, wollten sie 25.000. Stein war darauf nicht vorbereitet und flog ohne Unterschrift zurück nach London. Seine Geduld war überstrapaziert, seiner Meinung nach hatte er den Moskauern die Möglichkeit geboten, überhaupt Geld mit ihren Erzeugnissen zu verdienen, und war in seiner Generosität brüskiert worden. Jetzt mußte ein Ersatzplan greifen. Er würde das Spiel unautorisiert vertreiben und im Notfall auf einige ungarische Versionen von *Tetris* für den *Commodore 64* als Grundlage seiner Lizenz verweisen.

Dieser Plan erwies sich allerdings als undurchführbar. Seine Kunden *Mirrorsoft* und *Spectrum Holobyte* hatten bereits mit einer der größten Marketingoffensiven der Computerspielgeschichte begonnen. Überall in der westlichen Welt lagen Schachteln in den Läden, auf deren rotem Hintergrund die Kreml-Basilika abgedruckt war, über die Matthias Rusts *Cessna* flog. Darüber prangte in großen Lettern *Tetris*, wobei das S in Form von Hammer und Sichel gestaltet war. Und beworben wurde das Ganze als »das erste Spiel von hinter dem Eisernen Vorhang«. Das Spiel als ein politisch neutrales Produkt auszugeben war unmöglich geworden, selbst eine ungarische Herkunft war nicht mehr glaubwürdig.

Die nächsten Monate waren ein Alptraum für Robert Stein. Je besser das Spiel sich verkaufte – was es tat, besser als jedes Spiel zuvor – und je mehr Publicity und Preise es bekam, desto schwieriger wurde es, Druck auf das Moskauer Computerzentrum auszuüben, endlich den Verkauf der Rechte an ihn durch Unterschrift zu bestätigen. Sie bestanden nämlich auf sofortigen Lizenzzahlungen und wollten Zinsen für die vergangenen Monate haben, in denen ihnen noch kein Geld überwiesen wurde. Schließlich schaltete sich sogar eine Regierungsinstitution ein, die *Elorg*, eine Behörde, die für den Import von Hard- und Software zuständig war. Sie prüften die bisherigen Vorgänge und kamen zu dem Schluß, daß Patschitnow verheerende Fehler begangen hatte, wodurch man ihm jegliche Verantwortung für Verhandlungen entziehen mußte. Ab jetzt war die *Elorg* zuständig, und sie setzte alles daran, die weltweiten Verkäufe von *Tetris* zu stoppen, wenn Stein sich nicht kooperativ zeigen würde. Die Stimmung zwischen den Verhandlungspartnern wurde auch dadurch getrübt, daß die russische Seite von der Marketingkampagne mit der Geschichte um Matthias Rust und dem Eisernen Vorhang erfuhr. Nach zähen Verhandlungen schlossen sie aber schließlich im Mai 1988 einen Vertrag, in dem Stein das Recht eingeräumt wurde, *Tetris* für »verschiedene Computer-Typen« zu adaptieren.

Inzwischen war ein weltweites Chaos ausgebrochen. *Mirrorsoft* und *Spectrum Holobyte* hatten unabhängig voneinander gleiche Unterlizenzen für *Tetris* an verschiedene Unternehmen vergeben, die ihrerseits wieder Unterlizenzen verkauft hatten, bis schließlich manchen Firmen von unterschiedlichen Seiten dasselbe Vertriebsrecht angeboten wurde. Ein riesiges Durcheinander, das zudem auf einer damals noch nicht vorhandenen rechtlichen Grundlage ruhte. Die Spieler dieser Welt ahnten von diesem Krieg hinter den Kulissen nichts. Sie waren süchtig nach *Tetris* und bekamen es auch, ob nun legal legal, illegal legal oder illegal illegal. Das sah Minoru Arakawa, der Chef von *Nintendo of America*, und beschloß, daß *Tetris* das richtige Spiel für das neue Produkt von *Nintendo*, den *Game Boy*, sei. Inmitten dieser ganzen Streitereien um die Computer-Rechte an dem Spiel hatte bestimmt noch niemand an Rechte für so etwas wie Hand-Helds gedacht. Er beauftragte den Videospiel-Händler Henk Rogers damit, diese Rechte für *Nintendo* zu besorgen. Als dieser bei Robert Stein und bei *Mirrorsoft* keinen Erfolg hatte, beschloß er, selbst nach Moskau zu fliegen. Seine Erkundigungen hatten jedoch auch Stein dazu angeregt, sich persönlich in Rußland bei seinen Kontaktleuten nach diesen Rechten zu erkundigen. Und zu allem Überfluß flogen zur selben Zeit auch zwei Vertreter von *Mirrorsoft*, Jim Mackonochie und Kevin Maxwell, nach Moskau, um sich dieses lukrative Marktsegment zu sichern.

Im *Elorg*-Haus fanden in Februar 1989 drei verschiedene Verhandlungen zur selben Zeit statt, ohne daß die verschiedenen Verhandlungspartner voneinander wußten. Die Russen spielten alle gegeneinander aus. Aus einer unbedachten Äußerung von Kevin Maxwell, daß es sich bei einer ihm vorgelegten *Tetris*-Kassette nicht um ein von seiner Firma lizenziertes Produkt handele, konnten die *Elorg*-Leute die Tatsache zimmern, daß sie niemals eine Lizenz besessen hätten. Robert Stein mußte einen Zusatzparagraph zu seinem Vertrag mit der *Elorg* unterschreiben, daß es sich bei den im Vertrag erwähnten »Computern« um *IBM*-kompatible Rechner mit Tastatur, Monitor und Drucker handele, wodurch ihm alle Möglichkeiten einer Videospielvermarktung genommen waren. Dagegen wurde Henk Rogers nicht nur die Hand-Held-Lizenz verkauft, sondern auch das Angebot gemacht, auch alle Heimvideospielrechte zu erwerben. Rogers informierte *Nintendo*, wo sofort alle Ressourcen aufgebracht wurden. Innerhalb weniger Wochen wurde man sich mit der *Elorg* handelseinig. Gerüchten zufolge soll *Nintendo* eine Vorschußzahlung von 5 Millionen Dollar als schlagkräftiges Argument auf seiner Seite gehabt haben. Am 22. März 1989 wurde der Vertrag unterzeichnet. *Nintendo* hatte alle Konkurrenten in einer Blitzaktion ausgestochen. Das Unternehmen hatte die allgemeine Verwirrung ausgenutzt und stand plötzlich als alleiniger Besitzer der Weltrechte da. Unzählige Firmen, die früher Unterlizenzen gekauft hatten, versuchten später, *Nintendo* zu verklagen, verloren aber ihre Prozesse und mußten ihrerseits Zahlungen an *Nintendo* leisten. Mit *Tetris* auf dem Display eroberte der *Game Boy* die Welt, und auch das *NES* von *Nintendo* zementierte seine Vormachtstellung in den Kinder- und Wohnzimmern. Es war der letzte Krieg zwischen gleichwertigen Gegnern gewesen, ab jetzt gab es nur noch *Nintendo* und danach lange gar nichts mehr.

Zu den Verlierern in diesem Krieg gehörten nicht nur Firmen wie *Atari Games*, *Tengen* oder *Mirrorsoft*, sondern auch Robert Stein, dessen Lizenzverträge mit der *Elorg* nach und nach für nichtig erklärt wurden, weil seine Lizenznehmer keine Tantiemen nach Rußland zahlen konnten. Der Mann, der *Tetris* entdeckt hatte, ging mit einigen Zehntausend Dollar Gewinn aus den jahrelangen Verhandlungen heraus, während andere Millionen mit dem Spiel verdienten und Weltimperien errichten konnten. Und nicht zuletzt war auch Alexej Patschitnow nur eine Randfigur in dem ganzen *Tetris*-Wirrwarr. Hätte er einen direkten Vertrag geschlossen, wie er in den USA üblich ist, dann hätte er selbst bei den Standardsätzen mindestens 3 Millionen Dollar mit seinem Spiel verdient. So ging alles Geld an die *Elorg*, die ihm zum Dank für seinen Dienst am Volk einen *IBM-AT*-Klon in sein Büro stellte, für den er bei seinem Gehalt in der Sowjetunion mindestens 16 Jahre hätte sparen müssen. Für ihn war es dennoch eine große Befriedigung, daß sein Spiel zu einer Art Völkerverständigung unter den Spielern beigetragen hatte.

Alles das, wegen ein paar fallender Klötzchen.

4   INTERNATIONAL GAMING MACHINES

Die Anschaffung eines PCs diente der Perfektionierung eines neuen Weltentwurfs durch erhöhte Rechenleistung. Die Arbeitswelt sollte mit der Erlebniswelt verschmolzen werden. Nichts drückt diesen Wunsch so gut aus, wie *Microsofts* Bemühen um das erste echte PC-Spiel der Geschichte, den *Flight Simulator*. Zunächst war das Programm gar nicht für den PC geschrieben worden, sein Schöpfer Bruce Artwick hatte 1980 den *Flight Simulator I* für den *Apple II*, den *TRS-80* und den *Atari 800* geschrieben und mit seiner Firma *Sublogic* vertrieben. Doch *Microsoft* witterte seine Chance. Ein Flugsimulator wäre die perfekte Ergänzung zu dem »Betriebssystemsimulator«, den es mit seinem *Windows* und seiner bei *Apple* entlehnten Benutzeroberfläche geschaffen hatte und mittels eines glücklichen Deals mit *IBM* als internationalen Standard durchgesetzt hatte. Die Illusion, das Innere eines Computers zu kontrollieren, die *Windows* verschaffte, weil dort Bilder von Papierkörben und Hängeregistraturen zu sehen waren, könnte durch die imaginäre Kontrolle eines Flugzeugs auf demselben Monitor noch verstärkt werden. Also kaufte *Microsoft* die Firma *Sublogic* kurzerhand auf und brachte 1984 den *Flight Simulator II* für *MS-Dos*-kompatible Rechner heraus.

Um ehrlich zu sein, dieser Flugsimulator war nur etwas für die absoluten Nerds. Drei Lagen von krickeligen Strichen kippten von einer Seite auf die andere und stellten eine detaillierte, aus Flughafen, Wald und Gebirge bestehende Landschaft dar. Darunter waren zwei Fenster mit abgerundeten Ecken angeordnet, die ein Cockpit abzubilden versuchten. Außerdem war die Welt nur ein paar Hektar groß. Flog man über die Berge, dann tauchte man ins Nichts ein. Man konnte ewig weiterfliegen. Das Quadrat, das hinter einem die sichtbare Welt darstellte, wurde immer kleiner und kleiner. Nichts für Spieler, höchstens etwas für solche, die es werden sollten und mit einem scheinbar sinnvollen, der Realität verhafteten Köderprogramm umerzogen werden mußten. Auch kein Grund, sich einen PC anzuschaffen. Jedenfalls nicht zu diesem Zeitpunkt, zumal der *Flight Simulator II* auch für den *C64* herauskam und keinen Deut schlechter war.

Die Situation änderte sich schlagartig im Jahr 1988. Mit dem Erscheinen des *Flight Simulator III* wurde die Grundlage für einen bis heute andauernden Kult gelegt, der für die Gründung von virtuellen Fluggesellschaft wie *Lynx Airways, Alta Loma* oder *Nobel Air* sorgte, der Magazine wie *Micro Wings* oder *Full Throttle* ins Leben rief, der David Wilkins einen 23stündigen Non-Stop-Flug von Sydney nach Washington D. C. machen und Lee James einen 8-Tage-Flug von London rund um die Welt mit 35 Zwischenstationen machen ließ – letzteres als Werbeaktion für eine karitative Einrichtung der *British Airways*. Auch ein Partykeller in Deutschland wurde im Laufe der Jahre immer mehr zu einem 1:1-Modell eines Jumbo-Cockpits umgebaut, mit einem Videobeamer, der das Monitorbild in Realgröße vor die Windschutzscheibe projizierte. Der *Flight Simulator* wurde zu einer der großen Konstanten im Software-Business der letzten Dekade.

Die Gründe dafür sind vielfältig. Zum einen war der Zeitpunkt im Jahr 1988 sehr günstig. Auf den *C64*s und Konsorten hatten wir bereits vieles gesehen, unsere Ansprüche waren gewachsen, außerdem fingen wir an zu studieren oder zu arbeiten, da lag ein Bürocomputer näher. Zum anderen waren PCs nicht mehr ominöse *IBM*-«Klone«, wie sie damals hießen, mit seltsamen XT, AT oder sonstigen Kürzeln verschnörkelt. Sondern sie waren nur noch Gehäuse für einen mächtigen Geist, der in seiner Nummernfolge einen ständigen Fortschritt propagierte. Die Firma *Intel* hatte die Deutungshoheit über die Hardwarewelt übernommen. Ihr 286er-Chip versprach genau den Himmel, in den wir mit *Flight Simulators* Hilfe vorstoßen wollten. Und genau dieses Versprechen einer ständigen Weiterentwicklung war ein weiterer Grund für den *Flight Simulator III*. Denn neben der bedeutend besseren Grafik beim Fliegen war auch die Welt eine andere. Zuerst waren es nur Chicago, Los Angeles, San Francisco, die mit erkennbaren Details vor den Windschutzscheiben auftauchten, aber schon bald folgte eine »Scenery-Disk« nach der anderen. Wir konnten die Welt Stück für Stück in unseren PC laden, bis wir selbst Swasiland oder die Falkland-Inseln im Griff hatten.

Der PC hatte also nicht gelogen. In ihm steckte tatsächlich die ganze Welt. Der Wechsel von den Heimcomputern zur ernsthaften Maschine war keine Fehlentscheidung gewesen. Als Beteiligte an den friedensbewegten und ökologisch bewußten Achtzigern hatten wir das Motto »Global denken, lokal handeln« verinnerlicht. In der

Welt der Computer bedeutete das aber, das wir uns zunächst den Globus denken können mußten, bevor wir uns daran machen konnten, an einzelnen Plätzen zu handeln. *Flight Simulator* verschaffte uns diesen Überblick. Mehr aber auch nicht. Die ganze Kraft ging drauf, um sich überhaupt in dieser privilegierten Position über den Wolken zu halten. Unsere Allmachtsphantasien gingen aber weiter. Jetzt wollten wir von da oben auch die Welt bestimmen. Wir wollten wieder spielen.

Diese Befriedigung verschaffte uns im nächsten Jahr, 1987, der Spieledesigner Will Wright. Er war als Programmierer mit der Aufgabe beschäftigt gewesen, Inseln zu designen, die dann innerhalb eines Spiels bombardiert werden konnten. Während der Arbeit stellte er aber fest, daß es ihm viel mehr Spaß machte, diese Inseln aufzubauen, als sie anschließend mit den Bomben wieder zu zerstören. Könnte man diesen Spaß nicht für ein Spiel ausnutzen, fragte er sich? Ausgestattet mit göttlicher Übersicht und der Möglichkeit, mit einem kleinen Fingerzeig Industriekomplexe entstehen zu lassen, wo vorher nur grüne Wiese war, würden die *Lego*-Spieler, Modellbahnbauer und Terrarienbesitzer dieser Welt in die Lage versetzt werden, ihre Bauwut auszuleben. Für ein Spiel mußte dann nur noch eine Eigendynamik hinzugefügt werden, jedes gebaute Element mußte von bestimmten Umweltfaktoren abhängig sein, Industriegebiete von Verkehrswegen, Wohngebiete von Luftreinheit und Kriminalitätsrate, Dienstleistungsgebiete von der Arbeitslosenrate usw. Wright schrieb ein Treatment und programmierte erste Demoversionen, von denen allerdings niemand etwas wissen wollte, am allerwenigsten die Firma, bei der er gerade Kanonenfutter zu designen hatte. Das Konzept erschien allen zu absurd. Wer würde Interesse daran haben, Stadtplanung zu betreiben, eine Sache, der man bestenfalls im Lokalteil der Zeitung mal begegnete und überblätterte oder über die man gelegentlich im Stau stehend schimpfte? Will Wright blieb nichts anderes übrig, als eine eigene Firma zu gründen, *Maxis*. In eigener Regie erschien dann 1989 *Sim City*.

Das Spiel, das keiner haben wollte, wurde in seinen verschiedenen Fortsetzungen und Modifikationen bis heute millionenfach verkauft. Es gibt wohl niemanden, der nicht schon einmal den Straßenbaucursor über den grünen Untergrund gezogen hat und mit dem satten Preßlufthammersound die Hauptverkehrsadern einer aufstrebenden Metropole definierte. Oder der sich über die Ansprüche seiner Bevölkerung ärgerte, die in Zeiten zaghaften Aufschwungs sofort gierig nach einem Fußballstadion schrieen. Auch die Irrationalität der Untertanen war oft ein Ärgernis, wenn sie sich über Kriminalität beschwerten, dann aber nach Errichtung eines perfekten Polizeinetzes aus der Gegend abwanderten, weil sie sich offenbar in ihrer Freiheit eingeschränkt fühlten. Der Bulldozer, mit dem man bereits Gebautes wieder abreißen konnte, reichte dann oft nicht mehr aus, um den Regierungsfrust abzubauen, dann mußte schon ein Erdbeben her oder ein Wirbelsturm, was einem als gottähnlichen Wesen natürlich als Option zur Strafe zur Verfügung stand. Wer's ganz pathetisch wollte, der konnte sogar Godzilla losschicken.

Das Faszinierende an *Sim City* und seiner Nachfolger – am passendsten sicherlich *Sim Ant*, bei dem man einen Ameisenhügel verwalten mußte – ist seine Ziellosigkeit. Obwohl man ständig unter Druck steht, bestimmte Aufgaben zu erfüllen und auf momentane Anforderungen zu reagieren, ist jeder positive Zustand nur ein instabiler Moment, ein Übergang zu einem anderen Zustand, der gut sein kann, meistens aber schlecht sein wird. Es gibt kein Ausruhen, niemals, es muß immer weitergehen. Gut ist etwas immer nur im Vergleich zu einem vorherigen Stand der Dinge, so daß es zwangsläufig in der Zukunft schlecht sein wird. *Sim City* bietet keine Befriedigung, deshalb spielt man immer weiter. Das nächste Kraftwerk wird ein neues Industriegebiet möglich machen, was neue Arbeitsplätze und damit Zuwanderer bringt, die wiederum neue Dienstleistungszentrum ermöglichen. Was aber auch neue Straßen, Polizei- und Feuerwehrstationen nötig macht, wodurch der Haushaltsetat anschwillt. Diese neuen Ausgaben können nur durch neue Einnahmen gedeckt werden, also muß noch mehr Industrie angesiedelt werden. Und so fort. Noch eine Runde, dann wird dieser Stadtteil aus dem Gröbsten raus sein, denkt man sich, und während man daran arbeitet, bricht an anderer Stelle plötzlich die Infrastruktur zusammen. Also macht man schnell einen Sanierungsplan für diesen Bereich. Und die Uhr an der Wand hinterm Monitor kriecht erbarmungslos auf 3 Uhr nachts zu.

Mit Ausnahme von *Little Computer People* (das später in der Sozialleben-Simulation *Die Sims* eine Art Remake erleben sollte) ging es in Computerspielen immer darum, innerhalb eines Rahmens von festgelegten Regeln ein bestimmtes Ziel zu erreichen: eine Phalanx von Außerirdischen marschiert den Bildschirm runter, und wenn man nicht alle abschießt, wird ihre Ankunft das Spiel beenden; ein Ball fliegt auf mich zu, und wenn ich ihn nicht mit meinem Schläger treffe, fliegt er ins Aus und ich habe verloren. *Sim City* funktionierte genau anders herum. Hier gab man man durch seine Bauaktivitäten und Finanzpolitik den Rahmen vor und schaute dann zu, wie sich das Geschehen dadurch entwickelte. Man warf keine Bomben, sondern man versuchte, gerade stattfindende Explosionen zu kontrollieren.

Irgendwann wurde man *Sim City* überdrüssig. Aber das war auch gut so. Denn in gewisser Weise versöhnte uns *Sim City* mit unserem Dasein als bloßer Softwarekonsument, der nichts selber machen kann und keine Ahnung von der Technik hat, die sich innerhalb des Desktop-Gehäuses versteckt. *Sim City* versetzte uns in die Lage, ein hochkomplexes System zu kontrollieren, und lehrte uns, daß es eigentlich keine erstrebenswerte Position war. Der PC als Weltbeherrschungsmaschine funktionierte ganz ähnlich. Die anfängliche Euphorie, jetzt endlich einen Hochleistungscomputer zu besitzen, wich einer realistischen Nüchternheit. Wir hatten uns überzeugt, daß die ganze Welt in diesem Kasten steckte und daß man sie auch, wenn man wollte, kontrollieren und verändern konnte. Das Fazit war jedoch, daß diese Position über den Wolken nicht so erstrebenswert war, weil es eine Menge Arbeit bedeutete, die zu nichts und wieder nichts führte. Auf Managerkrankheit hatten wir keine Lust. Einfach nur dazusitzen, die neueste *Microsoft*-Applikation zu benutzen und gelegentlich ein klar definiertes Spiel mit eindeutigem Ende zu spielen, klang dann doch besser. Lieber wollten wir in einer Simulation leben, als selbst simulieren zu müssen.

Zugegeben, Spiele mit dem *Commodore 64 Basic V2* zu laden, war
keine Freude. Hinter dem »Load« mußte in Anführungsstriche ver-
packt der Name, unter dem das Spiel auf dem Datenträger gespeichert war, folgen, und das Ganze mit einem Komma plus Zahl abgeschlossen werden, »1« für die *Datassette*, »8« für die Floppy *VC
1541*. Danach mußte man dann noch »Run« eintippen, damit es
endlich losgehen konnte, es sei denn, ein zusätzliches Komma mit
einer weiteren »1« hatte für einen »Autorun« gesorgt. Nicht sehr
einfach. Aber dennoch mit handfesten Begriffen wie »Load« und
»Run« versehen, unter denen man sich etwas vorstellen konnte.

Als wir ins PC-Reich vordrangen, wurden wir mit einem Dschungel namens *MS-Dos* konfrontiert. Das hoffnungsfrohe Blau unserer
Fernsehschirme war einer finsteren Schwärze auf VGA-Bildschirmen
gewichen, den wir mit spärlichen Buchstaben füttern mußten, um
den Disketten und Festplatten Spiele zu entlocken. Mit Codefolgen
wie »dir /c«, »cd«, »fdisc« oder »mem« tasteten wir uns durch die
Dunkelheit, in der Hand die ersten Abschnitte von Anleitungen, die
uns erklärten, wie wir das Spiel auf unserem Computer »installieren«
konnten, so als wäre es ein neuer Vergaser oder ein Waschbecken, das
mit einer Umgebung verschraubt werden muß. Dateiendungen wurden plötzlich wichtig, drei Buchstaben hinter einem Punkt, die darüber entschieden, ob dieses File uns nun in die Welt der Spiele bringen
konnte oder nicht. Wir brauchten »Exe«-Files, manchmal auch »Bat«-
Dateien. Warum, war uns allerdings schleierhaft. Ein simples Attri-
but, eine kurze Anweisung an eine Datei, machte aus ihr entweder
den Ausgang aus der DOS-Hölle oder den Eingang ins Chaos.

Wenn Computerspiele eine Kunstform sind – und es spricht einiges dafür – dann sind auch sie Ausdruck der Erfahrungen und Gefühle von Menschen. Ihre Darstellung ist sehr persönlich und sehr
originell, aber dennoch können sich Zeitgenossen mit dieser Sicht
des Künstlers identifizieren. Das Kunstwerk, in dem wir unsere
DOS-Erfahrungen gespiegelt sahen, hieß *Lemmings* und war von
Russell Kay geschaffen worden. Kleine grünhaarige Wesen mit kalk-
weißer Haut, bekleidet mit einem ärmellosen blauen Kleid, die sich

in guter alter Lemming-Manier gruppenweise ins Verderben stürzten. Eine Klappe öffnete sich, ein blauer Himmel und ein Stück saftig-grüner Wiese war zu sehen, und dann fielen sie schon einer nach dem anderen in eine Welt aus glattpoliertem rosa Marmor, goldenen Säulen, Metallröhren, Eiskristallen und Toren in Teufelsfratzenform. Eine sehr edle Welt, kein Zweifel, aber sie war nur eine Insel. Wie im *Flight Simulator II* war um sie herum die erbarmungslose Dunkelheit, das absolute Nichts. Was den Lemmingen in dieser Dramatik nicht bewußt war, denn unbekümmert liefen sie drauf zu und kippten ins Nirwana. Wenn sie nicht vorher schon von irgendeiner Säule heruntergefallen und auf dem Marmorboden zerschellt waren.

Nicht, daß wir Lemminge gewesen wären, die blind in *Escom*- oder *Vobis*-Läden rannten und uns mit *Highscreen*-PCs in den Abgrund manövrierten. Nein, die Lemminge waren eine Metapher für den Datenstrom, der durch unsere 386er floß und sinnlos versickerte. Erst unsere gezielten Handgriffe in Form von DOS-Befehlen, ließen Einsen und Nullen dort ankommen, wo sie sich zu sinnvollen Textdateien oder Anwendungsprogrammen formieren konnten und zur Ruhe kamen. Und so wie wir mit einem lässigen »/p« den »dir«-Befehl dazu bringen konnten, uns den Inhalt eines Ordners in gut lesbaren Seitenhäppchen zu präsentieren, so konnten wir mit einem Mausklick die Lemminge umprogrammieren und zu Dienern unserer Sache machen.

Die Lemminge konnten nämlich nicht nur blind vorwärtspreschen. Wenn wir es wollten, dann gruben sie sich mit ihrer Spitzhacke schräg nach unten, zermalmten Gestein wie Metall gleichermaßen, das ihnen den Weg versperrte, wurden zu wandelnden Zeitbomben, bauten Rampen in den Himmel oder spannten ihre Regenschirme auf, um sanft die Abgründe herunterzusegeln. In jeder Welt konnten sie das allerdings nur in begrenztem Maße. Beispielsweise konnte sich nur einer selbst in Luft jagen, während fünf mit Regenschirmen ausgestattet werden und drei eine Spitzhacke in die Hand gedrückt bekommen konnten. Das mußte reichen, um 85 Prozent der Lemminge innerhalb von fünf Minuten über drei Säulen und durch ein Eiskristallgitter hindurch zum Teufelsfratzenausgang zu schleusen. Oder einen riesigen Abgrund überqueren zu lassen. Oder einen tiefe Schlucht herunterklettern zu lassen. Je nachdem, was gerade anstand. Als ob man ein kleines DOS-Programm aufgerufen hätte (und nichts anderes sind die Befehle der Syntax), verrichtete ein Lemming seine Spezialaufgabe, die den Strom der anderen umleitete und in die gewünschte Richtung brachte.

Daß man es bei *Lemmings* mit kleinen niedlichen Wesen zu tun hatte, von denen des öfteren einer zwischen zwei ›Blockern« eingefangen und zur Zeitbombe umgewandelt werden mußte, der den Weg für die anderen freisprengte, war zur damaligen Zeit nicht unumstritten. Jetzt hatte man endlich ein beinahe gewaltfreies Spiel, das Spaß machte, und dann war dort ein so lemmingverachtendes Element eingebaut. Der bekennende Christ Kevin Ryan, der später das Bibel-Quiz *Heaven Quest* programmieren sollte, bei dem man statt des Telephon- oder 50:50-Jokers ein Gebet sprechen konnte, um weiterzukommen, sorgte in dieser Zeit für Abhilfe. Sein *The Incredible Machine* kam völlig ohne Menschen aus, also gab es auch keine Gewalt. Saubere, ehrliche Unterhaltung für die ganze Familie also. Daß man Bowlingkugeln auf Hamsterkäfige fallen lassen, Katzen zu Tode erschrecken, Affen auf Heimtrainern hinter einer Banane herstrampeln lassen und Goldfischen ihren Wasserbehälter zerschlagen konnte, fiel dabei nicht weiter ins Gewicht.

Wenn *Lemmings* die Übersetzung unserer DOS-Erlebnisse in die Spielewelt war, dann illustrierte *The Incredible Machine* die Verzweiflung, die wir mit dem grafisch übertünchten *Windows*-Kosmos empfinden mußten. So schön es war, daß ein Klick auf ein Icon genügte, um ein Programm zum Laufen zu bringen, so hilflos war man, wenn man viele Programme nebeneinander auf *Windows* installieren wollte. Alles verhedderte sich auf einer unsichtbaren Ebene des Betriebssystems, so daß Konfigurationen verändert werden und andere Speicherverwaltungen eingeschaltet sein mußten, irgendwelche temporären Dateien nicht gelöscht werden durften oder unter speziellen Namen gesammelt abgespeichert werden mußten. Es gab Stapelverarbeitungsprogramme und den *MS-Dos*-Modus. Bloß, weil wir es gewagt hatten, *Windows* mit Anwendungsprogrammen zu erweitern. Aus dem idiotensicheren »Anklicken und fertig« wurde ein kompliziertes Puzzle aus Einzelteilen, die erst nach langem Herumprobieren und Aufeinander-Abstimmen in ein einigermaßen stabiles Gleichgewicht gelangten.

Winword 2.0 war bei *The Incredible Machine* ein Basketball und *Excel* eine Bowlingkugel. Sozusagen. Sie schwebten in der Luft über Gerüstteilen und Rohren. Drückte man auf Start, dann fielen sie zu Boden und nichts passierte. Erst die geschickte Anordnung von weiteren Haushaltsgegenständen wie Silvesterraketen, Goldhamstern, Colts und Trampolinen führte zu einer sinnvollen Ausnutzung ihrer Fallenergie. Etwa so: Ein Baseball betätigt im Fallen einen Kippschalter, der zwei Steckdosen aktiviert. An diesen Steckdosen hängen ein Ventilator und ein Elektromotor, die sich daraufhin in Gang setzen. Eine Maus wird vom Ventilator über eine Ebene geblasen, trifft in der Luft auf ein Gerüstteil, prallt von ihm ab und fällt eine Ebene tiefer. Verfolgt von einer Katze rast die Maus über diese zweite Ebene, um dann über ihren Rand zu fallen und in den Luftstrom eines zweiten Ventilators zu geraten. Dieser Ventilator bezieht seinen Strom von einem Generator, der durch die Drehbewegungen des Elektromotors betrieben wird. Diese Rotation wird über zwei Keilriemen und zwei Zahnräder übertragen. Die Maus fliegt über die dritte Ebene und landet sicher in einer großen Falle. Level complete.

An einer solchen Versuchsanordnung saß man oft einen ganzen Nachmittag. Es kam auf jeden Zentimeter an. Erschwert wurde die Aufgabe auch oft dadurch, daß man manche der zur Verfügung gestellten Utensilien gar nicht benötigte, um den Level zu schaffen. Stunden hatte man damit verbracht, den Colt sinnvoll einzusetzen, und dann löste sich das Problem wie von selbst, wenn man ihn vom Bildschirm nahm. Mit *The Incredible Machine* bauten wir Frustrationstoleranz auf. Auch wenn etwas seit Stunden nicht klappte und wir es uns nicht erklären konnten, so waren wir doch zuversichtlich, daß ein bißchen Hin- und Herschieben, ein bißchen Veränderung hier und dort plötzlich doch alles zum Laufen bringen könnte. Irgendwann würden die beiden Basketbälle schon an entgegengesetzten Seiten des Bildschirms herausfliegen. Und irgendwann würde auch unser neuestes *Windows*-Programm, das wir gekauft hatten, ohne Probleme laufen, wenn wir auf sein Icon klickten. Einfach hier und dort ein bißchen Herumrütteln, ein paar »dll«-Dateien hier- und dorthin streuen, und alles würde funktionieren. Morgen. Oder übermorgen. Dann aber bestimmt.

Der Schlaf der Vernunft gebiert Ungeheuer ⏐ Doom, 1993 ⏐

Irgendwann hatten wir aber die Schnauze voll von der ganzen Computer-Didaktik. Jetzt mußten wir wieder zu unserem Recht kommen. Beziehungsweise ich. Ich kam überhaupt nicht mehr vor in diesem Computerspielbusineß. Dabei war ich doch die Person, die mir am meisten am Herzen lag. Ich wollte, daß ich mich erleben konnte. Nicht mehr ein Auge im Himmel sein, das Landschaften überfliegt, Städte baut, Lemminge dirigiert, »Was-passiert-dann-Maschinen« konstruiert. Nein, ich wollte, daß es um mich ging, daß ich im Schlamassel stecke, daß ich meine Haut retten mußte, daß mir alles um die Ohren fliegt. Denn was konnte es Schöneres geben, als mich der absoluten Gefahr auszusetzen und ganz hinten im Bewußtsein zu wissen, daß mir eigentlich gar nichts passieren kann.

Dieses »Ich« suchten wir, und es wurde uns von einer kleinen Softwareschmiede aus Texas geliefert. Passenderweise hieß sie *id-Software*, wobei »id« nicht für »identity«, Identität, stand, was ebenfalls Sinn gehabt hätte, sondern für das »Es« aus der Freudschen Persönlichkeitstheorie. Freud meinte ja, daß sich das Bewußtsein eines Menschen aus drei Komponenten zusammensetze: Dem »Über-Ich«, also den ganzen Regeln und Verboten, die man eingehämmert bekommen hat, dem »Ich«, dem tatsächlichen Output an Persönlichkeit, den man bringt, und dem »Es«, auch »Unbewußtes« genannt, einem mystischen Bereich, in dem Eindrücke, Vorstellungen, Wünsche und Triebe herumwabern und versuchen, an die Oberfläche des »Ichs« zu kommen. Träume brauen sich dort zusammen, gute wie schlechte. Bei *id-Software* gab es nur Albträume.

Es war, als hätte man unser »Ich« direkt ins »Es« gebeamt, hinter die Schranken der Zensur und Unterdrückung von furchtbaren Vorstellungen. Die Pforten der Wahrnehmung waren weit geöffnet und herein strömten Ausgeburten der Hölle: rote Teufel mit einem Stachelkamm auf dem Rücken, die Feuerbälle nach uns warfen, im Zickzack rennende Dämonen, die uns mit ihren stählernen Kiefern zermalmen konnten, überdimensionierte Gehirne, die man auf einen Roboterspinnenkörper gesetzt hatte, Gebirge aus Muskeln und hydraulisch verstärkten Gliedmaßen, die mit Raketenwerfern verbunden waren. Das waren nur einige, hinter jeder Ecke lauerte eine neue Bedrohung, ein weiteres Produkt unserer kranken Phantasie, eine andere Verkörperung unserer tief vergrabenen Ängste. Wie im Albtraum rannten wir durch verödete Landschaften oder irrten durch verlassene, labyrinthische Gebäude. Ohne Ausweg. Allein mit den Monstern. Wie gern hätten wir in dieser Situation auf unser »Über-Ich« gehört, wie gern hätten wir Regeln des zivilisierten Zusammenlebens befolgt, aber wir hatten keine Chance. Eine solche Welt lag irgendwo dort hinter dem blutroten Horizont, wo wir wieder eins mit uns selbst waren und unseren Tagesablauf planen konnten. Alles, was wir hier machen konnten, war, den Abzug unserer Pistole zu ziehen. So lange, bis unser Magazin leergeschossen war. Vielleicht, so hofften wir, würden wir vorher aufwachen.

Doom, so hieß diese Schreckensvision, brach am 10. Dezember 1993 über uns herein und veränderte das Gesicht von Computerspielen für immer. Spiele dieser Art hatten danach kein Gesicht mehr. Nur bei ganz besonderen Lichtverhältnissen erschien der Schatten eines angstverzerrten Antlitzes auf der Glasoberfläche unserer Monitore. Wir hatten schon gegen fiese Kreaturen gekämpft, das war nichts Besonderes. Wir hatten auch schon aus First-Person-Perspektive aufs Spielgeschehen geguckt, selbst das war nicht neu. Aber niemals vorher waren wir persönlich so betroffen vom Geschehen, wie bei *Doom*. Betroffen im wörtlichen Sinne. Denn sie trafen uns, sie kamen immer näher, sie sprangen uns ins Gesicht und nahmen uns den Atem. Hilflose schmissen wir uns auf unserem Stuhl hin und her, um Raketen oder Feuerbällen auszuweichen, unser Puls raste, die T-Shirts saugten sich mit Schweiß voll und klebten an den Körpern. Bei keinem anderen Spiel, *Summer Games* ausgenommen, haben wir jemals nach Luft geschnappt. *Doom* brachte uns dazu. Die perfekte optische und akustische Simulation einer Extremsituation überzeugte unsere Körper davon, daß sie über ihre Grenzen gehen mußten.

Verantwortlich für diesen überwältigenden Eindruck war etwas, was man »Game Engine« nennt und was seitdem zu einem Fetisch in den Rezensionen von Computerspielen geworden ist. Vereinfacht gesagt, ist ein Game Engine die Festlegung der Welt eines Computerspiels in all ihren körperlichen Aspekten: wie verhält sich die Umgebung, wenn ich mich durch sie hindurch bewege, wie reagiere ich auf verschiedene Objekte, wie reagieren verschiedene Objekte auf mich? Der einfachste Fall wäre *Pong*: Ich kann mich eine bestimmte Strecke rauf und runter bewegen, das Feld verändert sich überhaupt nicht, ein fliegender Punkt, den ich mit meiner Figur berühre, fliegt in die Gegenrichtung. John Carmack von *id-Software* schuf allerdings einen Game Engine, der alles bisher Dagewesene vergessen ließ. Die Welt drehte sich um uns in allen möglichen Winkeln und in der natürlichsten aller möglichen Geschwindigkeiten. Manche Gegenstände waren nützlich und wurden von uns aufgenommen, manche waren tödlich und durften uns nicht berühren, andere waren der Untergrund, auf dem wir uns vorwärts, seitwärts oder aufwärts bewegen konnten.

All das war aber nur in unseren Augen so. Denn das Überzeugende an dieser Welt war, daß sie in sich selbst zu ruhen schien und völlig natürlich war. Erst unser verzweifelter Überlebenskampf schrieb allem einen bestimmten, nur für uns gültigen Sinn ein. Nur dadurch wurden aus Mauervorsprüngen Absprungrampen, die uns den Zugang zu einem Gebäude auf der anderen Straßenseite ermöglichten. So wie eine Felswand in der Natur ebenfalls keine Absichten hat. Erst unser Beschluß, daß wir ihren oberen Rand erreichen müssen, macht aus ihr ein Gewirr von möglichen Wegen, eine Ansammlung von Tücken und Irreführungen, eine immer tödlicher werdende Gefahr. Genauso war es bei *Doom*. In dieser Welt war alles möglich, man konnte still verharren, dann passierte überhaupt nichts, alles war im Gleichgewicht, man konnte einfach nur rennen und die Landschaft betrachten, man konnte alles auslöschen, was sich gegen einen stellte, um dann die Ruhe zu genießen. Oder man konnte den einen Weg suchen, der aus dem ganzen eine Aufgabe machte, der auf ein vorgebliches Ziel hin steuerte. *Doom* fühlte sich an wie die wirkliche Welt.

Für ein Spiel wäre es dann doch zuwenig gewesen, einfach nur die Welt nachzuahmen. In dieser Welt mußte etwas verborgen sein. Etwas mußte ans Licht kommen. Unsere Unsicherheit und Angst, beispielsweise, in der Welt etwas falsch zu machen, uns in die falsche Richtung zu bewegen, einem völlig unsinnigen Ziel nachzujagen, keinen Erfolg zu haben, von niemandem geliebt zu werden.

Dafür war bei *id-Software* John Romero zuständig. Er hieß nicht nur so, wie ein legendärer Horror-Filmer, er inszenierte diese Ängste auch genauso überzeugend. Dabei ging es gar nicht so sehr um dämliche Hintergrundgeschichten oder das Aussehen von Monstern und Gebäuden. Dafür gab es wieder andere. Nein, es ging um Struktur. Je überzeugender etwas aufgebaut ist, je eindrücklicher seine Einzelteile ineinander greifen und sich bedingen, desto stärker kann sich jeder damit identifizieren und seine persönlichen Erfahrungen damit in Verbindung bringen. John Romero baute Level, die in ihrer Struktur dem entsprachen, was wir tagtäglich erleben mußten, wenn wir in Verwaltungsgebäuden von einem Sachbearbeiter zum anderen geschickt, in Straßenbahnen von marodierenden Idiotengruppen terrorisiert oder an stupiden Arbeitsplätzen von den Kollegen gemobbt wurden.

Unterstützt wurde diese Identifikationsmöglichkeit durch die Entscheidung von *id-Software*, den Programmcode von *Doom* teilweise offenzulegen. Jeder Interessierte konnte sich anschauen, wie das Ganze gemacht war, um sich dann selbst auszuleben. Zuerst waren es nur Profis, die sich »ihr« *Doom* zusammenbastelten, dann erschienen von Profis geschriebene Design-Programme, mit denen jeder seinen ganz persönlichen *Doom*-Level, ein sogenanntes »wad«-File, bauen konnte. Es entwickelte sich eine richtige »wad«-Kultur, mit Tauschbörsen, Archiven und Rezensionsorganen im Internet. Jedem war es nun möglich, sein »Es« zu inszenieren und die Struktur seiner eigenen Triebe und Ängste sichtbar zu machen. Dabei zeigte sich, daß einige mehr Angst haben als andere. Ihre Level waren einfach besser. Oder sie gruben tiefer in ihrer Seele und hatten die künstlerische Sensibilität eines John Romero, um das Unerkannte zum Ausdruck zu bringen. Manche blieben gleich draußen und zeigten einfach mit dem Finger auf die Mechanismen des Terrors. Im *Zentrum für Kunst und Medientechnologie* in Karlsruhe konnte man ein »wad«-File bewundern, in dem ein Schüler aus Holzminden sein Gymnasium samt Lehrern orginalgetreu mit den *Doom*-Mitteln nachgebaut hatte. Mit Massakern wie dem in Littleton oder anderen Amokläufen von Jugendlichen hat so etwas überhaupt nichts zu tun. Es ist genau der entgegengesetzte Weg.

Es war ein Weg, der geradewegs zu den Autorennen führt, die ein paar Spieler in einem Online-Turnier von *Quake*, einem der Nachfolger von *Doom*, veranstalteten. Während um sie herum Leute hinter Monstern herliefen oder sich gegenseitig auflauerten, benutzten sie das Spiel der anderen nur als einen stimmungsvollen Hintergrund für ihre grundsätzlich andere Freizeitgestaltung. Und es war in Ordnung. Denn so wie *Doom* und seine Abkömmlinge für alles stehen konnten – die Panik vor der Magisterarbeit mit ihren Tausenden von möglichen Interpretationswegen, das Gefühl der Hilflosigkeit bei den vielen Bewerbungsbriefen, die man schreiben muß, die Unsicherheit, wie man die Frau (oder den Mann) am Tresen ansprechen soll –, so konnte auch alles mit dem Programm gemacht werden. Es war »wir«. Wir waren »es«. »Es« wie »id«.

Von einem anderen Kaliber war dagegen die Hintergrundgeschichte des Spiels, die auch zu mehreren Romanen aus der Feder von Dafydd ab Hugh und Brad Linaweaver geführt hat. Hier begann es nämlich fragwürdig zu werden. Im Spiel dachten wir kaum etwas. Es war ein ununterbrochener Strom von Sinneseindrücken, der zu sofortigen Reaktionen und Handlungsentscheidungen führte. Über ein Warum mußten wir uns keine Gedanken machen. Träume sind dazu da, um zu passieren, vorüberzuschreiten. In einer Geschichte muß dagegen alles motiviert sein, damit wir ihr folgen können. So erfuhren wir, daß die Perspektive des Spiels eigentlich die von Marine Corporal Flynn Taggart ist, der zur Disziplinierung der Bewohner der Mars-Kolonien geschickt wurde. Dort wurden alle Truppen von Höllenkreaturen überrascht und überrannt, die durch zwei auf den Marsmonden Phobos und Deimos bei der Besiedlung gefundenen Toren einfielen. Einzig Taggart überlebte in seiner Zelle und ist nun auf sich allein gestellt. Seine inneren Monologe im ersten Band *Knee-Deep in the Dead* lauten so: »Verdammt noch mal, wenigstens können wir das Wort ›Ehre‹ aussprechen, ohne in Gelächter auszubrechen. Wenigstens haben wir einen Kodex – ›Ich werde nicht lügen, betrügen oder stehlen, noch jene unter uns tolerieren, die es tun.‹ – selbst wenn sich Einzelne nicht immer an ihn halten. [...] Wenigstens wird Anständigkeit in ehrliche Worte gefaßt, genau dort im Allgemeinen Kodex der Militärjustiz. [...] Wenigstens ist das Corps das Corps, semper fidelis – verdammt, wir wissen, wer wir sind und warum wir sind! Wißt ihr es denn?«

Ja, wir wissen es. Wir sind nicht du. Abgesehen von jeder ideologischen Implikation einer solchen Sichtweise ist es ihre Eindeutigkeit, die problematisch ist. Der First-Person-Shooter setzte unser Ich wieder ein, indem es ein symbolisches Es durchlaufen und überwinden konnte. Genau deshalb waren und sind wir von ihm fasziniert. Was dieses Ich dann eigentlich ist, das liegt weiter in der Verantwortlichkeit von jedem Einzelnen. Man kann Marine sein, Rechtsextremist, Zivildienstleistender, *Greenpeace*-Aktivist. Dafür muß man sich entscheiden, dafür ist man verantwortlich. Ein Spiel wie *Doom* stellt kein Rollenmodell zur Verfügung. Das machen Bücher, Filme, Politiker viel besser. *Doom* ist nur ein perfektes Fitneßstudio fürs Selbstwertgefühl.

: Zwischenspiel : Wahrnehmungsphänomene

Das Phänomen der Wahrnehmung von Zeit

Wer virtuelle Formel-1-Rennen bestreiten will, beginnt in der Regel mit 10-Runden-Rennen, steigert dann auf halbe Renndistanz (etwa 30 Runden in 40 Minuten) und schließlich auf »Ganze Strecke« (ein volles Rennen über 60 bis 70 Runden mit der abendfüllenden Spieldauer von anderthalb Stunden). Fährt man »Ganze Strecke« zum ersten Mal, kommt einem die Anforderung unmenschlich vor. Spätestens nach vierzig Runden wird man müde, alles verschwimmt vor den Augen, Schmerzen treten auf im Rücken und in den Fingern. Nach mehreren Rennen hat man sich daran gewöhnt. Nach einer kompletten Saison kommt einem alles andere als »Ganze Strecke« inakzeptabel vor. Monate später spielt man dann zum ersten Mal ein NASCAR-Rennen. Diese Stock-Car-Rennen dauern doppelt so lange wie Formel-1-Rennen: geschlagene drei Stunden. Die anderthalb Stunden der Formel 1 schrumpfen zusammen zum heiteren Quickie. Schließlich gibt es dann noch die 24 Stunden von Le Mans. Irgendwann dann eine komplette Rallye Paris-Dakar. Zeit ist relativ. Die Leistungsgrenzen sind es auch.

Darüber hinaus vergeht Zeit schneller, während man spielt. »Was? Schon fünf Stunden um? Ich hatte weder Hunger noch Durst. Wo ist die Zeit hin?« Konsequenter Eskapismus. Ein Versuch noch. Dann noch einer. Noch einer. Der allerletzte. Der wirklich allerletzte. Jetzt aufzuhören wäre dumm, denn man ist doch gerade im Fluß.

Das Phänomen der Wahrnehmung von Schwierigkeit
Der Übung-macht-den-Meister-Effekt. Zeitlimits oder Geschicklichkeitstests, die am Anfang unüberwindlich scheinen, geraten mit der Zeit immer mehr in Reichweite. Schließlich scheitert man mehrmals nur noch knapp, kommt aber jedesmal mühelos weiter als bei den ersten fünf Versuchen. Das Geschehen und man selbst verlagern sich auf immer höhere Niveaus. Was vorher schwer war, ist nun leicht. Was vorher leicht war, ist wieder schwer, nachdem man ein paar Wochen aus der Übung ist. Der Anfang und das Ende berühren sich immer.

Das Phänomen der Wahrnehmung von Details
Als Computerspieler beginnt man selektiv zu sehen. Ein Spiel kann noch so reich an Texturen, Tapetenmustern und Objekten sein – wenn einem als Teil eines Rätsels ein Gegenstand fehlt, den man in eine sternförmige Öffnung einpassen muß, nimmt das Auge kaum noch etwas wahr außer ungefähr sternförmigen Gegenständen. Im wirklichen Leben ist das Sinnesangebot zu vielfältig, als daß man dermaßen wählerisch vorgehen könnte. Das Computerspiel jedoch erlaubt diese Einengung der Sehweisen und bestraft sie nicht nur nicht, sondern belohnt sie sogar. Man sieht alles gleichzeitig und dennoch nur das wenige Wichtige.

Beim Rennenfahren gibt es den Tunnelblick. Man nimmt kaum noch etwas wahr außer dem direkt vor einem liegenden Fahrbahnabschnitt.

Bei Adventures mit Erkundungsaspekt gibt es einen erweiterten Blick. Alle Details werden gescannt, aber die Hintergründe werden schon im Gehirn von den interaktiven Objekten getrennt, so daß man sich unsinnige Lauferein sparen kann. Man nimmt alles wahr, mehr sogar, als man in der Realität wahrnehmen würde, denn in der Virtual Reality ist ja nichts zufällig, alles kann von Bedeutung sein. Nein: Alles *ist* von Bedeutung. Die Bedeutung der bedeutungslosen Elemente ist es, die bedeutsamen zu tarnen.

Das Phänomen der Halluzinationen

Manchmal sieht man beim Computerspielen etwas, das gar nicht da ist.

»Ist das da vorne ein anderer Rennwagen, hinter dem ich herfahre, oder handelt es sich lediglich um den grafischen Aufbaueffekt der Randbebauung? Hat sich dort etwas bewegt oder war das nur ein Flackern in der Grafik? Ist das ein Gesicht dort in den Felsen oder nur ein Schattenspiel?«

Da alle virtuell dreidimensionalen Gelände in Wirklichkeit nur plane Grafik sind, kann es zu optischen Mißverständnissen kommen. Ein heller Bereich neben der Straße kann entweder der nach hinten fliehende weitere Verlauf der Straße sein oder eine aufwärts führende Felsböschung neben der Straße. Im ersten Fall fährt man weiter, im zweiten Fall kracht man gegen Gestein, weil man glaubt, etwas anderes als Gestein gesehen zu haben.

Ein dunkler Bereich in einer Felswand kann entweder ein Höhleneingang sein oder lediglich der Schatten einer überhängenden Felsennase. Im ersten Fall ist dies unter Umständen der einzige Ausweg, der einem noch bleibt, im zweiten Fall vergeudet man Zeit, Energie und Gesundheit damit, dorthin zu klettern, weil man glaubt, etwas anderes als Gestein gesehen zu haben.

In William Gibsons großteils in der Computermatrix angesiedeltem »Neuromancer«-Universum spielt Voodoo zu Recht eine bedeutsame Rolle. Wenn das Spiel anfängt, seine eigenen Geisterbilder zu projizieren, ist dem freien Assoziieren kein Riegel mehr vorgeschoben. Wenn das Virtuelle seine eigenen Gerüchte, Lügen und Märchen generiert, dann wird es der Wirklichkeit dermaßen ähnlich, daß eine Unterscheidung kaum noch einen Sinn ergibt.

Das Phänomen der Übersetzung

Man nimmt Sehgewohnheiten aus Computerspielen mit in die Realität.

Verschachtelte Fabrikgebäude mit umlaufenden Treppengängen und außen an Wänden angebrachten Leitern werden unter dem Aspekt der möglichst schnellen und unbemerkten Erkundung betrachtet. Die mit Regalen verstellten Areale von Kaufhäusern werden auf ihre Tauglichkeit für Shooter-Szenarien oder auf ihre Jump'n'Run-Bekletterbarkeit hin untersucht. Beim Fahren auf der Autobahn überlegt man, mit welchen Lenkmanövern man sich bei dreihundert Stundenkilometern einen Weg an den anderen Verkehrsteilnehmern vorbei bahnen könnte. Ein Junge lehnt an einem Fensterrahmen und murmelt: »Den da unten auf der anderen Straßenecke könnte ich mit einem dieser Lasergewehre aus diesem Spiel gerade noch erwischen.«

Die Realität wird aufgerastert, schärfer konturiert und in Hinblick auf ihren Deckungs- und Reichweitengehalt bewertet. Alles Empfindbare wird zur Aktionszone, zum Abenteuerspielplatz. Potentielle Straftäter sehen so die Welt, aber auch alle kreativen Menschen sehen so die Welt. Alle Autoren und alle Computerspielprogrammierer haben die Welt als Abenteuerspielplatz gesehen und anschließend versucht, ihre hastigen Notizen zu vermitteln.

Das Phänomen des Hinter-den-Spiegel-Sehens

Wenn der Spieler bei seinen Spielentscheidungen das Programmatische des Programms mitberücksichtigt, dann lüftet Dorothy jedesmal den Vorhang des Zauberers von Oz.

»Nein, es wäre Blödsinn, wenn ich erst wieder durchs ganze Landhaus zurücklaufen müßte. Der nächste relevante Ort ist sicherlich in der Nähe.«

»Ich habe jetzt die eine Hälfte des Amulettes gefunden, die andere Hälfte muß hier auch irgendwo sein.«

»Wenn hier in unmittelbarer Nähe des Finales so viel Munition für den Raketenwerfer zu finden ist, ist der Raketenwerfer die beste Waffe gegen den Endgegner.«

»Wenn ich diese drei Knöpfe drücke, schiebt sich der Altar zur Seite, denn woanders geht es ja nicht mehr weiter.«

Je mehr Computerspiele man bereits gespielt hat, desto leichter fällt es einem, das erzählerische Wenn-Dann-System eines Spiels zu durchschauen. Dieses Wie-der-Programmierer-Denken erleichtert einem das Vorankommen und trübt nicht den Spielspaß, sondern bestätigt das eigene analytische Denken.

Es gibt aber auch von den Programmierern unerwünschte Effekte, die ein Spieler sich entweder selbst hinwegrechnet (z. B. ein Slowdown beim Grafikaufbau) oder die er sogar nutzen kann (Grafikfehler, die einen durch geschlossene Türen hindurchsehen lassen). Meistens gehorchen diese Fehler-Effekte eigenen Parametern. Selbst eine Berechnungsverzögerung in einem hektischen Sportspiel tritt immer an derselben Stelle auf und kann vom Spieler in seine Aktionsstrategien miteinbezogen werden.

In einem solchen Fall wird der Spieler zum Subjekt einer Meta-Realität, oder genauer einer Meta-Realitäts-Dreieinigkeit: die des Spieles an sich, die des Spieles inklusive seiner technischen Unzulänglichkeiten und die, daß alles nur ein Spiel ist und ein Abschalten des Computers einen Rückweg in die wirkliche Welt darstellt.

Im Zeitalter der Virtualisierung von Freizeit ist Dorothy nicht einfach mehr nur ein neugieriges Kind. Sie hat die Charakterzüge eines *Deep Blue* angenommen, dem fortgeschrittensten Schachcomputer, den es zur Zeit gibt.

Die Spieler nehmen Zeit anders wahr. Sie nehmen Schwierigkeiten anders wahr. Sie sehen neuartige Details, sie halluzinieren und sehen Gespenster, sie transponieren in andere Daseinsebenen und blicken wie selbstverständlich hinter den Spiegel der ihnen zugewiesenen Rolle im Gesamtgefüge.

Sie sind Kinder, Greise, Maschinen und Abstraktion, alles gleichzeitig. Aber sie sind all dies meistens nur nach innen, denn ihnen fehlt die Fähigkeit oder das Interesse daran, sich zu artikulieren.

Sie werden selbst zu Spiegeln, hinter die zu sehen andere dann lernen müssen.

Alte Bekannte | Myst, Command & Conquer, 1994/1995 |

Frage: Wie schreibt man das erfolgreichste Computerspiel aller Zeiten? Antwort: Man schaut sich die erfolgreichen Konzepte aus der Vergangenheit an und reduziert sie auf ihre Grundelemente. Dann inszeniert man diese Sparversion mit dem höchstmöglichen technischen Aufwand, am besten, indem man ein neues Zubehörteil für den Computer mit einbezieht. Außerdem versieht man es mit den Weihen einer etablierten Kunstform, auf die das Spiel ständig Bezug nimmt. Voilá. 3,5 Millionen verkaufte Exemplare innerhalb von zwei Jahren. So einfach geht das.

Anfang 1994 veröffentlichten die Brüder Rand und Robyn Miller ihr Grafikadventure *Myst*. Der Name leitet sich von »Mysterium« ab, hat aber auch Anklänge an den englischen Ausdruck für Nebel »Mist«. Geheimnis und Nebel, zwei unschlagbare Komponenten der romantischen Sehnsucht, ein Appell an unser Gefühl von Verlorensein und Umherirren in der Welt. Gottvater dieses Weltschmerzes ist sicherlich Hermann Hesse mit seinem programmatischen Gedicht *Im Nebel*: »Seltsam, im Nebel zu wandern! / Einsam ist jeder Busch und Stein, / Kein Baum sieht den anderen, / Jeder ist allein.« Eine stinknormale Gegend kann zu einer geheimnisvollen Erzählung werden, wenn der Nebel den Gesamtzusammenhang verdeckt. Plötzlich interessiert es uns, warum dieser Stein dort liegt, plötzlich wird ein Baum zu einem Lebewesen, das nach uns greifen könnte, plötzlich werden unsere Schritte vorsichtig und bedächtig. Würde die Sonne scheinen, dann wäre alles ziemlich gewöhnlich und wir würden die Müllkippe im Hintergrund sehen, die Wandertafeln und die Parkplätze.

Auf der Insel, zu der uns *Myst* führte, gab es keinen Nebel, alles lag im hellen Sonnenlicht, aber es war dennoch sehr undurchsichtig, was wir dort vorfanden. Eine Bibliothek, eine Sternwarte, zwei große Zahnräder auf dem Hügel, ein Uhrturm im Wasser und eine Hütte im Wald: Gebäude gab es genug hier. Nur keine Bewohner. Seltsam, hier zu wandern. Wir waren allein. Allein mit den Bäumen, mit dem Wind, mit dem Wasser, das sanft gegen den Pier schwappte. Die Rückseite der Spielverpackung hatte uns eingelullt, wir waren ihren Versprechungen auf den Leim gegangen. Von »surrealistischen Geheimnissen« war dort die Rede gewesen, von einer »schauderhaften Geschichte voller Intrigen und Ungerechtigkeit«, von einem Geschehen, das »sich allen Grenzen von Zeit und Raum widersetzt.« Doch jetzt standen wir hier mitten im Nirgendwo auf einer winzigen Insel, die mit ihren Plankenwegen und ihrer zusammengewürfelten Architektur ein bißchen wie ein Themenpark in *Disneyland* wirkte, mit nichts in der Hand, um uns zu verteidigen. Gegen wen auch? Hier war ja niemand. Also schlenderten wir ein bißchen durch die Gegend, schauten uns das Modell eines affigen Raumschiffs an, drückten auf ein paar Symbolkästen, die um einen Brunnen herumstanden und erinnerten uns, daß wir an einem Ort sein sollten, wo »jedes Blatt Papier und jedes Geräusch aufregende Hinweise sind für die Lösung.« Wenn wir doch nur erstmal Fragen und Aufgaben hätten, dachten wir, dann würden wir auch eine Lösung wollen. Dann öffneten wir die Bücher in der Bibliothek und hörten die Stimmen.

Myst, so wollten es Rand und Robyn Miller, sollte ein Buch sein, ein Buch, bei dessen Lektüre man hineingerissen wurde in die Seiten und auf diese Insel fiel. Von der Insel brach man auf zu anderen Welten, die ebenfalls in Büchern existierten und von Atrus geschrieben worden waren. Die Aufgabe bestand darin, in diesen Welten nach roten und blauen Seiten zu suchen, die den beiden Büchern fehlten, in die Atrus' Söhne Sirrus und Achenar gesperrt waren. Sehr viel Literatur für ein Computerspiel. Sehr viel Anbiederei bei einem snobistischen Publikum, das nur Lesen als sinnvolle Freizeitbeschäftigung akzeptierte. Und das Computerspielen als das barbarische Vergnügen von hormonell verwirrten Proletarierkindern betrachtete. Mit *Myst* sollte sich das alles ändern. *Myst* sollte so anspruchsvoll sein wie Lesen, so ästhetisch befriedigend und so *sophisticated*. Es sollte das Publikum ansprechen, das auch in die Multimedia-Diashows von Weltenbummlern und Fotoreportern strömt, wo mit bis zu 16 Projektoren gleichzeitig und mit *Dolby-Surround*-Soundsystemen ein Kaleidoskop von Überblendungen und Daumenkino-artigen Fotosequenzen erzeugt wird. Der totale Genuß eben. Die Betäubung der Sinne mit dem teuren Sprit, nicht das stillose Saufen von billigem Fusel. *Imax*-Kino statt 36cm-Glotze. Lachscreme statt Teewurst.

Eine solche Opulenz war mit den herkömmlichen Mitteln wie einer Floppy Disk nicht zu erreichen. *Myst* mußte voll auf das neue Speichermedium CD-Rom setzen, das zu dieser Zeit erst bei wenigen Computern installiert war. Denn *Myst* war tatsächlich eine Diashow, bestehend aus Tausenden von Einzelbildern, die die vielen Ansichten der *Myst*-Welt erzeugten. Bilder benötigen sehr viel Speicher, das wissen wir spätestens, seit wir »JPEGs« aus dem Internet herunterladen (was wieder zu größeren Festplatten führte, aber das ist eine andere Geschichte). Auf eine 3^1/$_2$-Zoll-Diskette passen 1,4 Megabyte, genug für eine Pixelumgebung mit Sprites, aber nicht für eine Multimediashow. *Myst* machte es sich auf den 600 Megabyte der CD-Rom bequem. Zwar hatte es vorher schon CD-Rom-Spiele gegeben – allen voran *Wing Commander* –, doch beschränkten sie sich hauptsächlich darauf, ein Spiel, das auch auf Disketten gepaßt hätte, mit speicherfressenden Filmsequenzen zu garnieren, die zwischendurch zur Belohnung abgespielt wurden. *Myst* war anders. Die Grafik war neu, sie trug das Spiel, sie war das Spiel. In den Bildern waren die Rätsel und die Lösungen verborgen, man mußte buchstäblich in sie hineingreifen, um sie herauszuholen. Beziehungsweise auf die CD-Rom zugreifen, die den Bildschirm ständig fütterte.

Das ist das größte Verdienst von *Myst*. Dafür kann man es nicht oft genug preisen. Es hat völlig neue Maßstäbe für die Ästhetik von Computerspielen gesetzt. Niemand konnte sich jetzt mehr um originelle und qualitativ hochwertige Gestaltung herummogeln und sich mit einer Konzentration aufs Gameplay entschuldigen. Die technischen Möglichkeiten standen jetzt allen zur Verfügung. Jeder hatte sich ein CD-Rom-Laufwerk gekauft, um diese Insel zu erkunden. Das galt es zu berücksichtigen.

Alle taten es. Und schossen über das Ziel hinaus. Plötzlich gab es einen Angriff der Computerspiele auf die restliche Welt. Plötzlich gab es Lexika auf CD-Rom, bei denen man wie bei *Myst* in die Bilder und Texte greifen konnte, um sich noch mehr Information herauszufischen. Plötzlich stand man in Museen an Bildschirmen, um Kunstwerke und Artefakte hin und her zu schieben, zu drehen, in neue Umgebungen zu schieben, während angenehme Sprechstimmen uns mit weiteren Hintergrundinformationen versorgten. In Zeitschriften poppten in den Texten kleine Kästen auf, wo Zusatzartikel zu dem gerade nebenan stattfindenden Informationsfluß standen, oder es drängten sich Interviews mit Personen aus dem Artikel zwischen die Spalten, oder beides zusammen, erweitert um ausufernde Bildunterschriften. Und bald darauf wollten wir alle Internet haben, weil es dasselbe Versprechen zu geben schien: Greif einfach zu, mitten hinein in eine Welt voller Abenteuer.

Myst erweiterte den Raum, diese eigentliche Erzählung von Computerspielen, um eine Tiefendimension, ein Innenleben der Dinge. Unter der Oberfläche schien es weiter zu gehen, immer neue Schichten konnten abgetragen werden, immer neue Inhalte gerieten ans Tageslicht. Das war mehr, als uns die richtige Welt zu bieten hatte. Wir *Myst*-Spieler gerieten in große Wahrnehmungskonflikte. »Das Problem war, als ich anfing auf Dinge im wahren Leben zu klicken.

Ich ging an einem Gullydeckel vorbei und dachte ›Hmmm, das sieht sehr interessant aus‹, und mein Zeigefinger zuckte. Dann erst realisierte ich, ›nein, es ist ja die Wirklichkeit. Die Wirklichkeit ist das, was zwischen *Myst* passiert.‹« So beschrieb ein Anwalt aus San Francisco seine Erlebnisse in dem *Wired*-Artikel »Guerillas in the Myst« von Jon Carroll.

Das war's aber auch schon mit den Verdiensten. Denn trotz allem war *Myst* ja auch noch ein Spiel. Ein stinknormales Adventure. Gutes Mittelmaß. Vielleicht sogar zu langweilig. Oder zu umständlich. Es war ein bißchen so, als hätte man die Modelleisenbahn seines Onkel geerbt, an der er zwanzig Jahre im Keller gebaut hatte. Nun sieht man sie zum ersten Mal, bewundert den Detailreichtum der Berge und der Wälder, freut sich an den lebhaften Stadtbildern, studiert die komplizierte Streckenführung. Leider kann man nun selbst nicht mehr kreativ werden, alles ist schon perfekt gestaltet. Das einzige, was einem zu tun bleibt, ist, die Züge fahren zu lassen. Doch wenn man den Traforegler dreht, passiert nichts. Die Elektrik muß kaputt sein. Für die nächsten Wochen ist man damit beschäftigt, die wirren Kabelsysteme auf der Unterseite der Platte zu durchschauen, dort unten, wo es dunkel und staubig ist. Ist der blöde Fehler dann endlich gefunden und repariert, hat man keine Lust mehr darauf, die Züge fahren zu lassen, so satt hat man diese Berge, Wälder und Städte inzwischen. Wahrscheinlich war es unserem Onkel genauso ergangen und er hatte die Elektrik absichtlich zerstört. Kein schlechter Gedanke übrigens. Man könnte mit den Fachwerkhäusern dieser Kleinstadt anfangen ...

Für die Befriedigung solcher Destruktionstriebe empfahl sich im folgenden Jahr *Command & Conquer*, das uns wieder über die Wolken schoß und Regie führen ließ beim Welttheater dort unten. *Command & Conquer* war alles zusammen: *Sim City* und *M.U.L.E.*, *Tanks* und *Gunfight*, verquickt mit ein bißchen James-Bond-gegen-Blofeld-Weltrettung und *Heckler & Koch*-Katalog. Wenn *Sim City* das Spielen mit *Lego*-Steinen ist, dann ist *Command & Conquer* die Vorbereitung und Durchführung eines halbstündigen Feuerwerks mit festgelegtem Beginn – leider darf man erst fünf Minuten vorher anfangen. Ein fließendes Chaos, das man durch ständiges Herumagieren an einzelnen Punkten in eine bestimmte Richtung kanalisieren muß. Nicht die biblische Schöpfungsgeschichte, in der man an sechs gemütlichen Tagen alles aufstellen und es gut finden konnte, sondern die Oberaufsicht über die Ursuppe, in der Milliarden von wildgewordenen Atomen zu Molekülen, Feststoffen, Planeten, Ökosystemen verschmolzen.

Eigentlich war *Command & Conquer* ein Wirtschaftsspiel. Es ging darum, einen bestimmten Rohstoff, »Tiberium«, abzubauen und mit dem Gewinn aus dem Verkauf seine Förder- und Verarbeitungseinrichtungen auszubauen. So konnte man noch mehr abbauen, noch mehr Gewinn machen, der dann dafür eingesetzt werden konnte, um sein Gebiet zu erweitern und zu expandieren. Die dadurch vergrößerten Gewinne mußten nun in Einrichtungen gesteckt werden, die mit dem Tiberium-Geschäft nichts mehr zu tun hatten. Jetzt mußten Mittel und Wege gefunden werden, um sich gegen Konkurrenten am Markt zu behaupten. Strategische Offensiven und Positionierungen mußten finanziert werden, um den Cash-flow auf Dauer zu sichern.

Doch noch stärker als bei *M.U.L.E.*, das als Urmutter aller Real-Time-Strategy-Spiele gelten kann, machte *Command & Conquer* deutlich, daß Wirtschaft nur eine zivilisierte (und nützliche) Form des Revierkampfes darstellt. Die wirtschaftliche Komponente des Spiels, die Tiberium-Gewinnung, spielt die geringste Rolle. Hat man erst einmal eine Raffinerie gebaut und sie einigermaßen gesichert, dann läuft dieser Prozeß völlig automatisch. Schürfwagen fahren selbsttätig aus, sammeln Tiberium-Knollen, wo sie zu finden sind, und bringen sie unaufgefordert zur Basis zurück, wo der Rohstoff eine mythische Verwandlung in Geld erlebt. Die Leitung des Unternehmens muß sich bei diesem Hauptgeschäft um nichts kümmern, es ist so selbstverständlich, daß der Manager sich wie in der Wirklichkeit ausschließlich auf die andere Aufgabe konzentriert. Nämlich Krieg zu führen. Nicht die Arbeiter stehen im Zentrum der Aufmerksamkeit, sondern die Leiter der Finanz- und Marketingabteilung. Sie sind die Generäle für eine Schlacht, die alle Ressourcen bindet und verbraucht. Expandieren um jeden Preis, um überhaupt am Leben zu bleiben. Wobei Expansion weniger Aufbau neuer eigener Anlagen bedeutet, sondern hauptsächlich Aufkauf, Umwandlung, Vernichtung der anderen. In Relation zur schrumpfenden Größe der anderen wächst man selbst.

Command & Conquer übersetzte das in ein reales Kriegsgeschehen. Aus Zeitungsanzeigen wurden wieder Fußsoldaten, aus Fernsehwerbespots wieder Kampfpanzer. Ethisch abgesichert wurde das Ganze, indem eine große Rahmengeschichte hinzugefügt wurde, in der es um eine riesige Terroristenorganisation, die *Bruderschaft von NOD*, ging, die nach der Weltherrschaft gierte und gegen die eine *Globale Defensiv Initiative* aufgestellt wurde. Im Kampf gegen Terroristen wird jedes Mittel recht und jede Argumentation stimmig. Was das Tiberium da zu suchen hatte, war etwas unklar. Joe Bostic, der Entwickler von *Command & Conquer*, hatte das Prinzip einfach aus dem Vorläuferprogramm übernommen, das er drei Jahre vorher veröffentlicht hatte. Bei *Dune – Der Kampf um Arrakis* ging es nämlich um das *Spice*, das den Wüstenplaneten Dune aus Frank Herberts gleichnamigem Roman so wertvoll für die verschiedenen Herrscherfamilien der Galaxis machte. Weil es spieltechnisch so hervorragend funktionierte, wandelte es Bostic bei *Command & Conquer* einfach um, ohne daß es einer weiteren erzählerischen Einbettung bedurft hätte. *Command & Conquer* war sowieso nur eine kosmetische Verbesserung von *Dune – Der Kampf um Arrakis* mit besserer Grafik, aufregender Hintergrundmusik, coolerem Gegenspieler und weniger Lizenzgebühren an die Rechteinhaber von *Dune*.

Das interessanteste Feature von *Command & Conquer* war aber, daß man wählen konnte, auf welcher Seite man spielt. Das war auch bei anderen Spielen schon möglich gewesen, aber *Command & Conquer* präsentierte es in Reinkultur. Die verschiedenen Videoansagen vom *GDI*-Kommandanten und Terroristenführer Kane klangen völlig anders, je nachdem auf welcher Seite man sich befand. War man *GDI*-General, dann war alles richtig, was aus dem Hauptquartier kam, und Kane wirkte wie ein diabolischer Irrer, den auszulöschen als einzige Möglichkeit erschien. Umgekehrt war Kane plötzlich ein besonnen argumentierender politischer Kopf, der die faschistoiden Züge des Orwell-Staates auf der anderen Seite aufdeckte, und der *GDI*-Kommandant klang wie das Produkt einer Gehirnwäsche.

Jegliche Ideologie wurde dadurch fragwürdig. Die Gründe für die Auseinandersetzung wurden nämlich als gleich dämlich entlarvt. Es machte keinen Unterschied ob man nun die eine Seite oder die andere spielte, man machte genau dasselbe. Was blieb, war der Wunsch, zu gewinnen. Alles andere war nur ein Riesenapparat mit unglaublich komplexen Regeln und Entscheidungszwängen, der zwischen den Gegnern aufgestellt war. Theoretisch hätte man aber auch *Pong* spielen können. Seine beiden Striche waren genauso aussagekräftig wie die riesigen militärischen Komplexe, die man bei *Command & Conquer* befehligen mußte. Es machte aber bedeutend mehr Spaß. Denn es geht ja nicht um das Ziel, sondern nur um den Weg.

Lara rennt | Tomb Raider, 1996 |

Raum für noch mehr Träume: Den Traum des Lesers und Zuschauers, der selbst vor Ort sein möchte. Den Traum des Fantasy-Rollenspielers, der die Dungeons, die er sich immer vorstellt, nun endlich einmal sehen kann. Den Traum des Königs von Kreta, der ein Labyrinth in Auftrag gab, damit das Fabelwesen in seinem Inneren gebannt werden konnte. Den Traum des Computerspielprogrammierers, in dessen Labyrinthen bislang lediglich Pac-Man hauste.

Den Traum der Prinzessin, die nicht länger auf einen Prinzen wartet, sondern die mit einer Pistole in jeder Hand den goldenen Käfig des väterlichen Schlosses verläßt, um endlich etwas zu erleben. Den Traum der Schatzsucherin von versunkenen Welten, die nicht schon nach sieben Metern in einem verschütteten Tunnel enden, sondern die sich kilometerweit nach innen und unten erstrecken, in denen alle Fallen und Mechanismen noch funktionieren, als würden sie regelmäßig gewartet, in denen die Statuen lebendig werden und die Drachen und Zentauren nicht nur Lügen sind, sondern schön und gefährlich zugleich. Welten, in denen jedes Rätsel eine Antwort findet, in denen an den günstigsten Orten Wundsalben und Munition herumliegen, damit das Vorankommen bewältigbar wird, in denen es keinen Hunger gibt, keinen Durst, keine Müdigkeit und keinen endgültigen Tod und nirgendwo die Hemmnisse von Moral, Gesetz, Bürokratie oder einfach nur dem eintönigen Alltag.

Den Traum der Computerspieler, einen perfekten Traum erleben zu können. Nicht nur beinahe hilflos in ihm gefangen zu sein wie in *Doom*, sondern sich dabei auch mal zurücklehnen zu können und einfach nur zuzuschauen. Also den Traum von jemand anderem zu träumen. Oder, besser noch, in ihn eingreifen zu können, wie ein Regisseur. Kurzum: einen Film drehen zu können, ohne die mühseligen Drehbucharbeiten und Verwaltungsaktivitäten machen zu müssen. Einfach nur die Schauspieler in tollen Kulissen herumkommandieren und die ganze Action genießen zu können.

Einen solchen Traum hatte Toby Gard, ein junger Grafik-Designer, der wie wir alle mit Computerspielen und Filmen aufgewachsen ist. In seinem Kopf ergaben beide eine faszinierende Mischung. Er träumte von einem Computerspiel, das genauso opulent war wie ein Film, mit grandiosen Kulissen, perfekter Action, zwingender Handlungsführung und großartigen Schauspielern. Aber ohne daß all das so langweilig und überflüssig wäre wie die eingebetteten Filmszenen in Computerspielen, die damals auf dem Markt waren. Nein, man sollte den Film selbst spielen können. Man sollte das Spiel als einen Film erleben können. Den Menschen mußte endlich klar gemacht werden, daß Computerspiele mit Büchern nur sehr wenig teilen, bestenfalls die versunkene Lektüre im häuslichen Rahmen, sondern daß der eigentliche Verwandte der Film ist. Ansichten von Handlungen bieten zu können, ist das, was sie gemeinsam haben. Toby Gard setzte sich mit dem Programmierer Paul Douglas zusammen und entwickelte für die Firma *Core Design* das Konzept eines Spiel-Films. *Tomb Raider* sollte es heißen, denn ein Grabräuber war einer der größten Helden der achtziger Jahre gewesen, der auf der Beliebtheitsskala gleich hinter einem Weltraumschmuggler und Wookie-Freund rangierte. Eine bessere Identifikationsfigur konnte es nicht geben, außerdem konnten Gräber überall stehen, aus allen möglichen Zeiten stammen und alle nur erdenklichen Inhalte haben. Genug Stoff, um Wahnsinnsstories herauszuholen.

Tomb Raider gebärdete sich von Anfang an wie ein Freibeuter, oder genauer gesagt: wie ein kulturelles Treibnetz. Sämtliche Grundideen – die »archäologische« Schatzsuche, die magisch aufgeladenen Reliquien, der französische Konkurrent, selbst das Atlantis-Motiv* und die rasenden Bergbaulorenfahrten aus Teil 4 – stammen natürlich aus *Jäger des verlorenen Schatzes* und seinen Fortsetzungen, folgerichtig steht auch die Bundeslade zwischen Lara Crofts unausgepackten Kisten herum. Die Hi-Tech-Elemente, Spezialwaffen (im 4. Teil zum Beispiel eine Explosivpfeil-Armbrust mit Infrarotzielfernrohr), die Stunt-Einlagen und die gewissermaßen erteilte Lizenz zum Töten (Lara wird für ihr Treiben niemals juristisch zur Verantwortung gezogen) lassen an James Bond denken. Die Tatsache, daß Lara wohlhabend ist und ein verwinkeltes Anwesen samt Butler und Trainingspark ihr eigen nennt, erinnert an *Batman*/Bruce Wayne. Nach *Jurassic Park* waren Saurier in Mode, also bekam das Spiel auch Saurier. Kaum hatte die Fernsehserie *Akte X* die »kleinen grauen Männchen« ins Bewußtsein der Öffentlichkeit gestempelt, führte eine ihrer Queste Lara mitten hinein zwischen Roswell-Alien-Seziertische und eine vollständig erhaltene Fliegende Untertasse. Der *Titanic*-Topos inspirierte die Programmierer zu Laras Streifzügen durch ein versunkenes Großschiff. Nach *Matrix* und der Neuverfilmung von *Mit Schirm, Charme und Melone* trug Lara plötzlich schwarzes Leder und Latex. Wäre der Film *Die Mumie* nicht so ein Erfolg geworden, hätte *Tomb Raider IV* wohl kaum komplett in Ägypten gespielt ...

Tomb Raider stellte somit immer auch einen Wissens- und Erfahrungsspeicher der populären Gegenwartskultur dar. Da jährlich – immer pünktlich in der verkaufsträchtigen Vorweihnachtszeit – ein neuer Teil auf den Markt kam, konnte die Wiedergabe und Verwertung von allem, was angesagt war und Abenteuerlichkeit verhieß, ständig aktualisiert werden.

Um wie ein Film funktionieren zu können, mußte *Tomb Raider* allerdings ein oder zwei Dinge lernen. Zum Beispiel, daß ein Film niemals aus der 1. Person Singular erzählt werden darf. Es funktioniert einfach nicht. Diese Erfahrung mußte Robert Montgomery machen,

---

* *Indiana Jones and the Fate of Atlantis* hieß das erste Indiana-Jones-Abenteuer, das nicht mehr als Film in die Kinos kam, sondern ausschließlich als Computerspiel von LucasArts veröffentlicht wurde.

als er 1946 seine Verfilmung von Raymond Chandlers Roman *The Lady in the Lake* als Ich-Erzählung anlegte. Den ganzen Film hindurch gibt die Kamera vor, durch die Augen der Hauptperson zu schauen. Das Ergebnis ist ein Strom von Eindrücken, der für den Zuschauer kaum eine Geschichte ergibt. Die Hauptfigur, die ja der Handlungsträger ist, wird zum Beobachter degradiert und somit dem Zuschauer gleichgesetzt. Als Zuschauer hat man aber keine Handlungsmöglichkeit. Da nun aber nachweislich eine Handlung stattgefunden hat, weil die anderen Figuren des Films darauf reagieren, wird es völlig unklar, warum sie das eigentlich tun. Wenn schon 1. Person Singular, dann muß es auch die Möglichkeit zur Handlung geben, entweder, indem im Roman der Ich-Erzähler mit seiner Erzählung herumspielt oder indem ein Computerspiel wie *Doom* einem die Wumme in die Hand drückt und losrennen läßt. Bei Filmen brauchen wir Figuren. Also ein Drittes zwischen Erzähler und Zuschauer. Die 3. Person Singular. Unseren klassischen Helden.

Toby Gard und Paul Douglas erinnerten sich an ein Spiel, das sie in den achtziger Jahren auf dem *Sinclair Spectrum* gespielt hatten, *I Of The Mask* von Sandy White und Angela Sutherland. Ein kleines Männchen rannte durch ein stilisiertes Labyrinth, und der Spieler war ihm ständig auf den Fersen. Genau so etwas brauchten sie für ihr neues Spiel, vielleicht ein wenig ausgefeilter und aufwendiger. Sie erfanden etwas, was seitdem »Third-Person-Shooter« genannt wird. Der Fokus des Spiels liegt auf einer sichtbaren Figur, die vom Spieler durch die Räume gesteuert wird. Etwas hinter dieser Figur scheint eine Kamera zu schweben, die immer mitläuft und einen perfekten Blick sowohl auf die Figur als auch auf ihr Sichtfeld ermöglicht. Manchmal zoomt sie heran, manchmal überholt sie die Figur, um diese kurzfristig von vorne zu zeigen, manchmal geht sie weit nach hinten, um eine Totale zu präsentieren – je nachdem, welche Sichtweise gerade am sinnvollsten für die Bewältigung der momentanen Situation ist. Befreit von der Arbeit an der Perspektive kann man dann ganz entspannt die Entscheidungen treffen. Die Figur wird sie dann ausführen. Sie muß alles können, was wir sehen wollen. Sie ist unser Traum. Wie im Kino. Wenn Toby Gard und Paul Douglas also die Kameraperspektive des Films übernahmen, dann mußten sie sich auch an andere Spielregeln halten. Sie brauchten einen Star. Einen Kassenmagneten. Jemanden wie Pac-Man. Bloß im Körper eines Schauspielers.

Also wurde die Computerspiel-Serie *Tomb Raider* durch einen Trick ins Bewußtsein der Öffentlichkeit eingebrannt. Der Trick heißt Lara Croft, ist jung, weiblich, durchtrainiert, voll bewaffnet, hat einen absurd großen Busen (der im Laufe der Serie immer runder und voluminöser wurde) und einen ausgesprochen knackigen Hintern – was viel wichtiger ist, weil man Lara im Verlauf des Spieles andauernd von hinten sieht. Toby Gard, Lead Artist Grafiker und Entwickler des Spielkonzepts meinte gegenüber dem deutschen Magazin *Fun Generation*: »So groß wie *Tomb Raider* geworden ist, nun, man muß sich schließlich eine ganze Zeit lang mit dem Anblick ein und derselben Hauptfigur anfreunden, und bei Lara fällt das nicht besonders schwer.« Das Understatement von jemandem, der zum Zeitpunkt der Veröffentlichung des ersten *Tomb Raider* 1996 noch gar nicht ahnen kann, welche Zeitgeist-Ikone er im Begriff ist, in die Köpfe der Menschen zu entlassen. Der Rest ist Geschichte. Lara als Rollenmodell für Girlies, Riot-Grrrls, selbstbewußte Backpack-Touristinnen und toughe urbane Karrierefrauen. Lara als Pop-Video-Model, Lara als Comic, auf jeder zweiten Plakatwand, im Werbefernsehen, Lara als Statuette oder sogar lebensgroße Plastikfigur in Kaufhäusern, mit eigener Kleidungskollektion, auf Kaffeetassen, mit Hochglanz-Posterbook, auf CD gefeiert von Musikern. Lara als digitale Fotostrecke oder verkörpert von mehr oder weniger offiziellen Lara-Darstellerinnen mit und ohne türkisfarbenem Latex-Hemdchen und Leder-Hotpants. Lara auf dem *Game-Boy*. Lara im Kino. Lara überall.

Lara funktionierte stets für beide Geschlechter. Für Mädchen, weil sie unabhängig ist, sich nie unterkriegen läßt, und den Männern – die ihr in den Spielen nie auch nur annähernd das Wasser reichen können – immer zeigt, wo's langgeht. Für Jungs, weil sie Sex versprüht und Action garantiert und jedesmal, wenn man sie gegen eine Wand laufen läßt, ein niedliches kleines Stöhnen von sich gibt. Sie ist Single, aber immer für ein Abenteuer gut. »Du kannst mich in 2000 Positionen bewegen. (Versuch' das mal mit Deiner Freundin!)« versprach die Werbung und wandte sich damit ganz bewußt an (männliche) Spieler, die sich für mehr im Leben interessieren als nur für Virtuelles.

Ja, Lara Croft spielt die Hauptrolle in *Tomb Raider*. Sie ist ein Grund für den Erfolg des Spiels. Denn ihre Karriere, ihr Sex-Appeal, ihre imposante Zahl an Magazin-Cover-Auftritten (mehr als Bill Clinton und Michael Jackson hatten), das ist alles ein zweitrangiges Phänomen. In diesem Zusammenhang funktioniert Lara perfekt. Weil die Print-Branche und ihre Käufer sexistisch sind, stürzten sie sich auf diese fleischgewordene Karikatur, um sie problemlos in ihre Zusammenhänge zu stellen. Dort machte Lara dann Werbung für das Spiel. Jeder hörte davon, egal ob als Pensionär in der Heimatzeitung, als Hausfrau beim *Bärbel Schäfer*-Gucken, als Finanzbeamter beim mittäglichen Internetsurfen oder als Rechtsanwältin beim Warten im Frisörsalon. Jeder kannte das Spiel. Lara machte außerhalb ihrer Level eine sehr gute Figur. Das war gutes Marketing. Im Spiel war sie einfach nur unser Platzhalter. Das hätte jede andere Figur auch machen können.

Tatsächlich ist Lara Croft nur aus juristischen Bauchschmerzen heraus entstanden. In der ursprünglichen Version des Spiels präsentierte Toby Gard den Verantwortlichen des Computerspielhersteller *Core Design* einen Mann als Grabräuber, der mit Hut und Peitsche durch spinnwebenverhangene Ausgrabungsstätten sprintete. Einer von ihnen, Jeremy Smith, erzählte später Steven Poole für dessen Buch *Trigger Happy*, wie ihm bei dieser Präsentation die Knie zu zittern begannen: »Das Buch und die Grafiken wurden vorgelegt, und es war einfach *Indiana Jones*. Ich sagte: ›Verdammt, das könnt ihr nicht machen – die verklagen uns in jedem Land bis Timbuktu!‹« Toby Gard und die anderen versprachen, einige kleine Änderungen vorzunehmen. Nach zwei Wochen kamen sie mit Lara an. Jeremy Smith brach wieder der kalte Schweiß aus. »Das ist eine Frau – was denkt ihr euch denn dabei?« Diesmal ließen sie sich jedoch nicht überreden. Sie beharrten auf ihrer neuen Figur und meinten, daß es mit ihr sehr gut funktionieren würde. Die Spieler würden sich an einer waffenstarrenden und supersportlichen Frau nicht stören und trotzdem spielen. Vielleicht sogar lieber als mit den steroid-gerundeten Dumpfbackentypen, die man sonst so zu steuern hatte. So war es dann. Lara regte die Phantasie von Zeitungsredakteuren an, aber wir an den Joysticks schauten sehr schnell durch sie hindurch auf die unendlichen Welten, in die sie uns mitnahm.

Ein imposantes Tor mitten in den Felsen der Anden. Die Spuren von Tieren im flachen Schnee. Eine erste Falle, klobige Pfeile aus Schießscharten, wirkt seltsam isoliert und verloren. Verschachtelt öffnet sich ein Höhlenkomplex. Gebäude im Inneren. Weitere Spuren von Zivilisation. Tempel. Geheime Türen. Bären schleichen hier herum. Überhaupt sind anfangs Tiere die einzigen Gegner. Ein Brunnen plätschert, durch sein klares Wasser taucht man hindurch in weitere Räume. Irgendwann öffnet sich eine gewaltige, malerische Grotte mit Wasserfall. Laras Kopfsprung vom Felsen in den Teich ist acapulcoreif, sie schreit schrill, bevor sie ins glitzernde Wasser eintaucht. Höhlen hinter Höhlen. Höhlen innerhalb von Höhlen. Plötzliches Grün. Ein vergessenes Tal. Dinosaurier. Ein Tyrannosaurus läßt den Boden erbeben, zwingt zur Flucht. Ein Sprung über eine Hängebrücke überspannt das ganze Tal. Schauplätze wechseln. Ein mittelalterliches Kloster. Schwierig und rätselhaft ist es hier, überhaupt einen Weg zu finden. Weite Sprünge unter der hohen Decke des antiken Gebäudes sind der Schlüssel. Eine Rutschbahn abwärts. Kanäle voller Alligatoren. Ein Komplex mit den Geheimnissen nordischer Gottheiten. Die Architektur erinnert an M. C. Escher. Dann ein unterirdisches Colosseum, so gigantomanisch in seinen Abmessungen, daß man es nie vollständig überblicken kann. Rätsel über Rätsel, Aufgaben über Aufgaben. Der Palast des Midas. Affen und Löwen, Wasser und Feuer. Die Farben sind golden, nur das Wasser schimmert wie Smaragd. Alles wirkt edel und mit feiner Patina überzogen. Man meint fast, die trockene Luft der Katakomben riechen zu können, die seit Jahrhunderten oder Jahrtausenden kein Mensch mehr betreten hat. Die getragene Musik und die Soundeffekte von Nathan McCree vervollständigen den Gesamteindruck einer auf Film dokumentierten Forschungsreise in das geheimnisvolle Innere der Erde. Eine Zisterne. Man muß die Aufgabe lösen, die Räume sinnvoll mit Wasser zu fluten und wieder zu leeren, um an alle Schlüssel herankommen zu können, die nötig sind, um ein bestimmtes Tor zu öffnen. Zentauren erwachen zum Leben. Danach Ägypten. Fünfzig Meter hohe Statuen und verwinkelte Gänge, Mumien in mannigfaltigen Formen treiben ihr Unwesen, lauern dem Grabräuber auf. Wieder Szenenwechsel. Eine Vulkaninsel. Düstere Minen voller Lava ...

Das war *Tomb Raider*. Wie jedes Computerspiel war es die Erzählung von Räumen, eine Raum-Fiktion. Aber wo andere Spiele Kurzgeschichten waren oder sich bestenfalls zu Romanform aufschwangen, da war *Tomb Raider* eine 24-bändige Enzyklopädie. Uns wurde nicht gestattet, einfach mal ein bißchen herumzublättern und einzelne Stichworte zu lesen, nein, wir mußten alle 24 Bänden durcharbeiten, von vorne bis hinten. Nach jedem Level gab es neben den obligatorischen Angaben wie »Benötigte Zeit« oder »Gesammelte Geheimnisse« auch die Kategorie »Gelaufene Kilometer«. 10.000-Meter-Läufe oder sogar Halbmarathons waren keine Seltenheit in diesem Spiel. Neil Boyd und Heather Gibson, die für die Level-Gestaltung verantwortlich waren, hatten ganze Arbeit geleistet. Wir rannten durch die ganze Welt. Gelegentlich überbrückten wir Strecken mit Motorbooten oder Flugzeugen, aber sonst mußten wir uns jeden Meter erarbeiten. Dafür bekamen wir so viel Raum, wie sonst in keinem Spiel.

Laras Welt hat stets den Charakter einer Geisterbahn. Im großen und ganzen, allen vermeintlichen Abzweigungen zum Trotz, gibt es nur einen einzigen Pfad, der zur nächsten Sensation und von dort aus dann zum Ausgang führt. Diese Geisterbahn wiederum ist ein Hindernisparcours. Der Weg ist keine Schiene. Du mußt ihn finden. Sieh dich genau um, springe, klettere, hangele, schwimme, kämpfe Gegner nieder. Bleib in Bewegung, sei kreativ, löse das Rätsel, finde die richtige Reihenfolge, in welcher die Knöpfe zu drücken sind, und deine Belohnung wird sein: ein weiteres Rätsel, eine weitere Reihenfolge, ein weiterer eine bestimmte Taktik erzwingender Gegner. Sinn des Spieles ist es, den Weg vollständig bis zu seinem Ende zu gehen. Der Weg an sich ist das eigentliche Ziel. Es gibt kein wirkliches Zentrum, sondern lediglich einen elaborierten Garten. Die kürzeste Verbindung zwischen zwei Punkten ist keine Gerade, sondern ein gewundener Pfad. Die Prämissen von Zen-Buddhismus und Magischem Realismus werden en passant erfüllt.

Schließlich kommen wir zum Abschluß des ersten Teils nach Atlantis. Optisch häßlich, abstoßend, fleischrote Gänge, die wie Muskelgewebe aussehen. Man bewegt sich wie im Inneren eines Körpers. Der Körper eines Titanen? Laras Körper?

Unser Körper.

Ganz zweifellos. Alle Raum-Fiktionen der Computerspiele münden in diese Feststellung. Nur hatte es noch keiner vor *Tomb Raider* so deutlich ausgesprochen. In einer Szene betritt Lara einen Raum und sieht sich einem gehäuteten Wesen gegenüber, das nur aus Muskelgewebe besteht. Man schießt und schießt, nur um festzustellen, daß die eigene Lebensenergie immer weiter abnimmt, so als würde man von denselben Kugeln getroffen, die man in dieses Wesen jagt. Außerdem bewegt es sich exakt spiegelverkehrt zu den Bewegungen von Lara. Eine Spiegelfigur. Lara selbst in symbolischer Darstellung. Aber warum ihrer Haut beraubt? Because beauty is only skindeep, wie die Amerikaner sagen würden. Darunter sehen wir alle gleich aus. Wir stecken alle in Laras Haut. Deshalb kann sie nicht sterben. Jedes Absinken der Lebensenergie auf Null ist nur wie das Absterben einer einzelnen Körperzelle, die sofort wieder durch eine neue ersetzt wird. Wir alle rufen Lara ins Leben, sie existiert nur, weil wir alle sie spielen. Sie lebt, weil wir sie immer wieder sterben lassen. Es gibt keinen Tod in Computerspielen, zumindest nicht im realen Sinn als Ende einer Existenz. Der Tod ist nur der Anfang einer neuen Runde, ein grundlegender Bestandteil des Spielens überhaupt. Deshalb wird er auch so gefeiert.

Mit grausigem Krachen zerbersten ihre Knochen nach einem tiefen Sturz, sie zappelt bei Ertrinken, verbrennt ächzend, pfählt sich in Fallgruben, wird zwischen den Kiefern gewaltiger Raubsaurier und Haie zerbissen, von beweglichen Wänden zermalmt oder einfach nur erschossen. Aber sie kehrt immer wieder zurück und demonstriert somit, daß der Tod nichts weiter ist als ein kurzlebiger Schreckensmoment, der keinerlei Nebenwirkungen verursacht, nicht einmal einen Kater. Oder es ist nicht die selbe Lara, die zurückkehrt, sondern ein identischer Klon, und jeder Spieler läßt in Wirklichkeit ein Heer von hunderttausend Laras durch die antiken Orte strömen, bis jeder Winkel endlich ausgeleuchtet ist. Hunderttausend hübsche Popstars, gecastet, um Erfolg zu haben.

Hunderttausende intelligente Computerbenutzer. Ein großes Netz. Eine gemeinsame Fiktion. Ein riesiges Gedächtnis, in dem alles gespeichert bleibt, was uns wichtig war und ist. Wir haben spielend

Schreiben und Rechnen gelernt, wir haben spielend unser Sozial-verhalten eingeübt – und wir haben uns spielend mit diesem Kasten vertraut gemacht, der inzwischen für einen Großteil unserer Le-bensgestaltung verantwortlich ist. Nicht nur unserer, inzwischen sit-zen auch unsere Eltern in Volkshochschulkursen, um endlich mit dem PC umgehen zu können, durch politische Großinitiativen wer-den alle deutschen Schulen mit Internetzugängen ausgestattet und die spektakulärsten Wirtschaftsentwicklungen der letzten Jahre be-schäftigten sich alle mit Computertechnik oder Software. Dazu wäre es nicht gekommen, wenn wir damals bei *Hertie* an der Kasse schwach geworden wären und unseren Eltern die Ausgabe von ein paar tausend Mark für einen *C64* erspart hätten. Inzwischen haben sie sich selbst einen PC gekauft.

Mission completed.

: *Endspiel :* Unsere düstere Zukunft

Auf den Schlachtfeldern der Zukunft schicken die globale Defensiv-In-itiative und die Bruderschaft von Nod Reihe um Reihe neues Kanonen-futter an die Front, um den essentiellen Rohstoff Tiberium zu erbeuten (*Command & Conquer*). Nachdem die Ressourcen der Erde erschöpft wurden, liegt die Menschheitshoffnung in der Kolonisierung nahegele-gener Planeten, aber auf dem Jupitermond Callisto bricht ein Krieg zwischen zwei multinationalen Konzernen aus (*G-Police*). Die Berg-bauroboter in den Erzminen unseres Sonnensystems sind renitent ge-worden und haben menschliches Personal als Geiseln genommen (*Descent*). Auf dem Mars rebellieren die Minenarbeiter, weil sie an-sonsten zwischen menschenunwürdigen Lebensbedingungen und ei-ner geheimnisvollen Epidemie aufgerieben würden (*Red Faction*). Auf der Erde wird der internationale Terrorismus so bedrohlich, daß eine United Nations Anti-Terrorist Coalition ihre mit Nanotech-Implantaten hochgetunten Agenten ins Feld führen muß (*Deus Ex*). Nachdem im Jahr 2050 wachsender Nationalismus und Unruhen in Europa zum Zu-sammenbruch der NATO geführt haben, beginnt 2086 nach einer Fehl-funktion eines Raketenabwehrsystems der nukleare Winter (*Warzone 2100*). Außerirdische haben die Erde überrannt und erobert, und jetzt regt sich letzter verzweifelter Widerstand (*C12 Final Resistance* und *Extermination*). Ein fehlgeschlagenes Experiment hat die gesamte Erdatmosphäre zerstört, und jetzt tummeln sich auf unserem desolat gewordenen Planeten nur noch Freibeuter, die versuchen, sich gegenseitig die lohnendsten Schätze abzujagen (*Forsaken*). Der Aufbruch ins fernere All ist ebenfalls nicht ohne Widerhaken. Entweder bekommt es die Menschheit da draußen mit kriegerischen Fremdrassen zu tun (*Wing Commander* oder die diversen *Alien*-Spiele), oder sie verzettelt sich mit ihren eigenen Abkömmlingen in blutigen und sinnlosen Unabhängigkeitsgefechten (*Colony Wars*).

Einzig das *Star Trek*-Universum scheint noch festzuhalten an seiner Vision von einer nicht nur technologisch, sondern auch moralisch hochentwickelten Menschheit, die in einem klinisch sauberen Utopia Tee mit kultivierten Außerirdischen schlürft. Zwar haben sich auch schon gegen Ende der Fernsehserien durch neu aufflammende Klingonen-Konflikte und die Bedrohung durch das Dominion die Anzeichen dafür gemehrt, daß die Gattung Mensch auch nach Erreichen der interstellaren Salonfähigkeit immer noch vom Aussterben bedroht werden kann, aber im großen und ganzen tummeln sich auch die *Star Trek*-Computerspiele eher auf Akademien als auf Schlachtfeldern.

Von *Star Trek* abgesehen herrscht Einigkeit. Unsere Zukunft wird düster. Wahrscheinlich hat es überhaupt noch nie in der Geschichte der Menschheit ein Erzählmedium gegeben, dessen Zukunftsprognosen dermaßen einheitlich apokalyptisch ausfielen wie die der Computerspiele. An eine auch morgen noch funktionierende Ökosphäre glaubt in den Programmierstudios schon lange keiner mehr, dafür jedoch an die politische Dominanz von wirtschaftlich orientierten Konglomeraten und daran, daß die Menschheit zwar ihre Waffentechnologie weiterentwickeln wird,* nicht aber gleichzeitig ihrem ethischen Horizont.

Nun muß man aber das alles nicht allzu ernst nehmen, denn die Computerspielbranche hat zwei recht sonnige Motive für ihre abgedunkel-

*Hierbei erfreuen sich nicht nur Raumschiffe und futuristische Kanonen, sondern vor allem Kampfroboter großer Beliebtheit, die je nach Spielsystem Battlemechs, Wanzer, Armored Fighting Walkers, Heavy Gears oder Orbital Frames genannt werden.

te Darstellungsweise. Erstens kann man die Welt nur retten, wenn sie vorher einer ordentlichen Krise ausgesetzt war. Die meisten Spiele enden ja doch mit einem Triumph des Spielers, des traditionellen »Guten« also, und wenn auch keine blühenden Landschaften wiederhergestellt werden können, so doch wenigstens ein Funke Hoffnung auf Befriedung und Prosperität. Zweitens wäre es wohl ziemlich langweilig, ein Spiel zu entwickeln oder zu spielen, in dem alle Figuren die ganze Zeit über gutgelaunt und wohlgenährt durch Parks flanieren und die aufregendste Spielerentscheidungen womöglich darin bestünde, ob man seine Nachbarn entweder mit »Guten Tag« oder einem salopperen »Hallöchen« begrüßt. Während zum Beispiel in der Literaturbranche viel Wert gelegt wird auf Alltagsbeschreibungen und Liebesgeschichten, konzentriert sich die Computerspielszene eher auf Thematiken, die man im Alltag nicht unbedingt erleben möchte. Es gibt unzählige Kriegs-, Katastrophen- und Horrorspiele, aber keine wirklich ernstzunehmende Liebesromanze. Falls auf Historizität Wert gelegt wird, dann im Regelfall nur deswegen, damit man strategisches Schlachtengetümmel in möglichstgroße Authentizität kleiden kann. Es gibt zwar durchaus Computerspiele, in denen die Simulation von Alltag angestrebt wird (*Die Sims*, *Die Siedler* oder *Shen Mue*), aber hierbei handelt es sich eher um Ausnahmen.

Das hat einfache Gründe. Der nach wie vor größte Teil der Computerspiele ist nicht auf Kontemplation, sondern eher auf Reiz-Reaktions-Abfrage ausgerichtet, und eignet sich deshalb am besten zur Darstellung von Action. Innerer Monolog kommt durchaus vor, wird aber schnell langweilig. Rasend schneller Aktionismus oder auch mathematisch exakte Darstellungen von mehreren hundert miteinander interagierenden Objekten: dort liegen die Stärken des Computers. Und da der Spieler das weiß und sowohl Action als auch Abenteuer erwartet, muß also auch die Darstellung unserer Zukunft Funken schlagen. Lustvoll wird die Utopie zur Dystopie umformatiert. Der Spaß an der Zerstörung und die Zerstörung selbst kennen keine Grenzen. Im Computerspielwortschatz gibt es die Begriffe *Schadensmodell* und *Kollisionsabfrage*, und um diese beiden Begriffe kreisen die meisten Spiele von Rang.

Ein *Schadensmodell* bezeichnet die Parameter, anhand derer Beschädigungen am eigenen zu steuernden Objekt bzw. Fahrzeug und der Umgebung berechnet werden. Werden Schäden optisch an der Karosserie oder nur statistisch angezeigt? Wirken sich Beschädigungen aufs Handling aus? Sind sie permanent oder nur momentan? Verliert ein Wagen zum Beispiel ein Rad, wenn er mehrmals gerammt wird, und ist er dann überhaupt noch steuerbar?

Die *Kollisionsabfrage* wiederum definiert die Interaktion des eigenen Objektes mit dem Hintergrund. Je präziser die Kollisionsabfrage, desto zuverlässiger und berechenbarer kann man steuern, um Hindernissen auszuweichen oder begehrte Objekte aufzunehmen. Die Kollisionsabfrage unterscheidet auch zwischen weichen und harten Objekten sowie zwischen massiven und durchlässigen. Wenn man wiederholt Wände rammt, geht die Kollisionsabfrage direkt ins Schadensmodell über.

Denkt man über unser aller Zukunft nach, dann könnte man formulieren, daß es von der Kollisionsabfrage der Menschheit abhängt, inwieweit das Schadensmodell Erde einer düsteren oder eher rosigen Zukunft entgegensieht.

Die Zukunft der Computerspielbranche jedenfalls ist mit Sicherheit rosig. Immer höhere Rechenkapazitäten, immer ausgefeiltere Programmroutinen und auch das Zuwandern von immer mehr Kreativpersonal aus anderen Kultursparten werden auch in den kommenden Jahrzehnten Innovationen und Superlative garantieren. Außerdem wird es im wirklichen Leben immer schwieriger, Abenteuer zu erleben. Das Bedürfnis nach virtuellen Alternativbiographien wird also eher anwachsen als sinken.

Die Zukunft wird rosig, weil sie düster wird, und umgekehrt gilt das vielleicht genauso.

Literatur

Die folgenden Bücher, Aufsätze oder Webseiten finden in diesem Buch Erwähnung. Bei Zitaten aus den mit I gekennzeichneten Texten handelt es sich um eigene Übersetzungen.

I n. N.	Interview mit Toru Iwatani auf http://retrogamer.merseyworld.com/iwatani.htm
I Adams, Rick	»The Crowther and Woods ›Colossal Cave Adventure‹ game. Here's where ist all began ...« auf http://people.delphi.com/rickadams/adventure/a_history.html Fun Generation – Das Videospiele-Magazin, Heft 12/96
I Baer, Ralph	E-Mail »Who Did It First?« auf http://pong-story.com/inventor.htm
I Baer, Ralph	http://www.ralphbaer.com
I Bennahum, David	*Extra Life. Coming of Age in Cyberspace*. New York: Basic Books, 1998.
I Bloom, Steve	*Video Invaders*. New York: Arco, 1982.
I Brand, Stewart	»Spacewar. Fanatic Life and Symbolic Death Among the Computer Bums.« *Rolling Stone* (7. Dezember 1972)
I Carrol, Joe	»Guerrillas in the Myst.« *Wired* (August 1994)
I Cohen, Scott	*Zap! The Rise and Fall of ATARI*. New York u. a.: McGraw-Hill, 1984.
Eco, Umberto	*Das Foucaultsche Pendel*. München: DTV, 1992.
I Flatow, Ira	*They all laughed. From Light Bulbs to Lasers: The Fascinating Stories Behind the Great Inventions That Have Cahnged Our Lives*. New York: Harper Perennial, 1993
I Graetz, J. Martin	»The Origin of Spacewar.« *Creative Computing* (August 1981)
I Hague, James	»Interview with Ed Rotberg.« auf *Halcyon Days*. (Diskette) Issaquah, WA: Dadgum Games, 1998.
Hasbro Interactive	»Interview mit Nolan Bushnell.« auf *Atari Arcade Hits*. (CD-Rom) Bielefeld: Hasbro, 1999.
I Herz, J. C.	*Joystick Nation. How videogames gobbled our money, won our hearts and rewired our minds*. London: Abacus, 1997.
I Hugh, Daffyd ab und Linaweaver	*Knee-Deep in the Dead*. New York u. a.: Pocket Books, Brad 1995.
Huizinga, Johan	*Homo Ludens. Vom Ursprung der Kultur im Spiel*. Reinbek b. H.: Rowohlt, 1987.
I Kent, Steven L.	The Ultimate History of Video Games
I Lowe, Walter J.	»What Sort of Man Invents DEFENDER?«. *Playboy* (März 1982)
I Poole, Steven	*Trigger Happy. Videogames and the Entertainment Revolution*. New York: Arcade, 2000.

Pulcrano, Dan	»Back to the Garage«. *Metroactive* (16. September 1999)
Seesslen, Georg und Christian Rost	*Pac Man & Co.* Reinbek b. H.: Rowohlt, 1984.
Sheff, David	*Nintendo – »Game Boy«. Wie ein japanisches Unternehmen die Welt erobert.* München: Goldmann, 1993.
Smith, Edward E.	*Die Abenteuer der Skylark.* München: Heyne, 1991.
Truffaut, François	*Mr. Hitchcock, wie haben Sie das gemacht?* München: Heyne, 1989.

Game over

Tobias O. Meißner
Neverwake
Roman
156 Seiten • geb. m. SU
€ 17,90 (D) • sFr 31,50
ISBN 3-8218-0690-7

Zwei Nachwuchsspieler wollen den Sprung in die Computer-
spielliga schaffen – doch kurz vor dem entscheidenden Turnier
ist einer der beiden verschwunden.

Laurence Tader, ein legendärer VIRT der ersten Stunde, ist von
einem Test für ein neuartiges Computerspiel nicht mehr zurück-
gekehrt – der Körper liegt im Koma, doch sein Geist spielt
weiter. Otis Esch soll ihm nachreisen …

Verschiedene Geschichten, ein Roman: Ein rasantes Buch über
Menschen, virtuelle Welten, Sucht, Kommerz und archaische
Träume der Menschheit.

»Meißner bezieht seine Inspirationen aus der Welt der bewegten Bilder und beweist, daß bei diesem Thema die Literatur
ebenfalls ein Wörtchen mitzureden hat.«

Berliner Zeitung

EICHBORN▸BERLIN